HET
BROODMACHINE
BAKBOEK

HET
BROODMACHINE
BAKBOEK

Jennie Shapter

Veltman Uitgevers

Oorspronkelijke titel: The Ultimate Bread Machine Cookbook

© 2000 Anness Publishing Limited, Hermes House, 88-89 Blackfriars Road, London SE1 8HA, United Kingdom

Uitgever: Joanna Lorenz
Lay-out: Nigel Partridge
Fotografie en stilering: Nickey Dowey
Receptuur: Jennie Shepter

© 2002 Nederlandstalige editie: Veltman Uitgevers, Utrecht
Omslagontwerp: Ton Wienbelt, Den Haag
Vertaling: Yolanda Heersma en Dirk de Rijk (voor Persklaar)
Redactie: Persklaar, Groningen
Opmaak: Niels Kristensen (voor De ZrIJ, Utrecht)

ISBN-10: 90 5920 556 1
ISBN-13: 978 90 5920 556 7

Dit boek is eerder verschenen in een groot formaat onder ISBN 90 5920 078 0

10e druk 2007

Voor meer informatie: www.veltman-uitgevers.nl

Opmerkingen
De recepten in dit boek zijn uitgeprobeerd en geschreven voor gebruik in diverse broodmachines van vooraanstaande fabrikanten. Raadpleeg voor de beste resultaten bij twijfel en om de meel/vochtverhouding te bepalen altijd de handleiding en instructies van de fabrikant. Soms moet u de recepten aan uw machine aanpassen.

Let op!
Voor alle recepten worden de hoeveelheden aangegeven in metrische maten en, waar nodig, in theelepels en eetlepels. Nederlandse theelepels (2-3 ml) zijn kleiner dan Angelsaksische (5 ml). Het is dan ook aan te bevelen een dessertlepel te gebruiken waar theelepel staat of gebruik te maken van maatlepels.

1 tl = 5 ml
1 el = 15 ml

Tenzij anders aangegeven zijn middelgrote eieren gebruikt.

INHOUD

INLEIDING

De afgelopen jaren is zelfgebakken brood enorm populair geworden. Mannen en vrouwen komen thuis van het werk en ruiken de lekkere geur van versgebakken brood die vroeger alleen werd geassocieerd met een idyllische jeugd. Maar zelfgebakken brood maken en eten gebeurt niet alleen in dromen. Nee. Het brood dat in veel keukens staat af te koelen is echt. Het heeft een prachtige goudbruine korst, een gelijkmatige kruimel en

ONDER: Voor veel mensen is een boerenbrood het traditionele brood dat ze met hun jeugd associëren.

een heerlijke smaak. Het ziet eruit en smaakt alsof het maken ervan veel moeite heeft gekost, maar niets is minder waar. Een groot deel van het lekkerste brood wordt nu thuis gemaakt met een gemakkelijk te bedienen machine, die het zware werk overneemt en het plezier van het bakken laat bestaan.

De eerste automatische broodmaker voor thuis kwam rond 1990 op de Japanse markt en sindsdien zijn broodmachines overal ter wereld populair geworden. Deze uitstekende apparaten hebben geholpen het plezier van het zelf brood bakken te herontdekken door het proces sterk te vereenvoudigen. De 'thuisbakker' hoeft slechts enkele ingrediënten nauwkeurig af te meten, deze in de vorm van de broodmachine te stoppen en op een of twee knoppen te drukken.

Eerst zult u onder de indruk zijn van alle instellingen op een broodmachine. Deze helpen u een groot aantal soorten brood te bakken, zowel zoet als hartig, met verschillende granen en smaakstoffen. Na verloop van tijd zult u ze allemaal onder de knie hebben, maar wees niet gehaast. Begin met eenvoudig witbrood en kijk hoe uw machine enkele ingrediënten eerst verandert in een zacht, glad deeg en ten slotte in een goudbruin brood.

Het is belangrijk dat u zich op het brood concentreert, niet op de machine, ongeacht het merk. Zelfs de beste machine is niet meer dan een keukenhulp. De machine mengt, kneedt en bakt mooi, maar pas nadat u er de benodigde ingrediënten hebt ingestopt en haar hebt geprogrammeerd. De machine kan niet zelf nadenken; zij kan alleen uw instructies uitvoeren. Daarom is het belangrijk dat u de juiste ingrediënten gebruikt in de juiste hoeveelheden (zie de opmerking op blz. 4), in de volgorde die in de handleiding bij uw machine staat aangegeven, en dat u de vereiste instellingen kiest. Wanhoop niet als uw eerste pogingen er niet helemaal perfect uitzien; ze zullen waarschijnlijk wel heerlijk smaken. Leer uw broodmachine kennen en experimenteer om de juiste verhouding tussen de vaste en vloeibare ingrediënten te vinden. Er zijn enkele variabelen, waaronder de gebruikte ingrediënten, het klimaat en het weer, die het vochtgehalte kunnen beïnvloeden, ongeacht het soort machine dat u gebruikt.

Als u met de hand brood maakt, kunt u door te kneden voelen of het deeg te nat of te droog is. Als u een broodmachine gebruikt, moet u op een andere manier bepalen of uw brood de juiste vochtigheid heeft en deze aanpassen om een perfect brood te bakken.

Nadat de machine enkele minuten heeft gekneed, kijkt u even naar het deeg – het moet soepel en zacht zijn. Als de machine

stopt met kneden, moet het deeg terug-
zakken in de vorm van de broodmachine.
Als u enkele broden hebt gemaakt, zult u
snel zien wat een acceptabel deeg is. En u
zult vlug vorderingen maken in het bakken
van broden van verschillende soorten
graan, zoals rogge, boekweit of gerst, of van
broden met groenten, zoals aardappelen of
courgettes. De enige beperking aan het
aantal variaties zoet en hartig brood die u
uiteindelijk kunt maken, is uw fantasie.
Door creatief te denken kunt u magische
resultaten behalen.

De broden in dit boek zijn volledig met
de machine gemaakt, of het deeg is in de
machine gemaakt en met de hand gevormd
en gebakken in een gewone oven. Het cakeachtige Engelse teabread wordt met de
hand gekneed en in de broodmachine
gebakken. Bij automatisch gemaakte broden staan meestal drie afzonderlijke ingre-
diëntenlijsten, die elk betrekking hebben
op een andere maat machine. De kleine
maat is aanbevolen voor broodmachines die
zijn ontworpen voor broden waarbij 350-
375 g meel wordt gebruikt, de middelgrote
maat voor machines die broden maken van
450-500 g meel en de grote maat voor
broodmachines die broden kunnen maken
van maximaal 675 g meel. Wat de capaci-

*ONDER: Meng het deeg voor pistolets met
de machine en vorm ze met de hand.*

*BOVEN: Babka is een traditionele Poolse
paascake.*

teit van uw machine is, staat in de bijgeleverde handleiding. Als er slechts één ingrediëntenlijst wordt gegeven voor een brood
dat automatisch wordt gebakken, pas deze
dan aan de afmetingen van uw machine
aan, om er zeker van te zijn dat deze het
brood kan bakken.

Als de broodmachine alleen wordt
gebruikt om het deeg te maken, dat met de
hand wordt gevormd en in de oven wordt
gebakken, zijn de hoeveelheden niet zo erg
belangrijk en vindt u slechts één ingrediëntenlijst.

Het is heel prettig uw broden zelf te vormen, en als u de machine instelt op 'deeg',
mengt en kneedt de machine voor u. De

machine biedt het ideale klimaat voor de
eerste rijsperiode, zodat u zich kunt uitleven op het veranderen van het deeg in
broodjes, broden of gistgebak. Als u de
techniek eenmaal beheerst, kunt u broden
van overal ter wereld maken, waaronder
platte broden uit het Midden-Oosten,
Amerikaanse donuts, Franse brioches en
joodse challah, om er maar een paar te noemen.

Zuurdesembrood en broden gemaakt
van starters worden steeds populairder en
er is een heel hoofdstuk gewijd aan de
manier waarop u deze met de broodmachine kunt maken. Het is ook mogelijk om
glutenvrij brood te maken, maar dit is iets
voor specialisten. Hiervoor kunt u het beste
de aanwijzingen van uw fabrikant opvolgen
of diens informatielijn bellen.

Een bakkerij in uw keuken

Brood maken is een uitermate aangename en bevredigende bezigheid. Met uw machine kunt u vrij eenvoudig heerlijke broden maken die in de bakkerij of supermarkt niet verkrijgbaar zijn. Van standaardbroden van weinig meer dan meel, gist en water, tot ingewikkelder broden van steengemalen meel van diverse granen – de mogelijkheden zijn legio. Bovendien weet u precies wat er in het brood zit en kunt u broden aanpassen aan de smaak van uzelf of uw gezin door zoete en hartige ingrediënten toe te voegen.

Voor het alledaags gebruik zijn standaard witbroden, eventueel verrijkt met melk of eieren, of smaakvol meergranen- en licht volkorenbrood perfect voor het ontbijt, vers gebakken of geroosterd. U kunt ze ook gebruiken voor sandwiches en snelle tussendoortjes. Deze broodsoorten zijn het eenvoudigst te maken in uw machine en u zult ze steeds weer maken. Na verloop van tijd zult u echter broden gaan bakken met extra ingrediënten zoals aardappel, om bijvoorbeeld het deeg luchtiger te maken. Restjes rijst geven het brood smaak en een andere heerlijke traktatie is het anadamabrood uit New England, gemaakt van witmeel, volkoren- en maïsmeel, op smaak gebracht met melasse.

BOVEN: Marmercake met hazelnoten

ONDER: Aardbeienteabread

Door andere granen toe te voegen, kunt u ingewikkeldere, hartige broden maken. Broden met haver, rogge, tarwekiemen en wilde rijst, eventueel met extra hele zaden en granen, kunt u ook in de broodmachine bakken. Ze leveren extra vezels en zijn een goede bron van complexe koolhydraten. Behalve heel gezond zijn ze ook nog eens lekker. Probeer multigranenbrood, een gezond brood boordevol smaak, gemaakt van tarwemeel, rogge- en volkorenmeel met hele tarwe- en haverkorrels. Of experimenteer anders met een gemengde-zadenbrood zoals vierzadenbrood. De extra zaden zorgen niet alleen voor knapperigheid en smaak, maar zijn ook bijzonder voedzaam.

De broodmachine mengt moeiteloos ingrediënten zoals gekarameliseerde uien, zongedroogde tomaten, gegrilde paprika's, knapperige bacon, stukjes ham en andere vleeswaren, versgehakte kruiden en geraspte of verkruimelde kaas door het deeg, zodat u groente- en andere broden kunt maken om van te likkebaarden. U kunt ook specerijen en noten, en gedroogde, halfgedroogde en verse vruchten toevoegen om klassieke vruchten-moutbroden te maken. Probeer het sappige cranberry-sinaasappelbrood of mango-bananenbrood. Andere zoete broden zijn knapperig boekweit-walnotenbrood en –de droom van iedere chocoladeliefhebber– brood met drie soorten chocolade.

U kunt ook smeuïg gebak voor bij de thee maken, zoals honingcake, gembercake, madeiracake en passiecake, om er een paar te noemen; een alternatief op het gebruik van de gewone oven voor slechts één soort gebak. U kunt ook verse vruchten zoals aardbeien en frambozen en exotischer soorten gebruiken om deze traktaties op smaak te brengen, net als de bekende gedroogde vruchten, zoals abrikozen, dadels, pruimen en rozijnen.

Deze broden, gemengd, gekneed en automatisch gebakken, illustreren slechts

ONDER: Een gekruid brood, zoals mosterd-bierbrood, is met kaas en tafelzuur heerlijk als eenvoudige lunch.

een deel van de mogelijkheden van de broodmachine. Met de deegstand kunt u eindeloze deegvariaties maken die u met de hand gaat vormen. Klassieke Franse broden, zoals de fougasse, couronne en baguettes, of rustieke broden, zoals pain de campagne en pain de seigle, zijn mogelijk, evenals Italiaanse broden, zoals de ciabatta, pan all'olio en grissini. U kunt experimenteren met het maken van platte broden zoals de Indiase naan, Midden-Oosterse lavash en pittabroden, of Italiaanse focaccia, stromboli, sfincione of pizza's.

Zoet gistdeeg is ook goed te verwerken in de broodmachine. Maak eens chocola-

desavarin met aardbeien, baba's met perzikbrandewijn, Oostenrijkse koffiecake of strudels en klassiek feestbrood zoals Poolse babka (paasbrood) of een Finse feestkrans. U kunt uw vrienden ook imponeren door het traditionele Italiaanse kerstbrood, mocha panettone, te bakken.

Er zijn eindeloos veel broodjes en soorten gebak om uit te proberen, van Amerikaanse ontbijtflensjes tot Engelse Chelsea buns en Chinese kipbroodjes met sesamzaad erop. U kunt ze gemakkelijk met de hand vormen, nadat de machine het deeg heeft gemengd en gekneed, en dan goudbruin bakken in een gewone oven.

DE BASISPRINCIPES

E en broodmachine is ontworpen om het zware werk van het brood maken over te nemen. Net als de meeste keukenmachines neemt het werk uit handen. Het mengt de ingrediënten, kneedt het deeg voor u en laat het brood lang genoeg en op de juiste temperatuur rijzen en bakken.

Bij de meeste broden hoeft u de ingrediënten voor het door u gekozen brood alleen maar af te meten, deze in de juiste volgorde in de vorm te doen, het deksel te sluiten, een geschikt bakprogramma uit te zoeken en een lichte, medium of donkere korst kiezen. U kunt er ook voor kiezen de begintijd uit te stellen, zodat u 's morgens vroeg of na het werk vers gebakken brood hebt. Druk op Start en een paar uur later hebt u een prachtig gebakken brood: de machine heeft het kneden, rijzen en de bakcycli voor u uitgevoerd.

Broodmachines bieden diverse programma's voor verschillende soorten meel en verschillende hoeveelheden suiker en vet. U kunt uiteenlopende soorten rauw

ONDER: De drie verschillende maten vormen voor broodmachines. Van links naar rechts: groot, klein en middelgroot.

BOVEN: de vorm van het kneedblad varieert per model broodmachine.

deeg proberen te maken voor het vormen van zoete en hartige broden, zuurdesembroden, gemengde granen en nog veel meer.

Alle broodmachines werken volgens hetzelfde basisprincipe. Ze hebben een losse bakvorm met een anti-aanbaklaag en een hengsel, waarin het kneedblad zich bevindt. Als u de vorm in de machine zet, past deze op een centrale as, die het blad laat roteren. De broodvorm wordt afgesloten met een deksel, zodat de ingrediënten zich in een beheersbare omgeving bevinden. Het deksel bevat een luchtopening en soms ook een venster, wat nuttig kan zijn om de voortgang van het brood te controleren.

De machine wordt met behulp van het bedieningspaneel geprogrammeerd.

De grootte en vorm van het brood worden bepaald door de vorm van de broodvorm. Er zijn nu twee vormen verkrijgbaar; een rechthoekige en een vierkante. De rechthoekige vorm produceert de traditionele vorm, waarvan de grootte per merk varieert. De vierkante vorm komt het meest voor bij kleinere machines en maakt een groot brood dat lijkt op een traditioneel rechthoekig brood dat rechtop is gezet. U kunt het verticale vierkante brood op zijn kant leggen om het te snijden.

De grootte van het brood varieert van ca. 500 g tot 1,4 kg, afhankelijk van de machine. De meeste machines bieden de mogelijkheid ook kleinere broden te bakken. Een machine kan kleine, middelgrote en grote broden bakken.

EEN BROODMACHINE KOPEN

Er is volop keuze als u een broodmachine wilt aanschaffen. Bedenk welke opties voor u het nuttigst zijn en zoek de interessantste aanbieding in uw prijsklasse. Kijk eerst naar de grootte van het brood dat u wilt bakken. Deze wordt voornamelijk bepaald

door de grootte van uw huishouden. Een grote broodmachine biedt vaak de mogelijkheid om kleinere broden te maken, andersom is dat niet het geval.

Bepaal of de vorm van het brood voor u van belang is en kies vervolgens een machine met een vierkante of rechthoekige broodvorm.

Denkt u dat u broden gaat maken met extra ingrediënten? Zo ja, dan is een signaal voor toevoegen nuttig. Heeft de machine speciale meelcycli voor volkorenbroden? Is dit belangrijk voor u? Een ander kenmerk, de deegcyclus, biedt veel flexibiliteit, omdat die u in staat stelt handgevormde broden te maken. Extra kenmerken, zoals faciliteiten om jam te maken en rijst te koken, zijn erg gespecialiseerd en u bent de enige die kan bepalen of u ze de moeite waard vindt.

Een belangrijke overweging is of de fabrikant een goede handleiding en servicesysteem of helpdesk biedt. Als dat zo is, kunnen eventuele problemen of vragen snel worden beantwoord. Dit is vooral bij uw eerste machine erg nuttig.

Een broodmachine beslaat vrij veel ruimte, dus bedenk waar u haar neer wilt zetten en koop er een die in de beschikbare ruimte past. Als de broodmachine op het werkvlak blijft staan en esthetische overwegingen belangrijk voor u zijn, moet u een machine kopen die past bij uw andere apparaten. De meeste broodmachines zijn verkrijgbaar in het wit, zwart of roestvrijstaal.

Noteer welke kenmerken belangrijk voor u zijn en zet de belangrijkste bovenaan. Gebruik een eenvoudig afvalsysteem

om uw keuze te beperken tot twee of drie machines; dit maakt het beslissen eenvoudiger.

ONDER: Een doorsnee broodmachine. Hoewel het bedieningspaneel van elke machine weer anders is, zijn de meeste basiskenmerken gelijk. De specifiekere mogelijkheden variëren per machine.

VEILIGHEIDSVOORZIENINGEN

De meeste machines hebben een stand om stroomuitval op te vangen die zeer nuttig kan blijken. Als de machine per ongeluk wordt uitgeschakeld of er is een korte stroomstoring, gaat het programma verder zodra de stroom weer is ingeschakeld. De maximaal toegestane tijd van stroomonderbreking varieert van 10-30 minuten. Controleer het brood als de stroom weer wordt ingeschakeld; afhankelijk van het stadium dat het programma had bereikt op het moment van de stroomonderbreking, kan de rijs- of baktijd van het brood zijn beïnvloed.

Op sommige modellen zit een overloopbeveiliging. Deze treedt in werking als het kneedblad wordt gehinderd door taai deeg en stopt de motor. Na ca. 30 minuten herstart deze automatisch, maar het is belangrijk dat het deeg eerst wordt aangepast. Begin opnieuw of snijd het deeg in kleine stukjes en maak deze soepeler met wat meer vloeistof.

HOE GEBRUIKT U UW BROODMACHINE

De onderstaande aanwijzingen helpen u meteen een perfect brood te maken als u uw broodmachine voor het eerst gebruikt. De richtlijnen zijn algemeen; ze zijn van toepassing op elke broodmachine en moeten naast de bijgeleverde gebruiksaanwijzing worden gelezen. Gebruik altijd verse ingrediënten van goede kwaliteit; u kunt geen goede resultaten verwachten met meel of gist dat over de datum is.

1 Zet de broodmachine op een stevig, vlak, hittebestendig oppervlak. Zet haar niet bij een warmtebron, zoals een fornuis of in direct zonlicht, of op plek waar het tocht: deze factoren kunnen de temperatuur in de machine beïnvloeden. Steek in deze fase de stekker van de machine nog niet in het contact. Open het deksel. Verwijder de broodvorm door het hengsel aan weerszijden vast te pakken en naar boven te trekken of het iets te draaien, afhankelijk van het model.

2 Zorg ervoor dat er op het kneedblad en de as geen kruimels van de vorige keer zitten. Zet het kneedblad op de as in de basis van de broodvorm. Het blad past slechts op één manier, omdat het gat in het blad en de buitenkant van de as D-vormig zijn.

3 Giet het water, de melk en/of andere vloeistoffen in de broodvorm, tenzij u volgens de aanwijzingen voor uw machine eerst de vaste ingrediënten moet toevoegen. Draai dan de volgorde waarin u de vloeistof en vaste ingrediënten toevoegt om en doe eerst de gist in de broodvorm.

4 Strooi het meel er zo op dat de vloeistof helemaal is bedekt. Voeg eventuele andere vaste ingrediënten die in het recept worden genoemd, zoals melkpoeder, toe. Voeg zout, suiker of honing en boter of olie toe; schep deze in aparte hoeken, zodat ze niet met elkaar in contact komen.

SPECIALE KENMERKEN

Duurdere machines hebben soms extra programma's, o.a. voor het koken van jam of rijst en het maken van pastadeeg. Deze mogelijkheden zijn niet de hoofdreden om een broodmachine te kopen, maar kunnen nuttige extra's zijn. Er is bijvoorbeeld geen eenvoudiger manier om jam te maken: u doet gelijke hoeveelheden vers fruit en suiker in de vorm, stelt het jamprogramma in en aan het einde van de cyclus kunt u de jam zo in gesteriliseerde potten scheppen.

GEMAKKELIJK AFMETEN

Als u een elektronische weegschaal hebt met een doortelfunctie, kunt u ingrediënten heel eenvoudig wegen. Zet de broodvorm op de weegschaal, giet de vloeistof erin en zet de display op nul. Doe de vaste ingrediënten in de vorm en zet de display elke keer op nul. Voeg ten slotte vet, zout, zoetstof en gist toe en zet de vorm in de machine.

5 Maak met een vinger een kuiltje in het midden van het meel (maar niet tot in de vloeistof) en voeg de gist toe. Als uw kuiltje de vloeistof onder de vaste ingrediënten bereikt, wordt de gist nat en daardoor te snel geactiveerd. Veeg de buitenkant van de broodvorm schoon.

6 Zet de vorm goed in de machine. Afhankelijk van het model kan de vorm een voor- en achterkant hebben, of klemmen aan de buitenste rand die de vorm in de machine op zijn plaats houden. Druk het hengsel omlaag en sluit het deksel. Steek de stekker in het stopcontact en schakel de machine in.

7 Kies het gewenste programma, inclusief de korstkleur en het broodformaat, als dat kan. Druk op Start. Het kneden zal beginnen, tenzij de machine een 'rustperiode' heeft om de temperatuur aan te passen.

8 Tegen het einde van het kneedproces piept de machine om u te waarschuwen dat u extra ingrediënten, zoals gedroogd fruit, kunt toevoegen. Open het deksel, voeg de ingrediënten toe en sluit het deksel.

9 Aan het einde van de cyclus piept de machine weer om te waarschuwen dat het deeg klaar of het brood gebakken is. Druk op Stop. Open het deksel. Gebruik ovenwanten als u na het bakken de broodvorm verwijdert; deze is dan gloeiendheet. Buig niet voorover om in de machine te kijken als u het deksel opent. De hete lucht die uit de machine ontsnapt kan pijn doen.

ONDER: Een gewoon witbrood is een uitstekende keuze voor de beginnende broodmaker. Als u deze aanwijzingen opvolgt en de ingrediënten nauwkeurig afweegt, bent u verzekerd van een heerlijk brood. Als u wat meer vertrouwen hebt verkregen, kunt u experimenteren met het recept door andere ingrediënten toe te voegen of de korstkleur te wijzigen.

10 Keer de vorm met ovenwanten aan om en schud enkele malen om het brood los te maken. Tik de onderkant van de vorm eventueel tegen een hittebestendig vlak.

11 Gebruik als het kneedblad van uw machine niet vastzit en in het brood blijft steken, een hittebestendig voorwerp om het te verwijderen, bijvoorbeeld een houten spatel. Het komt dan gemakkelijk los.

12 Laat het brood op een rooster afkoelen. Haal de stekker van de broodmachine uit het stopcontact en laat de machine afkoelen voor u haar weer gebruikt. Een machine die te heet is, maakt geen goed brood, en veel machines werken om die reden niet goed. Lees de handleiding. Was de vorm en het kneedblad en veeg de machine schoon. Laat alle machine-onderdelen afkoelen en drogen voor u de machine opruimt.

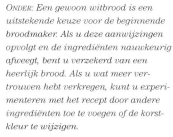

BASISFUNCTIES

Het kost wat tijd en oefening om bekend te raken met uw nieuwe broodmachine. De meeste fabrikanten leveren een goede handleiding bij hun broodmachines. De handleiding is een goed uitgangspunt en moet u kunnen helpen als u tegen een probleem aanloopt. De programma's verschillen natuurlijk enigszins per machine, maar dit overzicht kan u een algemeen idee geven van de verschillende elementen die ertoe behoren.

Het is belangrijk dat u de functie van elke knop op uw broodmachine kent voordat u een brood gaat maken. Elk kenmerk kan per machine iets variëren, maar in principe werken ze allemaal op dezelfde manier.

START- EN STOPKNOPPEN

De startknop brengt het hele proces op gang. Druk hierop nadat u alle ingrediënten in de broodvorm hebt gedaan en de gewenste instellingen hebt gekozen, zoals broodsoort, grootte, korstkleur en startuitstel.

De stopknop kan dezelfde of een aparte knop zijn. Druk erop om het programma te stoppen tijdens de uitvoering daarvan als u het moet onderbreken, of aan het einde om de machine uit te zetten. Zo stopt u de warmhoudcyclus aan het einde van het bakproces.

TIJDDISPLAY EN STATUSINDICATOR

Een venster toont de resterende tijd tot het einde van het gekozen programma. Sommige broodmachines geven ook het gekozen programma weer. Sommige modellen gebruiken hetzelfde venster of een gescheiden set lichtjes om aan te geven wat er in de machine gebeurt. Het display toont of de broodmachine op uitstel, kneden, rusten, rijzen, bakken of verwarmen staat.

PROGRAMMA-INDICATOREN OF MENU

Elke broodmachine heeft een aantal programma's voor verschillende soorten brood. Sommige modellen hebben er meer dan andere. De menu- of programma-indicatorenfunctie stelt u in staat het juiste programma voor uw recept te kiezen en geeft aan welk programma u hebt gekozen. We zullen later uitvoerig terugkomen op de programma's.

STARTUITSTEL

Met deze knop kunt u de broodmachine zo instellen dat ze op een bepaald tijdstip automatisch inschakelt. Zo hebt u bijvoorbeeld versgebakken brood bij het ontbijt of wanneer u van uw werk komt. U mag de timer niet gebruiken voor deeg dat beperkt houdbare ingrediënten bevat zoals verse zuivelproducten of vlees, die in een warme omgeving bederven.

KORSTKLEURCONTROLE

De meeste broodmachines zijn standaard ingesteld op een medium korst. Als u echter liever een lichtere korst of een goed doorbakken brood hebt, bieden veel machines u de mogelijkheid een lichtere of donkerdere korst te kiezen. Brood dat veel suiker of eieren of kaas bevat, kan op een gemiddelde instelling te donker worden; ook dan kan een lichtere optie beter zijn.

VERWARMINGSINDICATOR

Haal gebakken brood het liefst meteen uit de machine. Als dit niet mogelijk is, wordt automatisch de verwarmingsfunctie ingeschakeld zodra het brood gebakken is, om condensatie van de stoom te helpen voorkomen, waardoor het brood klef zou worden. De meeste machines blijven een uur in deze modus, maar sommige laten geregeld een waarschuwingssignaal horen als het brood moet worden verwijderd.

LINKS: Frans brood kunt u in de machine bakken op de stand 'Frans'. U kunt het deeg ook uit de machine halen om de traditionele vorm met de hand te maken.

WAARSCHUWINGSLAMPJES

Enkele modellen hebben een aantal lampjes die van kleur veranderen nadat ze zijn geactiveerd om u eraan te herinneren dat bepaalde belangrijke stappen zijn uitgevoerd. Zo kunt u controleren of het kneedblad vastzit en de basisingrediënten zoals vloeistof, meel en gist in de broodvorm zijn gestopt.

BROODGROOTTE

Op grotere broodmachines zit mogelijk de optie om tot drie verschillende formaten brood te maken. De werkelijke afmetingen variëren per machine, maar klein is circa 450 g, middelgroot 675 g en groot 900 g. Deze functie is bij sommige machines echter alleen een visuele indicatie en verandert niets aan de baktijd of cyclus. Raadpleeg de gebruiksaanwijzing.

BAKPROGRAMMA'S

Alle machines hebben een programmakeuze om ervoor te zorgen dat u een perfect brood bakt. De duur van het kneden, rijzen en bakken varieert per meelsoort en bepaalt de textuur van het brood.

NORMAAL

Deze stand wordt het meest gebruikt en is ideaal voor witbrood en brood van gemengde granen waarbij bloem het hoofdingrediënt is.

SNEL

Deze cyclus verkort de tijd om een standaardbrood te maken met circa een uur en is handig als snelheid het belangrijkste criterium is. Het brood zal niet zo sterk rijzen als een met het basisprogramma gemaakt brood en kan daarom wat compacter zijn.

VOLKOREN

Deze cyclus is langer dan de basiscyclus om deeg dat langzamer rijst doordat het veel volkorenmeel bevat de nodige tijd te gunnen. Sommige machines hebben ook een meergranenstand voor brood met granen en hele korrels zoals tarwe en rogge, hoewel, afhankelijk van de meelpercenta-

BOVEN: Voor heerlijk geparfumeerd brood kunt u zongedroogde tomaten toevoegen aan het deeg na het signaal voor toevoegen.

ges, ook met de stand volkoren of normaal goede broden te maken zijn.

FRANS

Dit programma is het geschiktst voor broden met weinig vet en suiker en geeft brood een luchtige textuur en een knapperigere korst. Bij dit programma krijgt het rijzen meer tijd en bij sommige broodmachines wordt het brood op een iets hogere temperatuur gebakken.

ZOET

Enkele broodmachines bieden deze functie naast de korstkleurfunctie, die nuttig is als u broden wilt bakken met een hoog vet- of suikergehalte, die te donker kunnen worden.

CAKE

Dit is weer een functie die op weinig machines voorkomt. Sommige mengen een snel teabread-achtige cake zonder gist en bakken hem; andere mengen door gist gerezen cakes. Als uw machine deze optie niet heeft, kunt u teabread en cakes zonder gist gemakkelijk mengen in een kom en in de broodvorm bakken met de 'alleen bakken'-cyclus.

ALLEEN BAKKEN

Met deze instelling kunt u de broodmachine gebruiken als oven, om cakes of kant-en-klaar deeg uit de supermarkt te bakken, of om de standaard baktijd te verlengen als u liever goed doorbakken brood hebt.

SANDWICH

Met deze optie kunt u een brood met een zachte korst bakken, dat vooral geschikt is voor sandwiches. Slechts één of twee modellen bezitten deze optie.

SIGNAAL VOOR TOEVOEGEN

Extra ingrediënten kunt u bij de meeste programma's halverwege de cyclus toevoegen. De machine geeft een geluidssignaal –meestal een piep– en sommige machines pauzeren laat tijdens de kneedfase, zodat u ingrediënten zoals fruit en noten kunt toevoegen. Laat toevoegen verkleint de kans dat ingrediënten tijdens de kneedfase worden verpulverd.

Als uw machine deze optie niet bezit, kunt u een keukenwekker vijf minuten voor het einde van de kneedcyclus laten aflopen en dan de extra ingrediënten toevoegen.

DEEGPROGRAMMA'S

De meeste machines hebben een deegprogramma: sommige modellen hebben deegprogramma's met extra mogelijkheden.

DEEG

Met dit programma kunt u deeg maken zonder met de machine te bakken, wat belangrijk is voor alle handgevormde broden. De machine mengt, kneedt en laat het deeg rijzen, klaar voor het vormen, het tweede rijsproces en het bakken in een gewone oven. Als u broden met een andere vorm of broodjes wilt maken, is deze functie van onschatbare waarde.

ANDERE DEEGPROGRAMMA'S

Sommige machines hebben cycli om verschillende soorten deeg te maken, zoals een snelle deegstand voor pizza's en focaccia of een langere cyclus voor volkoren- en bageldeeg. Sommige deegcycli hebben ook een signaal voor toevoegen.

Bakken, afkoelen en bewaren

Een broodmachine moet altijd een perfect brood bakken, maar vergeet niet dat een machine niet zelf kan denken. Het is belangrijk dat u de ingrediënten zorgvuldig afmeet en in de volgorde die de fabrikant van uw machine aangeeft in de broodvorm doet. De ingrediënten moeten op kamertemperatuur zijn, dus haal ze tijdig uit de koelkast, tenzij uw machine een voorverwarmprogramma heeft.

Controleer het deeg tijdens de kneedcycli; als uw machine geen venster heeft, opent u het deksel en kijkt in de broodvorm. Het deeg moet een beetje plakkerig aanvoelen. Voeg als het erg zacht is nog wat meel toe; voeg meer vocht toe als het heel stevig en droog aanvoelt. Het is ook nuttig om het deeg tegen het einde van de rijstijd te controleren. Op heel warme dagen kan brood te hoog rijzen. Het kan dan over de broodvorm rijzen en tijdens de eerste minuten van het bakken aan de buitenkant naar beneden lopen. Als uw brood klaar lijkt om te bakken voordat de bakcyclus begint, hebt u twee mogelijkheden. U kunt het programma onderbreken en annuleren en de machine herprogrammeren met een 'alleen bakken'-programma, of met een cocktailprikker boven in het brood prikken om het iets te laten inzakken en dan het programma verder laten gaan.

Verschillende machines geven verschillende bruiningsniveaus bij uitvoering van hetzelfde recept. Controleer de kleur als u een nieuw recept probeert en noteer of u de volgende keer een lichtere of donkerder instelling moet kiezen.

Onder: Prik met een cocktailprikker in te hoog gerezen brood.

Het brood uit de vorm halen

Als het brood gebakken is, kun u dit het beste meteen uit de broodvorm halen. Keer de hete broodvorm om met ovenwanten aan of met een stevige theedoek en schud enkele keren om het brood los te maken. Als het brood moeilijk loskomt, tik dan enkele keren met een hoek van de broodvorm tegen een houten oppervlak of probeer de basis van de as onder de basis van de broodvorm te draaien.

Probeer het brood niet los te steken met een mes of ander metalen voorwerp, want dan beschadigt u de anti-aanbaklaag.

Als het kneedblad in het brood blijft zitten, maak het dan los met een hittebestendig plastic of houten voorwerp. Het metalen blad en het brood zijn te heet om met de vingers beet te pakken.

Boven: Multigranenbrood is gemaakt met honing, die, net als andere zoetstoffen, als conserveermiddel werkt. Het brood zou langer vochtig moeten blijven.

Onder: Snijd het brood met een gekarteld mes, zodat u de textuur van het kruim niet beschadigt.

BROOD WARM SERVEREN

Wikkel het brood in folie en leg het in een op 180 °C voorverwarmde oven zodat het goed door kan warmen. Deze methode is ook geschikt om brood even op te warmen.

BOVEN: Als u brood invriest om later te roosteren, kunt u het beter eerst snijden.

BOVEN: Bewaar brood met een knapperige korst in een grote papieren zak.

AFKOELEN

Zet het brood op een rooster om de stoom te laten ontsnappen en laat het minstens 30 minuten staan alvorens het te snijden. Snijd brood altijd met een broodmes zodat de kruimstructuur niet beschadigd raakt.

BEWAREN

Laat het brood afkoelen, wikkel het in folie of stop het in een plastic zak en sluit deze af om het brood vers te houden. Brood met een krokante korst wordt tijdens het bewaren zachter; bewaar dit tot het snijden daarom onverpakt. Doe het brood na het snijden in een grote papieren zak, maar probeer het zo snel mogelijk te eten, omdat het na het snijden begint uit te drogen. Brood dat ei bevat droogt nog sneller uit, terwijl brood met honing of toegevoegde

ONDER: Harde broodjes kunt u invriezen zodra ze zijn afgekoeld. Ze zijn warm heerlijk, dus verwarm ze voor het serveren even in de oven.

vetten langer vochtig blijft. U kunt vers gebakken brood het beste binnen 2-3 dagen opeten. Bewaar brood niet in de koelkast; dan wordt het sneller oudbakken.

Vries gebakken broden in als u ze langer wilt bewaren. Stop het brood of de broodjes in een diepvrieszak, sluit deze en bewaar het ingevroren brood maximaal 3 maanden. Als u het brood wilt gebruiken

voor toast of sandwiches, kunt u dit het beste snijden voor het invriezen, zodat u het benodigde aantal plakjes kunt pakken. Ontdooi het brood op kamertemperatuur, nog in de diepvrieszak.

Sommige broden kunt u beter niet invriezen. Heel krokant brood, zoals Franse couronne, valt bijvoorbeeld snel uit elkaar als het na het invriezen wordt ontdooid.

BROODDEEG BEWAREN

Als het niet schikt om brooddeeg meteen te bakken, kunt u het in een ingevette kom bedekt met cellofaan of in een afgesloten plastic zak bewaren. Deeg kan in de koelkast maximaal twee dagen worden bewaard als het boter, melk of eieren bevat en vier dagen als er geen bederfelijke ingrediënten in zitten.

Controleer het deeg en kneed het af en toe. Breng het als u het wilt gebruikten terug op kamertemperatuur, vorm het, laat het rijzen en bak het vervolgens op de normale wijze.

U kunt deeg in uw machine maken, het daarna vormen en dan een nacht in de koelkast bewaren om het de volgende morgen voor het ontbijt te bakken. Bedek het zoals gewoonlijk met ingevet cellofaan. U kunt brooddeeg maximaal een maand ingevroren in een diepvrieszak bewaren. Als u het wilt gebruiken, ontdooit u het een nacht in de koelkast of 2-3 uur op kamertemperatuur. Leg het deeg als het is ontdooid op een warme plaats om te rijzen. Vergeet niet dat het langer moet rijzen dan vers deeg.

BOVEN: Bewaar deeg in de koelkast in een ingevette kom bedekt met cellofaan of in een plastic zak.

BOVEN: Maak broodjes de avond tevoren en bewaar ze in de koelkast. Bak ze de volgende ochtend.

HANDGEVORMDE BRODEN

En van de nuttigste functies van een broodmachine is de deeginstelling. Hiermee mengt de machine de ingrediënten automatisch, kneedt het deeg en laat het rusten voor ze het de ideale omstandigheden biedt voor de eerste keer rijzen. De hele cyclus, van het mengen tot het rijzen, duurt ca. 1¾ uur, maar varieert iets per machine.

DOORSLAAN

1 Aan het einde van de cyclus is het deeg bijna in volume verdubbeld en klaar om te worden gevormd. Haal de broodvorm uit de machine.

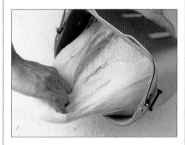

2 Bestuif het werkvlak licht met bloem. Haal het deeg voorzichtig uit de broodvorm en leg het op het bestoven werkvlak. Sla het deeg door of ontlucht het om de spanning in het gluten te verminderen en het kooldioxide deels te verdrijven.

3 Kneed het deeg ca. 1-2 minuten licht en maak er een bal van. Er kan in het recept staan dat u het deeg met ingevet cellofaan moet bedekken en enkele minuten moet laten rusten. Zo kan het gluten zich ontspannen en wordt het deeg beter handelbaar.

VORMEN

De technieken om deeg te vormen variëren afhankelijk van de uiteindelijke vorm van het brood dat u wilt maken. De volgende stappen illustreren hoe u een standaardbrood, broodjes en gistgebak maakt.

BAGUETTE

1 Vorm voor het maken van een baguette of stokbrood met de handen of een deegroller een platte, ca. 2,5 cm dikke rechthoek van het deeg.

2 Vouw eenderde van het deeg in de lengte dubbel, vouw het resterende derde deel erover en druk dit voorzichtig vast. Herhaal dit nog twee keer en laat het deeg tussen twee vouwbeurten rusten om scheuren te voorkomen.

3 Rek het deeg voorzichtig uit en rol het met de handen voor- en achteruit om er een stokbrood met de gewenste dikte en lengte van te maken.

4 Leg het baguettedeeg tussen een gevouwen, met bloem bestoven theedoek of in een *banneton* en laat het op een warme plaats rijzen. Door de theedoek of *banneton* houdt het stokbrood de juiste vorm tijdens het rijzen.

OVAAL BROOD

1 Rol het deeg uit tot een 2,5 cm dikke rechthoek. Rol deze op vanaf een lange zijde en leg hem met de naad naar boven op een met bloem bestoven bakplaat. Bedek hem en laat hem 15 minuten rusten.

2 Draai het brood en leg het op een andere met bloem bestoven bakplaat. Druk de zijkanten en uiteinden met de vingers naar binnen. Laat het afgedekt verder rijzen.

BLIKBROOD

Rol het deeg uit tot een rechthoek zo lang als een broodblik en drie keer zo breed. Vouw het deeg in de breedte en vouw het bovenste derde deel omlaag en het onderste derde deel omhoog. Druk het deeg omlaag, keer het en leg het in het blik.

LANDELIJK BROOD

1 Verdeel het deeg voor een landelijk brood in twee ongelijke stukken van circa eenderde en tweederde van het deeg. Maak van beide delen een stevige ronde bal en leg deze op licht met bloem bestoven bakplaten. Bedek ze met omgekeerde kommen en laat ze 30 minuten rijzen of tot ze in volume zijn verdubbeld.

2 Maak de bovenkant van het grote brood plat. Snijd met een scherp mes een kruis van ca. 4 cm in het midden. Bestrijk het gebied licht met water en leg de kleine bal erop.

3 Druk met een of twee vingers of de met bloem bestoven steel van een pollepel door het midden van de bovenste bal tot in het midden van het deeg eronder.

GEDRAAID BROOD

1 Verdeel het deeg voor een gedraaid brood in twee gelijke delen. Rol elk deel met de handpalmen op een licht met bloem bestoven werkvlak tot een lange kabel van ca. 4-5 cm dik. Maak beide kabels even lang.

2 Leg de twee kabels naast elkaar. Draai de ene vanuit het midden om de andere. Ga zo door tot u het einde bereikt. Knijp dan de uiteinden samen en vouw die om naar naar onderen. Keer het deeg en herhaal het proces met het andere uiteinde; draai het deeg in dezelfde richting als eerst.

BROODSTENGELS

Rol het deeg voor een broodstengel in een rechthoek van ca. 1 cm dik en snijd reepjes uit van ca. 7,5 cm lang en 2 cm breed. Rol elke reep met de handpalm tot een lange, dunne kabel.

U kunt de kabels langer maken door ze op te tillen en er voorzichtig aan te trekken. Als het deeg nog moeilijk uit te rekken is, laat het dan enkele minuten rusten en probeer het opnieuw.

COURONNE

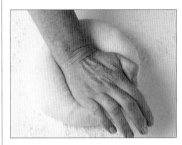

1 Maak een bal van het deeg. Druk er met de muis van uw hand een kuiltje in. Maak het midden langzaam groter; draai het deeg om een cirkel te maken met een gat van 13-15 cm.

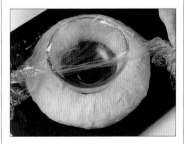

2 Leg het deeg op een licht ingevette bakplaat. Zet een ingevette kom in het midden van de ring om te voorkomen dat het deeg het midden vult tijdens het rijzen.

KRUL

Rol het deeg met de handpalmen uit tot een ca. 25 cm lange kabel met puntige uiteinden. Maak er een losse 'S' van en krul de uiteinden om. Laat een kleine ruimte over voor het laatste rijsproces.

CROISSANT

1 Rol het deeg om een croissant te maken uit op een licht met bloem bestoven oppervlak en snijd het vervolgens in ca. 15 cm brede repen.

2 Snijd elke reep in de lengte in driehoeken met een basis van 15 cm en zijden van 18 cm.

3 Leg de punt naar u toe en de 15 cm brede basis bovenaan; trek voorzichtig aan de hoeken van de basis om deze iets uit te rekken.

4 Rol het deeg met één hand vanaf de basis op en blijf trekken. Eindig met de deegpunt aan de onderkant. Buig de hoeken in de richting van de punt om de gebogen croissantvorm te maken.

VLECHTBROOD

1 Om een vlecht te maken legt u het deeg op een licht met bloem bestoven werkvlak en rolt het uit. Verdeel het deeg in ballen; het aantal hangt af van de hoeveelheid deeg en het aantal broodjes dat u wilt maken.

2 Verdeel elke bal deeg in drie gelijke stukken. Rol deze met de handen in lange, dunne, even lange kabels en leg ze naast elkaar.

3 Knijp een van de uiteinden samen en vlecht de stukken deeg. Knijp vervolgens de andere einden samen en vouw de naad naar onderen.

GEVULD VLECHTBROOD

1 Leg het deeg voor de vlecht op een licht met bloem bestoven werkvlak. Rol het uit tot een rechthoek. Maak met een mes ca. 2 cm brede diagonale inkepingen langs de lange zijden van het deeg. Leg de vulling in het midden van de ongesneden reep.

2 Vouw een reep deeg naar binnen en vouw de andere repen erover om een vlecht over de vulling te maken. Stop het uiteinde naar binnen om de vlecht te sluiten.

RIJZEN

Nadat u het deeg hebt gevormd, moet het rusten om weer te rijzen. De meeste deegsoorten moeten op een warme plaats staan tot ze ongeveer in volume zijn verdubbeld. Hoe lang dat duurt, varieert –afhankelijk van de omgevingstemperatuur en het deeg– maar meestal ligt de rijstijd tussen de 30 en 60 minuten.

Laat het deeg niet te lang rijzen, anders kan het in de oven, of als het voor het bakken wordt ingesneden, instorten. Laat het wel voldoende rijzen, anders is het brood als het klaar is te zwaar.

Om te testen of het deeg klaar is om te bakken drukt u er licht met uw vingertop in. Het moet elastisch aanvoelen, niet stevig. De indruk van uw vinger moet zich langzaam vullen en verdwijnen.

BOVEN: Gevormd deeg dat in een broodblik is gelegd om te rijzen. Het ongerezen deeg moet net over de helft van het blik komen.

BOVEN: Laat het deeg rijzen op een warme, tochtvrije plaats. Dit duurt 30-60 minuten. Het gerezen deeg is dan bijna in volume verdubbeld.

INSNIJDEN

Het insnijden van brood voor het bakken is nuttig en zorgt voor een decoratieve afwerking, bijvoorbeeld bij traditionele broodvormen zoals ovale broden en stokbroden. Als het deeg de oven in gaat, rijst het nog een laatste keer in de oven; de sneden of inkepingen laten het brood uitzetten zonder dat de zijkanten scheuren of barsten.

Hoe eerder u het deeg insnijdt, hoe breder de inkepingen zijn. Diepte is ook belangrijk: hoe dieper de sneden, hoe meer het brood zich tijdens het bakken opent. De meeste recepten adviseren om het brood net voor het glazuren en bakken in te snijden. Als u denkt dat een brood iets te veel gerezen is, maak dan voorzichtig ondiepe inkepingen om te voorkomen dat het deeg instort. Maak een strakke snee met een scherp mes of een scalpel. Ga recht en snel door het deeg om te voorkomen dat het scheurt. U kunt broden en broodjes ook een eenvoudige decoratieve afwerking geven met een schaar.

EEN KNIPBROOD OF BOERENBROOD INSNIJDEN

U kunt net voor het bakken een lange, ca. 1 cm diepe snee boven in het deeg maken. U kunt dit doen bij brood uit de machine en bij handgevormd brood. Zet een heel scherp mes aan één kant in het deeg en trek het blad door de hele lengte; trek niet aan het deeg.

Bestuif de bovenkant van het brood, indien gewenst, voor het snijden met bloem.

EEN BAGUETTE INSNIJDEN

Maak voor het insnijden van een baguette vier of vijf even lange en diepe sneden in de lengte. Een mes met een vlijmscherp blad is hiervoor het geschiktst. Een zorgvuldig gebruikt scalpel is heel veilig en heeft als voordeel dat u het blad kunt verwisselen, zodat het altijd een scherp lemmet heeft.

BROODJES INKNIPPEN

Broodjes kunt u een snelle en interessante afwerking geven met een scherpe schaar. U kunt experimenteren met allerlei ideeën. Probeer om te beginnen het volgende.
• Knip de bovenkant van het deeg net voor het bakken eerst in de ene richting dan in de andere in om een kruis te maken.
• Maak zes horizontale of verticale knippen met gelijke tussenruimten langs de zijkant van de broodjes. Laat ze 5 minuten rusten voor het bakken.
• Knip de broodjes net voor het bakken op vier of vijf plaatsen in van de rand tot bijna in het midden.

BOVEN: Bovenste broodjes: een kruis maken; middelste: horizontale inkepingen langs de rand; onderste: inkepingen van de rand tot bijna het midden.

BROOD MET EEN KNAPPERIGE KORST BAKKEN

Voor een knapperiger korst moet u stoom in de oven brengen. Het vocht maakt het deeg eerst zacht, zodat het kan rijzen en de korst knapperiger wordt. Vocht verbetert ook de korstkleur doordat het de natuurlijke suikers in het deeg stimuleert te karameliseren. U krijgt ook een knapperiger korst wanneer u het brood op een baksteen of ongeglazuurde terracotta tegels zet, want dat heeft hetzelfde effect als brood bakken in een klei- of steenoven. De poreuze tegels of stenen houden de hitte vast en trekken het vocht tijdens het bakken uit de onderkant van het brood.

1 Leg de baksteen ca. 30 minuten voor u gaat bakken op de bovenste plaat van de oven en verwarm deze voor. Bedek de bakplaat eventueel met terracotta tegels, waarbij u rondom ruimte vrij laat voor een vrije circulatie van de hete lucht.

2 Leg het brood als u gaat bakken met een schietschop op de tegels of baksteen.

3 Benevel de ovenwanden twee of drie keer tijdens de eerste 5-10 minuten van het bakken met een plantenspuit. Open de ovendeuren zo weinig mogelijk, benevel de ovenwanden en sluit de deur snel om onnodig warmteverlies tegen te gaan. Besproei het ovenlampje, de ventilator of de verwarmingselementen niet.

GLAZUUR

Zowel in de machine gebakken als hand-gevormde broden worden mooier van een glazuurlaag. U kunt glazuur voor of tij-dens de vroege stadia van het bakken aan-brengen om het brood een bruinere korst te geven of de textuur ervan te veranderen. Dit laatste is vooral merkbaar bij handgevormde broden, maar u kunt ook goede resultaten bereiken bij in de machine gebakken broden. U kunt broden ook na het bakken glazuren om ze meer smaak en een glanzende afwer-king te geven. Glazuur speelt een belangrijke rol als hechtmiddel en helpt om een afwer-king te laten hechten.

Bij in de machine gebakken broden moet u het glazuur net voor de bakcyclus begint of binnen 10 minuten na het begin van de bakcyclus aanbrengen. Doe dit snel, zodat er zo weinig mogelijk warmte verloren gaat als u het deksel van de machine opent. Bestrijk de randen van het brood nooit met plakkerig glazuur; hierdoor kan het brood in de vorm blijven plakken.

U kunt ook glazuur van ei, melk en gezou-ten water op pasgebakken brood strijken. Doe dat meteen na het einde van de bakcy-clus en laat het brood 3-4 minuten in de machine zitten, zodat het glazuur glanzend kan opdrogen. Haal het brood dan uit de machine en stort het op de gebruikelijke wijze. Deze methode is nuttig als u een afwerking wilt aanbrengen.

Handgevormde broden kunt u voor of na het bakken met glazuur bestrijken en som-mige recepten, zoals parker house rolls, advi-seren om beide te doen.

GLAZUUR DAT VOOR OF TIJDENS HET BAKKEN WORDT GEBRUIKT

Voor een mooie glanzende korst brengt u voor of tijdens het bakken glazuur aan.

MELK

Strijk melk op bijvoorbeeld aardappel-broden om deze een zachtere, goudbruine korst te geven. Melk wordt ook gebruikt voor (luxe) broodjes en platte broden met een zachte korst. U kunt ook melk gebrui-ken op zachte broodjes en ontbijtbroodjes voordat u ze met meel bestuift.

OLIJFOLIE

Dit wordt voornamelijk gebruikt bij medi-terrane broden, zoals focaccia, stromboli en fougasse. Olijfolie geeft smaak en een glanzende afwerking; en hoe donkerder de olie, hoe voller de smaak, dus gebruik bij voorkeur extra vierge olijfolie. U kunt de olie voor en/of na het bakken aanbrengen.

ONDER: Franse fougasse wordt net voor het bakken met olijfolie bestreken.

BOTER

Bestrijk broodjes voor het bakken met gesmolten boter om ze kleur te geven en het deeg zacht te houden. Amerikaanse parker house rolls worden voor en na het bakken bestreken, terwijl bubble corn bread voor het bakken wordt besprenkeld met gesmolten boter. Boterglazuur geeft brood een volle smaak.

ZOUT WATER

Meng 2 tl zout met 2 el water en strijk het water vlak voor het bakken over het deeg. Hierdoor krijgt brood een licht glanzende, knapperige korst.

EIWIT

Meng 1 eiwit met 1 el water voor een licht-bruine, licht glanzende korst. Bij hartige broden is glazuur van eiwit vaak beter dan dat van eigeel.

EIERDOOIER

Meng 1 eierdooier met 1 el melk of water. Dit klassieke glazuur wordt gebruikt voor een goudbruine, glanzende korst. Voeg voor zoete broodjes, broden en gistgebak 1 el fijne suiker toe voor extra kleur en smaak.

GLAZUUR VOOR NA HET BAKKEN

Sommige glazuren worden na het bakken gebruikt, meestal op zoet brood, cake en gebak. Ze geven glans en/of een kleverige afwerking en helpen ook om brood of gebak vochtig te houden. Glazuur is geschikt voor zowel machine- als handgevormd brood.

BOTER

Broden zoals Italiaanse panettone en stollen worden na het bakken met gesmolten boter bestreken om de korst zacht te maken. Soms wordt geklaarde boter gebruikt om platte broden zachter te maken.

HONING, MOUT, MELASSE EN SUIKERSTROOP

Vloeibare zoetstoffen kunt u verwarmen en over broden, broodjes en gebak strijken. Honing is bijvoorbeeld een traditioneel glazuur en geeft een heerlijke smaak. Mout en melasse zijn vrij sterk van smaak, dus gebruik ze met mate en bij geschikte broden, zoals vruchtenbrood en cake. U kunt ze ook mengen met een vloeibare zoetstof met een minder sterke smaak, zoals suikerstroop, voor een iets minder sterk effect.

SUIKERGLAZUUR

Los 2-3 el kristalsuiker in evenveel melk of water op. Breng het mengsel aan de kook en laat het in 1-2 minuten stroperig worden. Bestrijk vruchtenbroden en broodjes ermee voor een glanzende afwerking. Gebruik rozenwater voor extra smaak.

SIROPEN

Gistcakes, zoals savarin, worden vaak besprenkeld met suikerstroop en op smaak gebracht met likeur, sterkedrank of citroensap. De siroop maakt het brood vochtig en is tegelijkertijd decoratief.

JAM

Jam of marmelade kan worden gesmolten met wat vloeistof. Gebruik hiervoor water, likeur, sterkedrank (zoals rum of cognac) of vruchtensap, afhankelijk van het brood. De vloeistof verdunt de jam en voegt smaak toe. U kunt het mengsel op versgebakken warm teabread, koffiebroodjes en zoete broden strijken voor een glanzende, plakkerige afwerking. Hierop kunt u gedroogde vruchten en noten strooien.

Kies een smaak jam die past bij uw brood of gebak. Gebruik bij twijfel abrikozenjam.

POEDERSUIKERGLAZUUR

Meng 2-3 el poedersuiker met 1 el vruchtensap, melk, room (vermengd met vanilleessence) of water en besprenkel of bestrijk hiermee warme zoete broden, cake en gebak. U kunt ook een snufje kruiden aan de poedersuiker toevoegen om de smaak van het brood te versterken. Meng ahornsiroop met poedersuiker om brood met notensmaak te glazuren.

LINKS: Maak hete kruisbroodjes glanzend door ze na het bakken te glaceren met een mengsel van melk en suiker.

AFWERKING

Naast glazuur kunt u extra ingrediënten over brood strooien om dit nog interessanter te maken. Afwerkingen kunnen het uiterlijk van brood veranderen en het smaak en textuur geven. Ze zijn dus erg belangrijk. U kunt ook een persoonlijk stempel drukken op een brood door een zelfbedachte afwerking aan te brengen.

MET DE MACHINE GEBAKKEN BRODEN

U kunt in diverse stadia een garnering aanbrengen: aan het begin van de bakcyclus, zo'n 10 minuten na het begin van de bakcyclus of meteen na het bakken, als het brood nog heet is. Als u de afwerking aan het begin van de baktijd wilt toevoegen, open het deksel dan zo kort mogelijk, zodat het warmteverlies tot een minimum wordt beperkt. Bestrijk het brood voor het aanbrengen van de afwerking met glazuur, zodat ze op het brood blijft plakken. De meeste machinebroden worden bestreken met een glazuur van ei, melk of water.

Als u een afwerking aanbrengt na het bakken, haal de broodvorm dan voorzichtig uit de machine en sluit het deksel om de warmte vast te houden. Haal het brood met ovenwanten aan snel uit de vorm en

BOVEN: *Op deze frambozen-amandelcake zijn amandelsnippers gestrooid. Ze verwijzen naar de heerlijke smaak van de cake en maken hem extra krokant.*

stop het er weer in terug (dan krijgt u het straks makkelijker los). Bestrijk het brood met het glazuur en bestrooi het met de gekozen afwerking. Laat het brood in de vorm nog 3-4 minuten in de machine zitten, zodat het glazuur de afwerking goed vasthecht. Zo wordt de afwerking niet gebakken en gebruind, wat wel het geval zou zijn als ze aan het begin van de baktijd zou worden aangebracht.

Als u graankorrels als afwerking gebruikt, moeten deze passen bij het graan of meel dat in het brood zelf wordt verwerkt; een brood met gierstvlokken of gierstzaden wordt bijvoorbeeld vaak bestrooid met gierstmeel.

Als er smaakstoffen aan het deeg zijn toegevoegd, kunt u op het brood hetzelfde ingrediënt gebruiken, als verwijzing naar wat erin zit. Strooi 10 minuten na het begin van de baktijd eens wat geraspte parmezaanse kaas over een kaasbrood of meteen na het bakken gedroogde kruiden over een kruidenbrood.

LINKS: *Net voor het bakken zijn op dit zoete-aardappelbrood havervlokken en tarwekorrels gestrooid om het een prachtige rustieke aanblik te geven.*

MEEL

Bestrijk brood net voor het bakken –of binnen 10 minuten na het begin van de baktijd– met water of melkglazuur en bestuif het licht met meel. Gebruik bloem of volkorenmeel, of meel met hele graankorrels voor een landelijker afwerking.

MAÏSMEEL OF POLENTA

Gebruik maïsmeel, polenta, griesmeel of andere speciale meelsoorten als afwerking voor broden die deze soorten meel bevatten, zoals boerenbrood met courgette.

HAVERVLOKKEN

Deze kunnen witbrood en broden van havermeel decoreren. Havervlokken kunt u het beste net voor of aan het begin van het bakproces toevoegen.

KLEINE ZADEN

U kunt zaden gebruiken voor extra smaak en textuur en als decoratieve afwerking. Probeer eens sesam-, maan-, anijs-, karwij- of komijnzaad. Rooster sesamzaad dat u net na het bakken toevoegt eerst goudbruin.

GROTE ZADEN

Druk pompoenzaden of zonnebloempitten in de bovenkant van een net geglaceerd brood voor een fraaie afwerking en extra krokantheid.

PEPER EN PAPRIKAPOEDER

Versgemalen zwarte peper en paprikapoeder maken hartige broden extra pikant. U kunt deze smakelijke afwerking voor, tijdens en na het bakken aanbrengen.

ZOUT

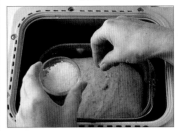

Bestrijk de bovenkant van een witbrood met water of eierglazuur en bestrooi dit met grof zeezout voor een mooie, krokante afwerking. Zeezout kunt u het beste aan het begin van het bakproces of 10 minuten na aanvang van de bakcyclus aanbrengen.

TARWE- EN HAVERZEMELEN

Deze zorgen beide voor textuur, vezels en een fraai uiterlijk. Strooi ze na het glaceren aan het begin van het bakproces op het brood.

POEDERSUIKER

Bestuif gebakken zoete broden, Engels teabread of cake na het bakken met poedersuiker. Voeg voor extra smaak eventueel vóór het strooien ½ tl kruiden toe.

HANDGEVORMDE BRODEN

De afwerkingen voor machinegebakken broden kunt u ook gebruiken voor handgevormde broden die in een gewone oven worden gebakken. Er zijn diverse methoden om handgevormde broden en broodjes te garneren.

BESTROOIEN MET MEEL

Als u meel gebruikt, moet u dit meteen na het vormen en voor het doorslaan en bakken over het deeg strooien om het brood een rustieke afwerking te geven. Pas het meel aan bij het soort brood dat u maakt. Bloem is ideaal als fijne afwerking van zachte broodjes en broden. Gebruik maïsmeel, gemalen rijst of rijstebloem voor muffins en beschuitbollen, en volkorenmeel en meel met hele graankorrels voor volkorenbroden.

GEMALEN RIJST OF RIJSTEBLOEM

Muffins kunt u verfraaien met een afwerking van gemalen rijst of rijstebloem.

VOLKORENMEEL

Volkorenmeelgarneringen zijn een aanvulling voor broden of broodjes van volkorendeeg.

BOVEN: Deze paastheekrans is geglazuurd met een glazuur van poedersuiker en sinaasappelsap en bestrooid met pecannoten en gekonfijte sinaasappel.

DEEG DOOR ZADEN ROLLEN

Strooi zaden, zout of een andere fijne afwerking op een werkvlak, rol het gevormde, maar ongerezen deeg erdoor tot het er gelijkmatig mee is bedekt. Deze methode is ideaal voor het bekleden van volkorenbroden met pompoenzaden of tarwevlokken. Leg het deeg na het rollen op de bakplaat voor het tweede rijsproces.

SESAMZAAD

U kunt deegstengels door zaadjes rollen voor een lekker krokante garneerlaag.

GARNEREN NA HET GLACEREN

Sommige afwerkingen worden na het glazuren en meteen voor het bakken over het brood gestrooid. Probeer deze eens naast de genoemde afwerkingen voor machinegebakken broden:

GEKONFIJTE VRUCHTEN

Hele of gesneden gekonfijte vruchten vormen een fraaie afwerking voor feestelijke broden en broodjes. Voeg het fruit toe na een eierglazuur. Gekonfijte vruchten kunt u ook na het bakken met een jam- of poedersuikerglazuur op het brood plakken.

NOTEN

Bestrijk zoete of hartige broodjes net voor het bakken met glazuur en bestrooi ze met gehakte amandelen of amandelsnippers, gehakte cashewnoten, gehakte of hele walnoten of pecannoten.

GIERSTKORRELS, UIENZAAD EN MOSTERDZAAD

Deze korreltjes en zaden geven brood textuur en smaak. Probeer ze eens als garnering voor gewone broden en platte broden zoals lavash en naan.

GROENTEN

Bestrijk hartige broden en broodjes met een eierglazuur of olijfolie en bestrooi ze dan met fijngehakte rauwe ui, rauwe paprika, zongedroogde tomaten of olijven voor een zeer smaakvolle korst.

KAAS

Strooi geraspte kaas, zoals parmezaanse kaas, cheddar of pecorino, net voor het bakken op het deeg, zodat er een stevige, smaakvolle korst ontstaat.

VERSE KRUIDEN

Gebruik verse kruiden, zoals rozemarijn, tijm, salie of basilicum voor platte Italiaanse broden. Gehakte kruiden vormen ook een goede afwerking voor broodjes.

SUIKER ALS GARNERING

Suiker is in vele vormen verkrijgbaar, dus kies een passende voor uw afwerking.

BRUINE RIETSUIKER

Bestrijk broodjes of cakejes voor het bakken met boter of melk en bestrooi ze met bruine rietsuiker.

SUIKERLAAGJE

Gefrituurd gistgebak, zoals donuts en saffraanvlechten, kan worden bestrooid met of gewenteld door een suikerlaagje. Wentel donuts door fijne suiker met een beetje gemalen kaneel of versgeraspte nootmuskaat, of op smaak gebracht met vanillepeul.

BESTUIVEN MET POEDERSUIKER

Bestrooi broodjes en gistgebak zoals Devonshire splits en calas via een fijne zeef met poedersuiker. Grote cakes en broden zoals panettone, gugelhopf, strudel en met fruit gevulde savarins worden nog lekkerder met wat poedersuiker. Als u een brood of cake warm serveert, breng de suiker dan net voor het serveren aan, om te voorkomen dat hij smelt.

Het gebruik van zuurdesem en zetseldeeg

Om het brood te laten rijzen moet u een rijsmiddel gebruiken. Soms is dit gist, of zuiveringszout, maar het is ook mogelijk om het fermentatieproces natuurlijk op gang te brengen door in de lucht aanwezige gisten te laten inwerken op bijvoorbeeld meel of aardappelen. Het mengsel dat op deze manier ontstaat, wordt een starter genoemd.

Er zijn twee basisstarters: een aan de lucht gegist rijsmiddel en een gegiste starter. Bij de eerste wordt een deeg van meel en water enige tijd blootgesteld aan de lucht, waardoor een melkzuurgisting optreedt, net als wanneer melk zuur wordt. Een gegiste starter bevat een beetje bakkersgist om het fermentatieproces snel op gang te brengen. Zuurdeeg of zuurdesem wordt gemaakt met starters die zich in de loop van enkele dagen ontwikkelen en een speciale pittigheid of 'zure' smaak opleveren.

Afhankelijk van hoe een starters is gemaakt, hoe lang hij heeft gegist en hoe hij wordt gebruikt, maakt u brood met verschillende smaken en texturen.

Methoden om brood te maken

Er zijn drie basismethoden om brood te bakken: de directe methode, de zuurdesemmethode en de zetseldeegmethode.

Bij de conventionele directe methode worden meel, water en gist gemengd en wordt het brood zodra het deeg gerezen is in een zo kort mogelijk tijd gebakken.

De zuurdesemmethode is een veel langduriger proces. Eerst moet u een starter maken –dit duurt enkele dagen– en daarna moet u deze mengen met de voor het brood benodigde bloem en andere ingrediënten, vaak in meerdere stadia, een proces dat minstens 24 uur duurt.

De zetseldeegmethode is een compromis tussen de vorige twee. Er wordt een slap deeg gemaakt van een deel van het voor het brood nodige meel en water dat zich met bakkersgist in enkele uren ontwikkelt tot een rijsmiddel. Daarna worden de resterende ingrediënten toegevoegd en afgekneed om vervolgens nog een tweede rijs te ondergaan.

De zuurdesemmethode

Zuurdesembrood kunt u maken met een aan de lucht gegist zuurdeeg of een gegiste starter. De meeste zuurdesemculturen zijn binnen vijf dagen om te zetten in een starter. Meel en water zijn de basisingrediënten, maar u kunt andere ingrediënten toevoegen om de fermentatie te stimuleren, zoals honing, moutextract, zure melk, gemalen komijn of bakkersgist.

De Franse term voor dit mengsel van meel en water is een *chef*. De *chef* blijft twee tot drie dagen staan gisten, waardoor een melkzuurwerking ontstaat die de zure basissmaak veroorzaakt. Als het deeg eenmaal met koolzuur verzadigd en iets zurig is, wordt het gemengd met meer meel en water om het fermentatieproces te voeden. Na nog 24 uur is het weer 'verfrist' en wordt het een natuurlijk rijsmiddel. Dit moet nog zo'n acht uur fermenteren en is dan klaar om in het uiteindelijke brooddeeg te worden gebruikt.

Brood dat via deze methode wordt gemaakt, smaakt licht zurig en heeft een dicht, vochtig kruim, een stevige korst en is heel goed houdbaar. Zuurdesemstarters variëren in textuur, dus wees niet ongerust als u verschillende consistenties tegenkomt.

Franse zetseldeegmethode

Het Franse zetseldeeg is gemaakt met gist en wat meel en water uit het broodrecept, maar zonder zout ten einde de fermentatie uit te stellen. Het zetseldeeg fermenteert meestal minimaal twee en maximaal acht uur. Meestal wordt minder gist gebruikt dan bij de directe methode, waardoor het deeg langzamer rijst en de tijd heeft om te rijpen en een luchtige textuur te ontwikkelen. Het heeft de taaiheid van zuurdesembrood met de luchtigheid van een standaardbrood.

Hoe natter het mengsel, hoe sneller het rijst, omdat het meel en het water minder weerstand bieden aan de gist.

Italiaanse zetseldeegmethode

Het Italiaanse zetseldeeg of biga heeft minstens twaalf uur, vaak langer, nodig om te rijpen, zodat het deeg de tijd krijgt om zich te ontwikkelen en tot drie keer de oor-

spronkelijke hoeveelheid te rijzen alvorens in te zakken. Hoe langer het staat, hoe beter de smaak zich ontwikkelt. Deze broden hebben een open, iets vochtige en taaie structuur met gaten. De smaak en het aroma zijn luchtig en champagneachtig. Ciabatta is een perfect voorbeeld.

Italiaans zetseldeeg maken

1 Het meel, water en de gist voor de *biga* worden in de broodmachine gedaan en gemengd zoals gebruikelijk.

2 Het deeg moet enkele uren rijzen tot het in volume is verdriedubbeld. Na 12 uur zou het moeten gaan inzakken.

3 Als het deeg inzakt, kunnen de resterende ingrediënten voor het brood ermee worden vermengd.

DE OUD-DEEGMETHODE

Dit is een variant op de directe methode, die precies doet wat de naam zegt. Er wordt een klein stukje van het gerezen deeg gehaald en apart gehouden om aan het deeg voor het volgende brood toe te voegen. Dit is een snel en gemakkelijk alternatief voor het maken van een starter die de smaak en de textuur van het brood verbetert.

De oud-deegmethode is ideaal voor broodmachines. Maak een hoeveelheid deeg met de normale deegcyclus. Haal er voor u het brood vormt 115 g af, doe dit in een kom en dek de kom af met cellofaan. Laat het deeg als u het binnen vier uur gebruikt op kamertemperatuur staan; zet de kom anders in de koelkast, maar laat het deeg voor gebruik weer op kamertemperatuur komen. U kunt het deeg kneden tot een bal die u met de hand verder vormt of toevoegen aan ingrediënten voor een machinegebakken brood.

Als u oud deeg toevoegt aan brood dat in de machine wordt gebakken, moet u iets minder meel en vloeistof gebruiken als u de nieuwe hoeveelheid deeg maakt. Het volgende recept is geschikt voor een middelgrote of grote machine. Als u een kleinere machine hebt, brengt u de hoeveelheden met een kwart terug. U kunt de hoeveelheden eventueel met een kwart vermeerderen voor een grote machine.

DE OUD-DEEGMETHODE GEBRUIKEN

BOVEN: Zuurdesembrood uit San Francisco is gemaakt van gistsporen in de lucht en bevat geen extra gist. Door de variatie in giststammen in de atmosfeer smaakt het brood overal net iets anders.

1 Haal ca. 115 g deeg van het te vormen brood. Doe het in een kom en bedek deze met cellofaan. Zet de kom op kamertemperatuur weg of in de koelkast als u het deeg niet binnen vier uur gebruikt. Breng het voor gebruik terug op kamertemperatuur.

2 Schenk 1¼ kop water in de broodmachinevorm. Voeg het bewaarde oude deeg toe. Als u volgens de aanwijzingen van de fabrikant eerst de vaste ingrediënten in de vorm moet doen, keert de volgorde waarin u de vaste ingrediënten, het water en het bewaarde deeg toevoegt om.

3 Strooi er 450 g bloem over. Voeg 1½ tl zout, 1 tl kristalsuiker en 25 g boter toe en doe deze ingrediënten in aparte hoeken van de broodvorm.

4 Maak een kuiltje in het midden van het meel en voeg 1 tl droge gist toe.

5 Zet de broodmachine op de stand normaal, medium korst. Druk op Start. Haal het brood aan het eind van de bakcyclus uit de vorm en laat het op een rooster afkoelen.

Een yoghurtstarter maken

U kunt varianten op de starter van meel en water maken om brood een unieke smaak en textuur te geven. Deze yoghurtstarter geeft een smaak die lijkt op zuurdesembrood uit San Francisco, omdat de lactose in de melk-producten op vergelijkbare wijze zuur wordt.

1 Doe 5 el yoghurt in een kom. Schenk 1,75 dl magere melk in een steelpannetje en verhit hem langzaam.

2 Roer de melk door de yoghurt. Dek de kom af met cellofaan en laat het mengsel 8-24 uur, of tot het dik is, op een warme plaats staan. Roer helder, geschift vocht aan de oppervlakte er weer door.

EEN STARTER AANVULLEN

Uw eerste starter moet u binnen 3-4 dagen gebruiken of aanvullen. Als de helft op is, voegt u 50 g bloem, 3 el magere melk en 1 el yoghurt of 4 el magere melk toe. Bij dagelijks gebruik kunt u de starter op kamertemperatuur bewaren. Anders bewaart u deze in de koelkast en brengt u hem voor gebruik op kamertemperatuur.

3 Meng langzaam 115 g biologische bloem gelijkmatig door het mengsel.

ONDER: Een Franse couronne wordt gemaakt met een chef die een levain wordt, een natuurlijk rijsmiddel.

4 Dek het mengsel af en laat het 2-3 dagen op een warme plaats staan, tot het gevuld is met luchtbellen en aangenaam zuur ruikt. (Verwijder de cellofaan om de geur te controleren.) Gebruik hem in plaats van gewone zuurdesem of in een recept voor standaardbrood.

2 Roer de zuurdesem en gebruik de voor het recept vereiste hoeveelheid. Als u de starter alleen op kamertemperatuur brengt om hem te voeden, schenk dan de helft ervan in een maatbeker, noteer het volume zodat u weet hoeveel u moet aanvullen en gooi de starter in de beker weg.

3 Vul de zuurdesem aan met de hoeveelheid meel en water (in gelijke delen). Gebruik biologische bloem of volkorenmeel of een combinatie van beide. Volkorenmeel ontwikkelt een zuurdere smaak. Voeg net zoveel starter toe als u hebt verwijderd. Roer alles tot een glad papje.

ZUURDESEM IN DE BROODMACHINE GEBRUIKEN

Om een van uw favoriete recepten extra smaak te geven kunt u zuurdesem toevoegen. Probeer dit eens bij standaard wit-, volkoren-, gemengdegranen- of roggebrood. Hier volgen enkele aanwijzingen:

• Breng de zuurdesem voor gebruik altijd op kamertemperatuur als u hem in de koelkast hebt bewaard.

• Als uw zuurdesem bestaat uit een mengsel van circa de helft meel en de helft vloeistof, verminder de vloeistof in het recept dan met de hoeveelheid vloeistof in de zuurdesem, oftewel met de helft van de totale hoeveelheid zuurdesem.

• U kunt zuurdesem op twee manieren gebruiken. Probeer hem in deeg dat is gemaakt in de broodmachine, maar gevormd is met de hand en gebakken in de oven of gebruik hem in deeg dat gemaakt en gebakken is in de machine. Controleer het deeg in het laatste geval tijdens het rijzen, zodat het niet te hoog rijst. U kunt het programma altijd onderbreken en de machine op 'alleen bakken' zetten.

• Als het deeg onvoldoende is gerezen, moet u het in de oven bakken. Haal het deeg uit de broodmachine en vorm het met de hand. Laat het rijzen tot het bijna in volume is verdubbeld en bak het op de normale manier.

BOVEN : Ciabatta wordt gemaakt volgens de Italiaanse biscuitdeegmethode.

ZUURDESEM AANVULLEN

U moet een zuurdesemstarter na elk gebruik aanvullen. Als u hem waarschijnlijk een poosje niet zult gebruiken, moet u de starter regelmatig 'voeden' met meel en vloeistof zodat hij actief blijft. De hoeveelheid meel en water die u aan de starter toevoegt, moet gelijk zijn aan de hoeveelheid die in het deeg is gebruikt of is weggehaald.

Als de zuurdesem klaar is voor gebruik, is hij bijna onbeperkt houdbaar in de koelkast. De zuurdesem wordt zelfs lekkerder met de tijd. Als hij roze begint te worden of schimmelt, moet u hem weggooien en opnieuw beginnen.

1 Haal de zuurdesem uit de koelkast. Hij moet op kamertemperatuur zijn voordat u hem toevoegt of aanvult.

4 Laat de starter afgedekt enkele uren op een warme plaats staan tot hij gaat gisten. Bewaar hem in de koelkast.

HET BESTE UIT UW MACHINE HALEN

Zelfs de uitvoerigste handleiding kan niet alle aanwijzingen en tips beschrijven die u bij het gebruik van uw machine nodig hebt. Als u meer ervaring krijgt, zult u steeds meer problemen kunnen oplossen. Hier volgen enkele aanwijzingen om u op weg te helpen.

TEMPERATUUR EN VOCHTIGHEID

De broodmachine is geen luchtdichte omgeving en de temperatuur en vochtigheid kunnen het eindresultaat beïnvloeden. Op droge dagen bevatten vaste ingrediënten weinig water en op vochtige dagen meer. De temperatuur van de ingrediënten is een belangrijke factor om het succes van machinegebakken brood te bepalen. Sommige machines specificeren dat alle ingrediënten op kamertemperatuur moeten zijn; andere zeggen dat ingrediënten vanuit de koelkast kunnen worden gebruikt. Sommige machines hebben een voorverwarmcyclus om de ingrediënten voor het mengen op een optimale temperatuur van 20-25 °C te brengen. Geadviseerd wordt ingrediënten op kamertemperatuur te gebruiken. U kunt kraanwater direct gebruiken. Op koude dagen kan lauw water goed zijn voor de snelbakcyclus.

Bij warm weer kan het deeg sneller rijzen, begin daarom op hete dagen met gekoelde ingrediënten en gebruik melk of eieren direct uit de koelkast.

IJskoud winterweer en koude tocht verslechteren de werking van de gist, dus zet onder die omstandigheden de machine op een warmere plaats of verwarm vloeistoffen voor u ze toevoegt aan de broodvorm. Laat het water op heel koude dagen ongeveer een halfuur op kamertemperatuur staan, voordat u de andere ingrediënten toevoegt, of voeg wat warm water toe om het op een temperatuur van ca. 20 °C (maar niet heter) te brengen.

KWALITEITSPRODUCTEN

Gebruik alleen verse ingrediënten van goede kwaliteit. Let erop dat de uiterste houdbaarheidsdatum van de gist niet is overschreden. Gist die over datum is, levert slechte resultaten op.

INGREDIËNTEN AFMETEN

Meet de vaste ingrediënten zorgvuldig af. De meeste problemen ontstaan doordat de ingrediënten onzorgvuldig zijn afgemeten, een ingrediënt is vergeten of hetzelfde ingrediënt twee keer is gebruikt. Bedenk dat bij een theelepel wordt uitgegaan van 5 ml; gebruik dus uw grootste theelepel of een dessertlepel, of vermenigvuldig de hoeveelheden keer twee. Overschrijd de voor uw machine aanbevolen hoeveelheden niet.

Het mengen van de extra ingrediënten kan de motor overbelasten en te veel deeg rijst over de rand van de vorm.

VOLG DE INSTRUCTIES

Voeg de ingrediënten altijd toe in de door de fabrikant aangegeven volgorde. Houd de gist ongeacht de volgorde droog en gescheiden van vloeistoffen in de vorm.

INGREDIËNTEN TOEVOEGEN

Snijd boter in stukjes, vooral als hij vrij hard is en/of er grotere hoeveelheden dan gebruikelijk vereist zijn voor het recept. Als een recept ingrediënten vereist zoals gekookte groenten of fruit of geroosterde noten, laat ze dan afkoelen tot kamertemperatuur voor u ze toevoegt.

DE STARTUITSTELFUNCTIE GEBRUIKEN

Ingrediënten zoals eieren, verse melk, kaas, vlees, fruit en groenten kunnen bederven, vooral onder warme omstandigheden, en een risico voor de gezondheid betekenen. Ze mogen alleen worden gebruikt in broden die meteen worden gemaakt. Gebruik de startuitstelfunctie alleen voor brooddeeg dat geen bederfelijke ingrediënten bevat.

MACHINE SCHOONMAKEN

Haal voor het schoonmaken de stekker uit het stopcontact. Veeg de buitenkant schoon met een vochtige, zachte doek met een mild afwasmiddel. Gebruik geen schuurmiddelen, zelfs niet als deze bestemd zijn voor anti-aanbaklagen, en gebruik geen reinigingsmiddelen op alcoholbasis.

BROODVORM EN KNEEDBLAD

Maak de broodvorm en het blad na elk gebruik schoon. Deze onderdelen mag u niet in de vaatwasser afwassen, omdat deze de anti-aanbaklaag en de pakking rond de as kan beschadigen. Dompel de broodvorm niet onder in water. Als u het blad moeilijk uit de vorm kunt krijgen, vul de onderkant van de vorm dan met lauw water en laat hem enkele minuten weken. Verwijder het blad en veeg het schoon met een vochtige doek. Was de broodvorm met een mild afwasmiddel en spoel hem goed af. Bewaar de broodmachine altijd met het kneedblad uit de schacht. De broodmachine en onderdelen moeten helemaal droog zijn voor u ze opbergt.

BOVEN: Een meergranenbrood moet op de volkorenstand worden gebakken. Deze heeft een langere rijscyclus.

SPECIALE AANDACHT

Broden met hele graankorrels en zware meelsoorten, zoals volkorenmeel, havermeel en rogge, of met extra ingrediënten zoals gedroogde vruchten en noten rijzen vaak langzamer dan standaard witbrood en worden minder groot. Hetzelfde geldt voor broden met veel vet of ei. Broden met kaas, eieren of een hoger vet- en/of suikergehalte branden sneller aan. Kies om een te bruine korst te voorkomen de instelling lichte korst.

KIJK NAAR HET DEEG

Leg een rubberen spatel naast de machine en schraap de zijkanten van de vorm na 5-10 minuten van de eerste kneedcyclus indien nodig af. Het kneedblad pakt soms niet al het dikke of plakkerige deeg uit de hoeken van de vorm.

HET BROOD AFKOELEN

U kunt het brood het beste meteen na het einde van de bakcyclus uit de vorm halen, anders wordt het wat vochtig, zelfs met een warmhoudprogramma.

HET DEEG CONTROLEREN

Controleer het deeg binnen de eerste vijf minuten van het kneden, vooral als u een recept voor het eerst probeert. Voeg lepelgewijs wat meel toe als het deeg te nat oogt en geen bal vormt, maar aan de zijkanten van de vorm blijft plakken. De broodmachine vereist echter iets natter deeg dan wanneer u met de hand kneedt. Voeg als het deeg te kruimelig is en geen bal wil vormen lepelgewijs extra vloeistof toe. U zult snel wennen aan het geluid van de motor en merken of deze zwaar draait vanwege een taai mengsel. Het is ook nuttig om het deeg net voor het bakken te controleren om te kijken of het niet over de rand van de broodvorm rijst.

BOVEN: Het deeg is te nat en heeft meer meel nodig.

BOVEN: Het deeg is te droog en heeft meer water nodig.

RECEPTEN AANPASSEN VOOR DE BROODMACHINE

Nadat u een aantal broden uit dit boek hebt gebakken, wilt u misschien uw eigen favoriete recepten aanpassen. Dit voorbeeldrecept behandelt enkele factoren waar u rekening mee moet houden.

INGREDIËNTEN

Lees voor het begin de ingrediëntenlijst zorgvuldig door en pas deze eventueel aan.

MOUTEXTRACT EN SUIKERSTROOP

Door een hoog suikergehalte en/of gedroogd fruit kan het brood te bruin worden. Verminder de hoeveelheden moutextract en suikerstroop met eenderde en vergroot de hoeveelheid andere vloeistoffen ter compensatie. In machinebroden moet suiker worden gebruikt. Gebruik 1-2 tl (5-10 ml) per 225 g meel.

BOTER

Een hoog vetgehalte kan betekenen dat het brood langer nodig heeft om te rijzen. Verminder de hoeveelheid boter tot 50 g per 450 g meel. Misschien moet u ½ el extra vloeistof toevoegen.

MEEL

In dit recept wordt bloem gebruikt, maar vergeet niet dat een volkorenbrood beter lukt als u de helft van het volkorenmeel vervangt door bloem.

GIST

Vervang verse gist door instantgist. Begin bij een volkorenbrood bijvoorbeeld met 1 tl voor 375 g meel of 1½ tl voor 675 g.

MELK

Gebruik waar mogelijk magere melk op kamertemperatuur. Als u de startuitstelfunctie wilt gebruiken, moet u de verse melk vervangen door melkpoeder.

GEDROOGDE VRUCHTEN

Toevoegingen die het deeg verrijken, zoals gedroogde vruchten, noten, zaden en hele graankorrels, maken het deeg zwaarder, waardoor het brood minder goed rijst. Beperk ze daarom tot circa een kwart van de totale hoeveelheid meel.

VRUCHTENMOUTBROOD

50 g moutextract
30 ml/ 2 el suikerstroop
75 g boter
450 g bloem
5 ml/ 1 tl vijfkruidenpoeder
20 g verse gist
150 ml lauwe melk
50 g bessen
50 g rozijnen
50 g gedroogde abrikozen
25 g sukade

VOOR HET GLAZUUR
30 ml/2 el melk
30 ml/2 el kristalsuiker

VOOR 2 BRODEN

1 Vet twee broodblikken van 450 g in.

2 Smelt het moutextract, de stroop en de boter in een steelpan. Laat ze afkoelen.

3 Zeef de bloem en het kruidenpoeder in een grote kom en maak een kuiltje in het midden. Klop de gist met wat melk; roer hem door de rest. Doe het gistmengsel en moutextract bij het meel en maak het deeg.

4 Kneed het op een met bloem bestoven werkvlak in ca. 10 minuten glad en elastisch. Leg het in een ingevette kom en bedek deze met ingevet cellofaan. Laat het deeg op een warme plaats 1½-2 uur rijzen, tot het in volume is verdubbeld.

5 Rol het deeg uit op het met meel bestoven werkvlak en sla het door.

6 Kneed de zuidvruchten en sukade er voorzichtig door.

7 Verdeel het deeg in tweeën; maak twee broden. Doe ze in de blikken en bedek deze met ingevet cellofaan. Laat het deeg 1-1½ uur rijzen of tot het de bovenkant van de blikken heeft bereikt.

8 Verwarm de oven intussen voor op 200 °C. Bak de broden 35-40 minuten, of tot ze goudbruin zijn. Leg ze op een rooster als ze klaar zijn.

9 Verwarm de melk en suiker voor het glazuur langzaam in een steelpan. Bestrijk de warme broden met het glazuur.

METHODE

Gebruik een vergelijkbaar broodmachinerecept als richtlijn om een conventioneel recept aan te passen.

STAP 1

Natuurlijk kunt u slechts één machinegebakken brood per keer maken. Maak 1 groot brood of verklein de hoeveelheden ingrediënten als u een kleine machine hebt.

STAP 2

U hoeft de ingrediënten voor het toevoegen niet te smelten, maar u moet boter wel in vrij kleine stukjes snijden.

STAP 3

Schenk wanneer u ingrediënten toevoegt aan de broodvorm de vloeistof er eerst in en strooi de bloem, gevolgd door het vijfkruidenpoeder, erop. (Voeg eerst de vloeistof toe, tenzij uw machine vereist dat u eerst de vaste ingrediënten in de vorm doet.) Doe instantgist in een kuiltje in het meel, zonder dat hij de vloeistof eronder raakt. Doe zout en boter in aparte hoeken van de vorm. Als er eieren in uw recept voorkomen, voeg deze dan toe met het water of andere vloeistof.

Gebruik water direct uit de kraan en andere vloeistoffen op kamertemperatuur.

STAP 4–8

Sla deze stappen, behalve stap 6, over. De broodmachine mengt, rijst en bakt het deeg automatisch. Gebruik de instelling lichte korst vanwege de suiker, het vet en het fruit. Gebruik bij witbrood een gemiddelde instelling en voor broden met volkorenmeel de volkoreninstelling.

Als u extra ingrediënten toevoegt moet u het signaal voor toevoegen gebruiken en de ingrediënten toevoegen als de machine piept. Als uw machine deze functie niet heeft, voeg ze dan ca. 5 minuten voor einde van de kneedcyclus toe.

STAP 9

Maak het glazuur zoals gebruikelijk en bestrijk het brood er aan het einde van de bakcyclus mee.

NUTTIGE TIPS

Hier volgen enkele tips die het opvolgen waard zijn bij het aanpassen van uw eigen favoriete recepten.

• Controleer of de hoeveelheden bij uw machine passen. Als u een kleine broodmachine hebt, kan het nodig zijn ze te verkleinen. Gebruik de hoeveelheden meel en water in recepten in het boek als richtlijn of raadpleeg de handleiding van de fabrikant.

• Het is belangrijk om meel en vloeistof in de juiste verhouding te gebruiken, zelfs als het verkleinen van de hoeveelheden betekent dat u vreemde hoeveelheden krijgt. U kunt soepeler zijn met specerijen en smaakstoffen zoals fruit en noten, omdat in dat geval exacte hoeveelheden niet zo belangrijk zijn.

• Controleer het recept goed als u dit voor het eerst maakt en noteer ideeën voor verbeteringen voor de volgende keer.

• Controleer de consistentie van het deeg als de machine begint te mengen. Misschien

ONDER: Gebruik een vergelijkbaar broodmachinerecept om een brood dat u meestal in de oven maakt aan te passen. Pas een favoriet koolraaprecept bijvoorbeeld aan een machinerecept voor pastinaakbrood aan.

BOVEN: Als u een recept aanpast voor een broodmachine, voeg extra ingrediënten dan na het signaal voor toevoegen aan het deeg toe.

moet u een of twee extra lepels water toevoegen, omdat voor machinebrood iets zachter deeg nodig is, dat nat genoeg is om terug te zakken in de broodvorm.

• Als het deeg prima mengt in uw machine maar niet goed bakt, of als u brood met een speciale vorm wilt, gebruik dan de deegcyclus op uw machine en vorm het deeg voor het bakken in een gewone oven met de hand.

• Bekijk een aantal broodmachinerecepten en zoek naar overeenkomsten. Zo krijgt u een idee over de hoeveelheden en het programma dat u moet gebruiken. Soms moet u nog meer dingen aanpassen nadat u uw recept voor het eerst hebt getest.

BROODMIXEN GEBRUIKEN

U kunt kant-en-klare broodmixen gebruiken in uw machine. Raadpleeg de handleiding; sommige fabrikanten adviseren specifieke merken.

• Kijk of uw machine de hoeveelheid deeg die de broodmix maakt aankan. Als de hoeveelheid van het pak slechts iets meer is dan u normaal maakt, gebruik dan de deegcyclus en bak het brood in de oven.

• Kies de juiste instelling; gebruik bijvoorbeeld de normale of snelle instelling voor witbrood.

1 Doe de aanbevolen hoeveelheid water in de broodvorm.

2 Schep de broodmix erop en zet de vorm in de machine.

3 Kies het vereiste programma en druk op Start. Controleer de consistentie van het deeg na 5 minuten. Voeg wat extra water toe als het mengsel te droog lijkt.

4 Haal het gebakken brood aan het einde van de bakcyclus uit de broodvorm en laat het afkoelen op een rooster.

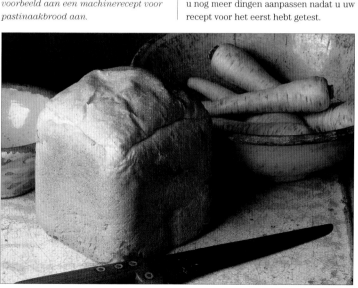

PROBLEMEN OPLOSSEN

Broodmachines zijn erg gemakkelijk in het gebruik en zodra u uw machine goed kent, zult u zich afvragen hoe u het ooit zonder hebt kunnen stellen. Het zijn echter machines en ze kunnen niet zelfstandig denken. Er kan iets fout gaan en u moet begrijpen wat. Hier volgen enkele handige tips om problemen op te lossen.

BROOD RIJST TE STERK

• Meestal veroorzaakt door te veel gist; verminder die met 25 procent.
• Te veel suiker stimuleert de gistwerking; verminder de hoeveelheid suiker.
• Hebt u het zout weggelaten of minder gebruikt dan aanbevolen? Dan is de gist te actief worden, wat kan leiden tot een groot brood.
• Te veel vloeistof kan soms leiden tot een te sterk gerezen brood. Probeer de volgende keer 1-2 el minder te gebruiken.
• Andere mogelijkheden zijn te veel deeg of te warm weer.

BROOD RIJST ONVOLDOENDE

• Onvoldoende gist of gist heeft houdbaarheidsdatum overschreden.
• U hebt een snelle cyclus gekozen; het brood heeft te weinig tijd gehad om te rijzen.

• Gist en zout zijn voor het mengen met elkaar in contact gekomen. Doe ze gescheiden van elkaar in de broodvorm.
• Te veel zout hindert de werking van gist. U hebt mogelijk twee keer zout toegevoegd of andere zoute ingrediënten gebruikt, zoals gezouten noten of feta.
• Volkoren- of meergranenbrood rijst niet even hoog als brood van bloem. Deze soorten meel bevatten zemelen en tarwekiemen die het zwaarder maken.
• U had waarschijnlijk beter professionele tarwebloem kunnen gebruiken dan gewone bloem.
• De ingrediënten waren niet op de juiste temperatuur. Als ze te heet waren, kunnen ze de gist hebben gedood; als ze te koud waren, kunnen ze de werking van de gist hebben vertraagd.
• Onvoldoende vloeistof. Deeg moet zacht en soepel zijn om goed te kunnen rijzen. Als het deeg droog en stug was, voeg dan de volgende keer meer vloeistof toe.
• Het deksel was tijdens de rijsfase lang genoeg open om warme lucht te laten ontsnappen.
• Er is geen suiker toegevoegd. Gist werkt beter als er minstens 1 tl suiker is om het te voeden. Een hoog suikergehalte kan de gistwerking echter vertragen.

BROOD RIJST HELEMAAL NIET
• Er is geen gist toegevoegd of deze had de houdbaarheidsdatum overschreden.
• De gist is niet goed behandeld en waarschijnlijk gedood door de toevoeging van te hete ingrediënten.

HET DEEG IS KRUIMELIG EN VORMT GEEN BAL
• Het deeg is te droog. Voeg beetje bij beetje extra vloeistof toe tot de ingrediënten zich mengen tot een soepel deeg.

HET DEEG IS ERG PLAKKERIG EN VORMT GEEN BAL
• Het deeg is te nat. Voeg lepelgewijs wat meer meel toe, wacht tot het is geabsorbeerd voordat u meer toevoegt. Doe dit terwijl de machine nog aan het mengen en kneden is.

BROOD WORDT GEMENGD MAAR NIET GEBAKKEN
• U hebt een deegcyclus gekozen. Verwijder het deeg, vorm het en bak het in een gewone oven of in de machine op de 'alleen bakken'-stand.

BROOD STORT IN NA RIJZEN OF TIJDENS BAKKEN
• U hebt te veel vloeistof toegevoegd. Verminder de hoeveelheid de volgende keer met 1-2 el; of voeg wat extra meel toe.
• Het brood is te hoog gerezen. Verminder de hoeveelheid gist in de toekomst iets, of kies een snellere cyclus.
• Onvoldoende zout. Zout helpt voorkomen dat het deeg te hoog rijst.
• De machine kan op de tocht staan, tijdens het rijzen zijn bewogen of er is tegenaan gestoten.
• Door een hoge luchtvochtigheid en warm weer is het deeg mogelijk te snel gerezen.
• Er kan te veel gist zijn toegevoegd.
• Het deeg kan te veel kaas hebben bevat.

ER ZITTEN MEELRESTEN OPZIJ VAN HET BROOD

• De vaste ingrediënten, vooral het meel, plakken aan de wanden van de vorm tijdens het kneden en plakken aan het rijzende deeg. Gebruik de volgende keer indien nodig een rubberen spatel om de wanden van de vorm 5-10 minuten na het begin van de eerste mengcyclus schoon te schrapen, maar raak het kneedblad niet.

KORST IS VERSCHROMPELD OF GERIMPELD
• Er is vloeistof op het brood gecondenseerd tijdens het afkoelen. Haal het brood zodra het is afgekoeld uit de broodmachine.

KRUIMELIGE, RUWE TEXTUUR

• Het brood is te sterk gerezen; gebruik de volgende keer iets minder gist.
• Het deeg bevat onvoldoende vloeistof.
• Er zijn te veel hele graankorrels toegevoegd, die de vloeistof hebben opgezogen. Week de hele korrels de volgende keer eerst in water of voeg meer vloeistof toe.

VERBRANDE KORST

• Er zit te veel suiker in het deeg. Gebruik minder of probeer de instelling lichte korst voor zoet brood.
• Kies de instelling zoet brood als de machine die heeft.

LICHT BROOD

• Voeg melk, in poedervorm of vers, toe aan het deeg. Het wordt hierdoor bruiner.
• Zet de korstkleur op donker.
• Voeg iets meer suiker toe.

KORST TE TAAI EN HARD

• Gebruik meer boter of olie en melk.

BROOD IN HET MIDDEN OF BOVENOP NIET GEBAKKEN

• Te veel vloeistof toegevoegd; gebruik de volgende keer 1 el minder vloeistof of voeg extra meel toe.
• Te grote hoeveelheden; de machine kan het deeg niet aan.
• Het deeg is te machtig; het bevat te veel vet, suiker, eieren, noten of graankorrels.
• Het deksel van de broodmachine is niet goed gesloten of de machine is op een te koude plaats gebruikt.
• Het meel kan te zwaar zijn. Dit kan gebeuren als u rogge-, zemel- en volkorenmeel gebruikt. Vervang de volgende keer een deel door bloem.

KORST TE ZACHT OF TE KROKANT

• Gebruik voor een zachtere korst meer vet en melk in plaats van water. Doe voor een krokante korst het tegenovergestelde.
• Gebruik het bakprogramma voor Frans brood voor een krokantere korst.
• Houd de korst krokanter door het brood uit de vorm te halen en meteen na de bakcyclus op een rooster te leggen.

LUCHTBELLEN ONDER DE KORST

• Het deeg is niet goed gemengd of niet goed ontlucht tijdens het doorslaan tussen het rijzen door. Mocht dit vaker gebeuren, voeg dan een extra lepel water toe.

EXTRA INGREDIËNTEN ZIJN GEHAKT EN NIET HEEL GEBLEVEN

• Ze zijn te vroeg toegevoegd en door het kneedblad gehakt. Voeg ze toe als het toevoegingssignaal afgaat of 5 minuten voor het einde van de kneedcyclus.
• Laat gehakte noten en gedroogde vruchten in grotere stukken.

EXTRA INGREDIËNTEN SLECHT GEMENGD

• Ze zijn waarschijnlijk te laat in de kneedcyclus toegevoegd. Voeg ze de volgende keer enkele minuten eerder toe.

HET BROOD IS DROOG

• Het brood heeft te lang onafgedekt staan afkoelen en is uitgedroogd.
• Brood met een laag vetgehalte droogt snel uit. Gebruik meer vet of olie.
• Het brood is in de koelkast bewaard. Stop het de volgende keer afgekoeld in een plastic zak en bewaar het in de broodtrommel.

VEEL GATEN IN HET BROOD

• Deeg was te nat; gebruik minder vocht.
• Er is geen zout toegevoegd.
• Het deeg is te snel gerezen door warm weer en/of hoge luchtvochtigheid.

PLAKKERIG, GELAAGD, ONGEREZEN

• U bent vergeten het kneedblad in de vorm te doen alvorens de ingrediënten toe te voegen.
• Het kneedblad is niet goed op de as gezet.
• De broodvorm is niet goed geplaatst.

ER KOMT ROOK UIT DE MACHINE

• Er zijn ingrediënten op het verwarmingselement geknoeid. Verwijder de vorm voor voor u de ingrediënten toevoegt en voeg extra ingrediënten voorzichtig toe.

ANDERE FACTOREN

De ideale omstandigheden voor uw broodmachine creëren is grotendeels een kwestie van vallen en opstaan. Houd rekening met de tijd van het jaar, de luchtvochtigheid en de hoogte waarop u zich bevindt. Broodmachines verschillen per model en fabrikant, en meel en gist kunnen iets verschillende resultaten geven per merk.

U zult uw machine snel leren kennen. Kijk tijdens het mengen en voor het bakken naar het deeg. Maak aantekeningen van eventuele tendensen (hebt u meestal extra meel nodig? Rijst het brood vaak te hoog?) en pas de recepten hierop aan.

Meel

Het hoofdbestanddeel van brood, het juiste meel, is de sleutel tot goed brood maken. Tarwe is het belangrijkste graan dat tot meel wordt gemalen. Naast rogge is tarwe het enige meel met voldoende gluten voor een goed gegist brood.

Tarwemeel

Tarwe bestaat uit een buitenvlies of zemel die de tarwekorrel bevat. De korrel bevat de tarwekiem en een endosperm, dat vol zetmeel en eiwitten zit. Deze eiwitten vormen gluten wanneer meel wordt gemengd met water. Als het deeg wordt gekneed, rekt het gluten uit als elastiek om de kooldioxidebellen, het gas dat door de werking van de gist vrijkomt, te vangen, waardoor het deeg rijst.

Tarwe is zacht of hard, afhankelijk van het eiwitgehalte, en wordt op verschillende manieren gemalen, waardoor de vele soorten meel die we nu kennen ontstaan.

Tarwe wordt in veel soorten meel verwerkt. Tarwebloem bevat bijvoorbeeld ongeveer 75 procent tarwekorrels. De buitenste zemel en de tarwekiem worden verwijderd, zodat het endosperm overblijft. Dit wordt tot wit meel gemalen. Ongebleekt meel is het beste, omdat hierbij geen chemicaliën voor het bleken zijn gebruikt. Dit type meel vervangt langzamerhand het gebleekte meel.

Boven: Met de klok mee vanaf linksboven: meergranen, steengemalen volkorenmeel, bruin meel, steengemalen volkorenmeel

Bloem

Tarwebloem zoals die bij de supermarkt verkrijgbaar is, bevat minder eiwitten en gluten dan tarwemeel, doorgaans zo'n 9,5-10 procent. Met dit type bloem zijn diverse soorten witbrood in de machine te maken, maar als u een wat steviger brood wilt, kunt u beter professionele tarwebloem bestellen, bijvoorbeeld bij een molenaar of bakker. Deze bloem is wat sterker en wordt gemalen van hard tarwemeel, dat een hoger eiwitgehalte heeft dan zacht tarwemeel. Het gehalte varieert per molenaar, maar bedraagt gemiddeld zo'n 12 procent. Ook kan kan er ascorbinezuur als deegverbeteraar aan zijn toegevoegd. Om een dichter brood te krijgen, wordt soms wat gewone bloem gemengd met de sterkere bloem. Voor gebak waaraan bijvoorbeeld bakpoeder wordt toegevoegd, volstaat gewone bloem prima.

Zelfrijzend bakmeel

Dit wordt niet gebruikt in traditionele broden, maar wel voor cake uit de broodmachine. Door het meel worden zuiveringszout en calciumfosfaat gemengd als rijsmiddel.

Rechts: Met de klok mee vanaf boven: broodmeel, Frans, zelfrijzend en gewone bloem

Fijn Frans meel

Dit ongebleekte lichte meel wordt vooral in Frankrijk gebruikt. Het is heel fijn en vloeit dus vrij. Vaak wordt er een beetje toegevoegd aan recepten voor Frans brood, om het glutengehalte iets te verlagen en een textuur te krijgen die lijkt op die van baguettes en andere Franse specialiteiten.

BIOLOGISCH MEEL

Biologisch meel wordt geproduceerd met uitsluitend natuurlijke meststoffen, en de tarwe is niet met bestrijdingsmiddelen bespoten. Biologisch meel kan in elk recept worden gebruikt en wordt aanbevolen bij het ontwikkelen van natuurlijke gist voor zuurdesem.

VOLKORENMEEL

Omdat het gemaakt is van de hele tarwekorrel, met de zemel en tarwekiem, heeft volkorenmeel een grove textuur en een volle, nootachtige smaak. Voor het maken van machinebrood moet u volkorenmeel gebruiken met een eiwitgehalte van ca. 12,5 procent. Voor Engels teabread kunt u volkorenmeel gebruiken met bakpoeder of zuiveringszout. Broden gemaakt van 100 procent volkorenmeel zijn vaak erg dicht. De zemelen voorkomen dat het gluten vrijkomt en dus rijst deeg van volkorenmeel langzamer. Daarom wordt in veel machinerecepten aanbevolen om volkorenmeel te mengen met wat bloem.

Steengemalen meel ontstaat als volkorentarwekorrels gemalen worden tussen twee stenen. Bij volkorenmeel dat niet steengemalen is, worden de zemel en tarwekiem tijdens het malen verwijderd. Ze worden aan het eind van het bewerkingsproces opnieuw toegevoegd.

BRUIN BROODMEEL

Dit meel bevat ca. 80 tot 90 procent tarwekernen en een deel van de zemelen is verwijderd. Het is een goed alternatief voor volkorenmeel, omdat het brood maakt met een lichtere afwerking, maar met een dichtere textuur en een vollere smaak dan witbrood.

MEERGRANENMEEL

Een combinatie van volkorenmeel, witen roggemeel gemengd met gemoute tarwekorrels, die brood textuur en een iets zoete notensmaak geeft.

BOVEN:
Links griesmeel,
rechts spelt.

SPELTMEEL

Dit is rijk aan voedingsstoffen en gemaakt van spelt, een voorganger van tarwe. Het beste te gebruiken in combinatie met bloem. Hoewel het gluten bevat, kunnen sommige mensen met een glutenintoleratie het verteren; het maakt soms deel uit van diëten voor mensen met een tarweallergie.

GRIESMEEL

Griesmeel heeft een hoog glutengehalte en is gemaakt van het endosperm van durum of harde wintertarwe voordat dit volledig tot fijn meel wordt vermalen. Het fijnere meel wordt van oudsher gebruikt om pasta te maken, maar in combinatie met andere meelsoorten is er ook heerlijk brood van te maken. Met 100 procent griesmeel krijgt u een zwaar brood.

ANDERE TARWEPRODUCTEN

TARWEZEMELEN

Dit is het buitenste vlies van de tarwe, dat van het witte meel tijdens de verwerking wordt gescheiden. Tarwezemelen voegen vezels, textuur en smaak toe. U kunt 1-2 lepels aan een recept toevoegen of ze in plaats van een deel van de bloem gebruiken.

TARWEKIEMEN

De kiem is het embryo of hart van de tarwekorrelkern. Gebruik deze naturel of licht geroosterd om een nootachtige smaak toe te voegen. Tarwekiemen zijn een rijke bron van vitamine E en verhogen de voedingswaarde van brood. Ze onderdrukken echter de werking van gluten, dus gebruik niet meer dan 2 el per 225 g meel.

GEPLETTE TARWE

Dit is de hele tarwekern die in grote stukken is gebroken. Deze zijn vrij hard, dus moet u ze misschien zachter maken. Laat ze 15 minuten sudderen in heet water en laat ze dan uitlekken en afkoelen. Voeg 5 minuten voor het einde van de kneedcyclus 1-2 el toe aan het deeg.

ONDER: Met de klok mee vanaf linksboven: zemelen, bulgurtarwe,
tarwekiemen, geplette tarwe.

BULGURTARWE

Dit wordt gemaakt van de tarwekorrel. Deze wordt deels verwerkt door hem te koken, waardoor de tarwekern breekt. Voeg bulgur toe aan brooddeeg voor een krokante textuur. U hoeft hem niet eerst te koken, maar u kunt hem wel eerst in water weken.

ANDER MEEL
ROGGEMEEL

Roggemeel wordt veel gebruikt in brood, mede omdat het goed groeit in koude, natte klimaten die ongeschikt zijn voor de tarwecultuur. Daarom zit er in veel Russisch en Scandinavisch brood rogge. Licht en middelgrof roggemeel wordt gemaakt van het endosperm en donkere rogge bevat de hele korrel, waardoor een grover meel ontstaat dat het brood meer textuur geeft. Rogge bevat gluten, maar zorgt voor heel zwaar brood als het ongemengd wordt gebruikt. Roggedeeg is erg plakkerig. Voor machinebroden moet roggemeel worden gemengd met andere meelsoorten. Zelfs een kleine hoeveelheid geeft brood al een aparte smaak.

GIERSTMEEL

Gierst, een ander graan dat rijk is aan eiwitten en arm aan gluten, geeft een lichtgeel meel met een opvallende, zoete smaak en korrelige textuur. Het geeft brood een droge, kruimelige textuur, dus moet u soms extra vet toevoegen. Verhoog bij gebruik van gierstmeel het glutengehalte van het deeg door ten minste 75 procent bloem te gebruiken.

GERST

Gerstzaden worden verwerkt om de zemel te verwijderen, waarna parelgerst overblijft. Die wordt gemalen tot gerstmeel, dat mild, een beetje zoet en gronderig is. Het geeft broden een zachte, bijna cakeachtige textuur, omdat het heel weinig gluten bevat. Voor bereiding in de machine moet bloem met gerstmeel worden gemengd in een verhouding van minstens 3:1.

BOEKWEITMEEL

Dit grijsbruine meel heeft een aparte, bittere, gronderige smaak. Boekweit is het zaad van een plant die behoort tot de rabarberfamilie. Het is rijk aan calcium en vitamine A en B en bevat veel eiwitten, maar weinig gluten. Boekweit wordt van oudsher gebruikt voor pannenkoeken, Russische blini's en Franse galettes. U kunt hem het beste mengen met andere meelsoorten voor meergranenbroden.

ONDER: Van boven naar beneden: gierst, boekweit, gerst

BOVEN: Van links naar rechts: polenta, maïsmeel, gierst

ANDERE GRANEN
HAVERMEEL

Als van schoongemaakte haverkorrels het buitenste vlies is verwijderd, blijft de haverkern of havergort over. Deze wordt in stukken gesneden tot fijne, middelgrove en grove havervlokken of volledig tot meel gemalen. Al deze ingrediënten kunnen in meergranenbrood worden gebruikt en geven het een rijke smaak en textuur. Hoe grover de vlokken, hoe meer textuur ze aan

BOVEN: Boven havermeel, onder rogge

het brood geven. Havervlokken bevatten geen gluten, dus moet u ze combineren met tarwemeel om er brood van te maken. De havervlokken met een grovere textuur vormen een fraaie afwerking op broden en broodjes.

POLENTA EN MAÏSMEEL

Gedroogde maïskorrels worden gemalen tot grof, middelgrof en fijn meel. De middelgrove korrels worden polenta genoemd en de fijne maïsmeel. Voor brood moet dit glutenvrije meel worden vermengd met bloem. Het geeft een zoete smaak en een mooie gele kleur aan het deeg. Gebruik polenta als u een brood met de hand wilt vormen; dat is iets grover en geeft het brood een mooie afwerking.

GIERSTKORRELS

Deze kleine, goudgele, ronde korrel wordt in Europa en Rusland in brood gebruikt om het extra textuur te geven. Gebruik 1-2 el in een meergranenbrood of zelfs in een gewoon witbrood. Gierstkorrels vormen een fraaie afwerking voor broden als lavash. In sommige broden zitten gierstvlokken.

RIJST

Rijstkorrels kunnen op verschillende manieren worden gebruikt. Gekookte langkorrelige rijst kunt u toevoegen aan deeg voor brood met een vochtig kruim. Wilde rijst is uitsluitend een watergewas, maar geeft een goede textuur en smaak. Voeg het aan het einde van de kneedcyclus toe om de korrel intact te houden en mooie donkere vlekken in het brood te krijgen. Gemalen rijst en rijstmeel worden uit rijstkorrels gemalen. Zowel het meel van bruine als witte rijst wordt gebruikt, maar bruin meel is voedzamer. Gemalen rijst is korrelig, net als griesmeel. Beide kunnen een deel van de bloem vervangen in een recept; ze geven brood een zoete smaak en

BOVEN: Met de klok mee vanaf linksboven: gemalen rijst, rijstmeel, wilde rijst, langkorrelige rijst.

stevige textuur. Gemalen rijst en rijstmeel kunnen ook als afwerking worden gebruikt. Ze worden vaak over Engelse muffins of beschuitbollen gestoven.

Omdat rijst glutenvrij is, kan slechts een klein percentage worden gebruikt met bloem, anders wordt het brood nogal dicht.

HAVERVLOKKEN

Nadat het oneetbare vlies van de haverkorrel is gehaald, wordt deze gesneden, gestoomd en gerold om er havervlokken van te maken. U kunt grote havervlokken krijgen en ouderwetse havermoutpapvlokken. Gebruik voor brood de ouderwetse havervlokken in plaats van de snelkokende. Voeg havervlokken aan brooddeeg toe voor een stevige textuur en een notensmaak, of garneer er broodjes en broden mee.

HAVERZEMELEN

Dit zijn de buitenste vliezen van haverkernen die rijk aan verteerbare vezels zijn. Net als de tarwezemel reduceren ze de elasticiteit van het gluten, dus gebruik maximaal 1 el per 115 g meel. Voeg wat extra vloeistof aan het deeg toe als u haverzemelen gebruikt.

LINKS: Met de klok mee vanaf rechtsboven: grote havervlokken, havervlokken en haverzemelen.

Rijsmiddelen en zout

Gist is een levend organisme dat als het geactiveerd wordt door contact met vloeistof, de toegevoegde suiker of sucrose en vervolgens de natuurlijke suikers in het meel omzet in gassen. Deze gassen laten het brood rijzen. Omdat gist leeft, moet u hem met respect behandelen. Hij werkt het beste bij een temperatuur tussen de 21-36 °C. Te heet en hij sterft; te koud en hij wordt niet actief. U moet gist voor de uiterste houdbaarheidsdatum gebruiken, want oude gist verliest zijn kracht en sterft uiteindelijk.

In de meeste broodmachinerecepten wordt instantgist gebruikt. In dit boek zijn alle recepten uitgeprobeerd met instantgist, die u niet eerst in vloeistof hoeft op te lossen. Speciaal voor broodmachines gemaakte gedroogde gist geeft goede resultaten, als u hier aan kunt komen. Misschien moet u de hoeveelheden in de recepten aanpassen omdat er variaties bestaan tussen verschillende merken gist.

BOVEN: *Gist is in twee vormen verkrijgbaar, vers en gedroogd. Boven verse gist, onder gedroogde gist.*

BOVEN: *Verse gist wordt opgelost voordat het in de broodvorm wordt gedaan.*

BOVEN: *Doe gedroogde gist in een kuiltje in het meel.*

BOVEN: *Voeg vocht toe om verse gist op te lossen en te activeren.*

Verse gist heeft volgens sommige bakkers een betere smaak. U kunt hem gebruiken, maar zet uw machine dan wel op de deegstand. Het is moeilijk om exacte hoeveelheden te geven voor broden die worden gemaakt met verschillende machines op verschillende temperaturen. U moet zien te voorkomen dat het brood tijdens het bakken over de rand van de broodvorm rijst; deeg van gedroogde gist is gemakkelijker te controleren als uniforme resultaten vereist zijn.

NATUURLIJKE RIJSMIDDELEN

Lang voordat gist in de handel verkrijgbaar was, gebruikte men al zuurdesem om brood te bakken. Dit is een natuurlijk rijsmiddel gemaakt door fermenterende gistsporen die van nature voorkomen in meel, zuivelproducten, plantaardige stoffen en specerijen. Nu wordt er nog steeds zo brood gemaakt. Broden gemaakt met natuurlijke rijsmiddelen hebben een andere smaak en textuur dan broden die met commerciële gist worden bereid.

ONDER: *Boekweit-walnotenbrood wordt gemaakt van instantgist, die goede, uniforme resultaten geeft.*

RECHTS: Van links naar rechts: wijnsteenpoeder, bakpoeder, zuiveringszout.

CHEMISCHE RIJSMIDDELEN

U kunt ook andere rijsmiddelen dan gist gebruiken voor brood. Als u een broodmachine gebruikt, kunt u die het beste gebruiken voor teabread en cakes die in een kom worden gemengd en in de broodvorm worden gebakken.

Zuiveringszout is een basisch rijsmiddel dat vaak wordt gebruikt voor snel te bakken broodjes. Als het wordt bevochtigd, geeft het kooldioxide af, waardoor cake of broodjes rijzen. De warmte van de oven bakt en stolt het gerezen beslag voordat het de kans krijgt in te zakken.

Wijnsteenpoeder is een zuur dat vaak wordt gemengd met zuiveringszout om de rijseigenschappen van dat laatste te versterken. Het helpt ook om de licht zepige smaak van zuiveringszout te neutraliseren.

Bakpoeder is een kant-en-klaar meng-

ONDER: Zuiveringszout is het rijsmiddel in dit zuidvruchtenteabread.

sel van zure en basische chemicaliën, meestal zuiveringszout en wijnsteenpoeder, maar soms ook zuiveringszout en natriumpyrofosfaat. Deze rijsmiddelen werken snel. De luchtbellen worden vrijgelaten op het moment dat het poeder in contact komt met vloeistof, dus kneed en bak zulke broden snel.

ZOUT

Brood zonder zout smaakt erg flauw. Hoewel het mogelijk is om zoutloos brood te bakken (er is zelfs een bekend zoutloos Toscaans brood, dat wordt gegeten met zoute kaas of vleeswaren zoals salami), is zout normaliter een onmisbaar ingrediënt. De hoeveelheid zout moet 2% van de gebruikte hoeveelheid meel bedragen.

Zout heeft twee rollen: het verbetert de smaak en controleert als gistvertrager de fermentatiesnelheid, waardoor het brood niet te veel rijst en inzakt.

Het is belangrijk dat u zout uit de buurt van de gist houdt als u het in de broodvorm doet, omdat geconcentreerd zout de activiteit van de gist sterk hindert.

Fijn tafelzout en zeezout kunnen beide worden gebruikt in brood dat in een machine wordt gebakken. Grof zeezout kunt u het beste gebruiken als afwerking. U kunt het op ongebakken broden en broodjes strooien.

Zoutvervangers kunt u beter niet gebruiken, omdat slechts weinige ervan natrium bevatten.

DEEGVERBETERAARS

Deze worden toegevoegd om het brood te helpen de glutenketens te stabiliseren en de gassen die door de gist worden gevormd vast te houden. Aan fabrieksbrood worden vaak chemische verbeteraars toegevoegd en ook in de ingrediëntenlijst op zakjes instantgist komt u broodverbeteraars tegen.

Twee natuurlijke deegverbeteraars die het brood hoger doen rijzen, de textuur lichter en het deeg sterker maken, zijn citroensap en moutextract. De glutenkracht kan variëren per zak meel; u kunt wat citroensap aan het deeg toevoegen om deze te versterken, vooral als u volkorenbrood bakt. U kunt 1 tl citroensap toevoegen per 225 g broodmeel zonder dat u daarmee de smaak van het brood beïnvloedt.

Moutextract helpt om het zetmeel in tarwe af te breken tot suikers waar de gist zich mee kan voeden en stimuleert zo een actieve fermentatie. Als u maximaal 1 tl moutextract per 225 g meel gebruikt, zal de smaak niet veranderen. Als u houdt van de smaak van moutextract, kunt u hiervan meer gebruiken.

VLOEISTOFFEN

En bepaalde vorm van vocht is onmisbaar bij het bakken van brood. Het rehydrateert en activeert de gist en maakt een deeg van het meel en eventuele andere vaste ingrediënten. De temperatuur is ongeacht de vloeistof belangrijk voor geslaagde machinebroden. Als uw machine een voorverwarmcyclus heeft, kunt u koude vloeistoffen rechtstreeks uit de koelkast gebruiken. Zo niet, dan moet u de vloeistoffen op kamertemperatuur gebruiken, tenzij het heel warm is. Tamelijk koel kraanwater is ook goed. Op een koude dag moet u het water afmeten en even in de keuken laten staan, zodat het voor gebruik op temperatuur kan komen.

WATER

Water wordt het meest gebruikt als vloeistof bij het bakken van brood. Brood met water heeft een krokantere korst dan brood met melk. Kraanwater is chemisch behandeld en kan als het veel chloor en fluor bevat, het rijzen vertragen. Hard water kan

ONDER: Gebruik cranberry- en sinaasappelsap in broden met een fruitsmaak.

het rijzen ook beïnvloeden, omdat het basisch is, wat de gist vertraagt. Als uw broden niet goed rijzen en u andere remedies hebt geprobeerd, kook het water dan en laat het tot kamertemperatuur afkoelen of gebruik mineraalwater uit een fles.

MELK

Melk helpt het deeg te verrijken en zorgt voor een roomkleurige, zachte kruimel en goudbruine korst. Gebruik naar keuze volle, halfvolle of magere melk. U kunt verse melk ook vervangen door magere-melkpoeder. Dit kan nuttig zijn als u de startuitstelfunctie wilt gebruiken. In tegenstelling tot verse melk kan melkpoeder niet bederven. Strooi het op het meel in de broodvorm, om het tot het mengen begint gescheiden te houden van het water.

KARNEMELK

Als u karnemelk gebruikt in plaats van gewone melk, wordt het brood vochtiger en krijgt het een bijna cakeachtige textuur. Karnemelk is gemaakt van afgeroomde melk die na het pasteuriseren is afgekoeld. Daarna is een gekweekte bacterie toegevoegd die de melk onder beheerste omstandigheden fermenteert, waardoor de iets pittige, zurige maar aangename smaak ontstaat. Deze smaak is herkenbaar in het brood als dit klaar is.

BOVEN: Met de klok mee vanaf linksboven: melk, karnemelk en melkpoeder.

YOGHURT EN ANDERE ZUIVELPRODUCTEN

Een ander alternatief voor melk, yoghurt, heeft ook goede verzachtende eigenschappen. Gebruik naturel yoghurt of yoghurt met een smaak, zoals hazelnotenyoghurt, in brood met dezelfde smaak. U kunt ook zure room, cottage cheese en zachte kaas zoals ricotta, verse roomkaas of mascarpone gebruiken als deel van de hoeveelheid vloeistof voor het brood. Ze worden meer gewaardeerd om hun verzachtende eigenschappen dan om hun smaak.

KOKOSMELK

Gebruik 50 procent kokosmelk en 50 procent water om zoete broden en broodjes smaak te geven.

VRUCHTENSAP

U kunt vruchtensappen zoals sinaasappel-, mango-, ananas- of cranberrysap aan het deeg toevoegen om vruchtenbroden fruitiger te maken.

GROENTESAP EN KOOKVOCHT

Het vocht dat overblijft na het koken van groenten geeft brood smaak en extra voedingswaarde en is heel nuttig bij het maken van hartige broden. Aardappelwater heeft verschillende voordelen. Het extra zetmeel vormt extra voedsel voor de gist, laat het brood beter rijzen en maakt het zachter en langer houdbaar.

Groenten zelf bevatten sappen die de vochtbalans veranderen als ze in de broodmachine worden gestopt.

WEEKVOCHT

Als gedroogde groenten zoals champignons, vooral wilde, en zongedroogde toma-

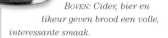

BOVEN: Cider, bier en likeur geven brood een volle, interessante smaak.

ten in water worden geweld, ontstaat een smaakvolle vloeistof die te goed is om weg te gooien. Wel de groenten, giet het vocht af en gebruik het als deel van de vloeistof in een hartig brood. In zoete broden kan het vocht van gedroogde vruchten die in vruchtensap, sterkedrank en likeur zijn geweekt even nuttig zijn.

BIER, CIDER EN LIKEUREN

Deze kunt u toevoegen aan broodrecepten. Vooral bier past goed bij donker, zwaar meel. De extra suikers stimuleren de gist door meer voedsel te leveren. Donker bier geeft broden een sterkere smaak.

EIEREN

Als er in een broodrecept eieren worden gebruikt, moet u deze beschouwen als deel van de benodigde vloeistof. Eieren zorgen voor kleur, verbeteren de structuur en geven het brood een rijke smaak, hoewel hiermee bereid brood sneller uitdroogt dan gewoon brood. Voeg ter compensatie extra vet toe. In alle recepten in dit boek zijn middelgrote eieren gebruikt, tenzij anders staat aangegeven.

BOVEN: Gebruik week- en kookvocht in hartige broden.

Vetten en zoetstoffen

Vetten

Aan brood worden vaak kleine hoeveelheden vaste (boter, margarine) of vloeibare vetten toegevoegd. Ze verrijken het deeg, geven het smaak en geven met eieren het kruim een zachte textuur. Vetten helpen om een brood langer vers te houden en in zwaar deeg helpen ze het uitdrogende effect van eieren tegen te gaan.

In kleine hoeveelheden dragen vetten bij aan de elasticiteit van het gluten, maar te veel vet heeft juist het omgekeerde effect. Het vet bekleedt de glutenketens, waardoor een barrière optreedt tussen de gist en het meel. Hierdoor wordt de werking van de gist vertraagd en de rijsduur juist verlengd. Daarom kunt u de hoeveelheid vet in een machinegebakken brood beter beperken, anders hebt u kans op een zwaar, compact brood.

Bij het maken van zwaar brood in briochestijl kunt u de broodmachine het beste alleen gebruiken om het deeg te kneden. Het kan nodig zijn de cyclus twee keer uit te voeren. Vorm het deeg daarna met de hand en laat het zo lang als nodig rijzen voordat u het brood in de oven bakt.

Vaste vetten

Boter, margarine of reuzel kunt u in kleine hoeveelheden gebruiken (max. 15 g/1 el) zonder dat de smaak van het deeg verandert. Als het recept om meer vet vraagt, gebruik dan ongezouten boter. Snijd de boter in kleine stukjes; die zijn beter te mengen. Laat het vet niet in contact komen met de gist; hierdoor kan de gist namelijk langzamer oplossen.

Als boter gelaagd is in gistdeeg, zoals voor croissants en Deense koffiebroodjes, is het belangrijk dat u hem zacht maakt zodat hij dezelfde consistentie heeft als het deeg. Hoewel het mogelijk is halvarine te gebruiken bij het bakken van brood, kunt u dat beter niet doen. Halvarine kan namelijk tot 40 procent water bevatten en heeft niet dezelfde eigenschappen als boter.

Onder: Van links naar rechts: u kunt olijfolie, zonnebloemolie, hazelnootolie en walnotenolie gebruiken om brood een aparte smaak te geven.

Vloeibare vetten

Zonnebloemolie is een goed alternatief voor boter als u let op het cholesterolgehalte. U kunt olijfolie gebruiken als de smaak belangrijk is. Gebruik een fruitige, eerste persing extra vierge olijfolie met een volle smaak.

Notenolie, zoals walnoten- en hazelnootolie, zijn vrij duur en hebben een heel herkenbare smaak. Ze zijn heerlijk in notenbroden.

Vetten en oliën zijn in veel recepten onderling uitwisselbaar. Als u vast vet wilt vervangen door vloeibaar vet of olie, moet u de hoeveelheid vloeistof in het deeg aanpassen aan de wijziging. Dit is alleen nodig bij hoeveelheden groter dan 1 el.

Links: Van links naar rechts: margarine, boter, reuzel.

Boven: Van links naar rechts: bruine basterdsuiker, lichtbruine moscovade, gele basterdsuiker, kristalsuiker, fijne suiker.

ZOETSTOFFEN

Suikers en vloeibare zoetstoffen versnellen het fermentatieproces doordat ze de gist extra voeding geven. Moderne soorten gist hebben geen suiker meer nodig; ze zijn in staat het meel efficiënt te gebruiken om voedsel te leveren. Toch wordt vaak een beetje zoetstof gebruikt. Dit maakt dat het deeg actiever is dan wanneer het zich langzaam voedt met het natuurlijke zetmeel en de natuurlijke suikers in het deeg. Verrijkt brood en zwaar volkorenbrood hebben de extra gistwerking nodig om het zwaardere deeg te doen rijzen.

Suiker trekt vocht aan; hierdoor wordt het brood minder snel oud. Suiker zorgt ook voor een zachte textuur. Door te veel suiker kan het deeg te sterk rijzen en inzakken. Zoet brood heeft een matig suikergehalte en wordt extra zoet door gedroogde vruchten, zoete glazuren en afwerkingen.

Onder: Van links naar rechts: stroop, suikerstroop, melasse, moutextract, ahornsiroop, honing.

Zoetstoffen kunnen de kleur van het brood beïnvloeden. Een kleine hoeveelheid geeft het brood een mooie goudbruine korst. Sommige broodmachines maken zoet deeg te bruin; kies dan, indien beschikbaar, de instelling 'lichte korst' of 'zoet brood' voor het maken van zoet gistgebak.

U kunt vloeibare zoetstof gebruiken in plaats van suiker. Deze moet dan worden gezien als deel van de totale hoeveelheid vloeistof nodig voor het brood.

WITTE SUIKER

Voor brood kunt u kristalsuiker of fijne suiker gebruiken. Dit bestaat bijna uitsluitend uit sucrose en voegt weinig smaak toe aan het brood. Gebruik geen poedersuiker; het antiklontermiddel hierin kan de smaak aantasten. Gebruik poedersuiker voor het maken van glazuur en ter afwerking.

BRUINE SUIKER

Gebruik lichte of donkere, geraffineerde of ongeraffineerde bruine suiker. Donkere ongeraffineerde suiker geeft meer smaak en bevat meer melasse. Bruine suiker zorgt voor kleur en verhoogt de zuurheid.

MOUTEXTRACT

Dit is een extract van gemoute tarwe of gerst met een sterke smaak, dus gebruik het met mate. U kunt moutextract het beste in vruchtenbrood gebruiken.

HONING EN AHORNSIROOP

U kunt heldere honing gebruiken in plaats van suiker, maar gebruik slechts tweederde van de geadviseerde hoeveelheid suiker, omdat honing zoeter is. Ahornsiroop is het ingedikte sap van de ahornboom; gebruik hem in plaats van honing of suiker. Hij is iets zoeter dan suiker maar minder zoet dan honing.

MELASSE, RIETSUIKERSTROOP EN STROOP

Deze zoetstoffen zijn bijproducten van de suikerraffinage. Melasse is een dikke, geconcentreerde siroop met een zoete, iets bittere smaak. Ze geeft het brood een goudbruine kleur. Rietsuikerstroop is licht en zoet, en smaak naar butterscotch. Stroop is bruinzwart, sterker van smaak en maakt brood net als melasse iets bitterder.

Extra ingrediënten

VLEES

U kunt vlees gebruiken om brood smaak te geven. De beste resultaten behaalt u vaak met vleeswaren zoals ham, bacon en salami en gekookte worst, zoals peperoni.

Snijd vlees met een sterke smaak fijn en voeg het bij het laatste kneden toe aan het deeg. U hebt niet veel nodig: 25-50 g is voldoende om extra smaak te geven zonder te overheersen.

Ham en bacon kunt u het beste in kleine stukjes toevoegen, laat in de kneedcyclus. Snijd de ham fijn. Bak of gril reepjes bacon en verkruimel ze of snijd ze in stukjes. U kunt ook voorgesneden blokjes bacon of pancetta gebruiken en ze eerst sauteren. De bacon moet goed gebakken zijn voordat u hem aan het brooddeeg toevoegt.

LINKS: Worstjes en bacon zijn goede toevoegingen aan brood. U moet ze bakken voor u ze toevoegt aan het deeg.

Dun gesneden vleeswaren zoals parmaham, pastrami, spek, peperoni en gerookt hertenvlees kunt u in dunne reepjes aan het einde van de kneedcyclus toevoegen of, bij handgevormde broden, toevoegen tijdens het vormen. In gekruide olijfolie gemarineerd, ingemaakt en gerookt hertenvlees geeft een standaardbrood extra veel smaak. U kunt ook pastrami toevoegen aan brood met roggemeel.

Sterk smakend vlees heeft het meeste effect, maar gebruik daar maar weinig van.

BACON GEBRUIKEN IN DE BROODMACHINE

1 Snijd de bacon in dunne reepjes en gril ze of bak ze in een droge koekenpan krokant.

2 Leg de gebakken bacon op een met keukenpapier beklede schaal om overtollig vet op te nemen. Laat afkoelen.

3 Doe de reepjes aan het einde van het kneedproces of als de machine piept in de broodmachine.

VLEES GEBRUIKEN

Sommige vleessoorten kunt u het beste heel laten of grof snijden en als vulling, zoals laagjes worst in briochedeeg, of als afwerking op een plaatbrood en pizza gebruiken. Er zijn veel verschillende soorten salami (met specerijen zoals peperkorrels, koriander of paprika), peperoni en gekookte pittige mediterrane worsten die hiervoor geschikt zijn.

LINKS: Van boven naar beneden: salami, pepperoni, dun gesneden gerookt hertenvlees, parmaham.

RECHTS: Van links naar rechts: cottage cheese, mascarpone, verse roomkaas.

KAAS

Kaas kunt u aan veel soorten brood toevoegen om het vochtiger te maken en meer smaak te geven. Sommige kaassoorten hebben een sterke smaak die van grote invloed is op het brood; andere zijn subtieler en niet te onderscheiden van de andere ingrediënten, maar maken het brood vol en zacht. Zachte kaas zoals cottage cheese, mascarpone, verse roomkaas en ricotta worden gebruikt als deel van de vloeistof in het recept. Ze dragen weinig toe aan de smaak, maar helpen het brood en de kruimel zachter te maken.

Geraspte of gesneden harde kaas kan aan het begin van het kneden worden toegevoegd, zodat hij helemaal in het brood wordt opgenomen, of pas aan het eind van het kneedproces, zodat er kleine stukjes in het brood terug te vinden zijn. U kunt de kaas ook net voor het bakken over het brood strooien om de korst kleur en textuur te geven, of als beleg of vulling gebruiken, zoals bij pizza's of calzones.

Voor een optimale kaassmaak gebruikt u kleine hoeveelheden sterke kaas, zoals extra rijpe cheddar, parmezaanse kaas, pecorino of blauwschimmelkaas zoals roquefort, gorgonzola, Danish Blue of stilton.

Als de kaas nogal

zout is, moet u minder zout aan het deeg toevoegen, anders wordt de werking van het gist vertraagd en smaakt het brood te zout.

Machinebrood met harde kaas erin rijst soms niet zo hoog als brood zonder kaas doordat het deeg vetter is, maar de textuur en smaak zijn vaak fantastisch.

KAAS IN DE BROODMACHINE GEBRUIKEN

• Doe zachte kaas met de vloeistof in de broodmachine, voor de vaste ingrediënten, tenzij u de vaste ingrediënten volgens de handleiding van uw machine eerst moet toevoegen.

• Voeg geraspte kaas aan het begin van de deegcyclus toe; zo wordt hij gelijkmatig door het gebakken brood verspreid.

• Voeg grof verkruimelde kaas toe als de machine tegen het einde van het kneden piept, zodat het iets van zijn vorm behoudt en in kleine brokjes in het deeg blijft.

RECHTS: Met de klok mee vanaf linksboven: cheddar, emmenthal, feta, gorgonzola; midden: mozzarella.

KRUIDEN EN SPECERIJEN

Gebruik kruiden en specerijen als hoofd-smaakstof in brood of om de smaak van andere ingrediënten te versterken.

KRUIDEN

Verse kruiden hebben een heerlijk aroma dat in versgebakken brood niet onderdoet voor hun smaak. Gebruik verse krui-den. Ge-droogde kruiden die olieachtig en scherp zijn, zoals salie, roze-marijn en tijm, zijn ook heel geschikt. Rozemarijn is vooral sterk van smaak, dus gebruik hem met mate. Gedroogde oregano is een goede vervan-ger van verse. Gedroogde kruiden smaken sterker dan verse; gebruik circa eenderde van de hoeveelheid aanbevolen voor verse kruiden. Een aantal kruiden is nu versge-hakt en in olie ingemaakt verkrijgbaar. Dit is een goed alternatief voor delicatere krui-den zoals basilicum en koriander, die niet

ONDER: Van links naar rechts: voorste rij: uienzaad, saffraan, venkel, nootmus-kaat; achterste rij: piment, kaneel, komijn, gember.

goed te drogen zijn. Voeg verse kruiden aan het eind van de kneedcyclus toe, gedroogde samen met de vaste ingrediën-ten. Gebruik geen gedroogde peterselie; vervang haar door een ander kruid.

SPECERIJEN

Specerijen zijn de gedroogde, sterk aroma-tische zaden, peulen, stengels, bast, knop-pen of wortels van plan-ten. Net als kruiden zijn ze aromatischer naarmate ze verser zijn. De vluch-

LINKS: Met de klok mee vanaf boven: basilicum, tijm, gladde peterselie, ore-gano, koriander, dille.

tige oliën gaan metter-tijd verloren. Gebruik versge-malen zwarte peper en noot-muskaat. Komijn, venkel, karwij en kar-demom kunt u als hele zaden kopen en malen in een specerij-enmolen of koffiemolen, die u alleen hiervoor gebruikt. Gebruik gemalen specerijen binnen zes maanden.

Voeg saffraan, nootmuskaat, kaneel, anijs, piment en kardemom toe aan zoet of hartig brood. Gember is een zoete spe-cerij, terwijl jeneverbessen, komijn, korian-der en uienzaad geschikt zijn voor hartige broden. Een aantal hele specerijen kunt u ook gebruiken als garnering voor broden.

KRUIDEN EN SPECERIJEN

• Bevroren gehakte kruiden zijn een snel alternatief voor verse kruiden. Voeg ze net voor het einde van de kneedcyclus aan het deeg toe.

• Voeg gemalen specerijen toe na het meel, zodat ze voor het mengen niet in contact komen met de vloeistof.

• Voeg hele specerijen toe met de vaste ingrediënten als u ze tijdens het kneden wilt verkleinen. Voeg ze anders toe als de machine piept aan het einde van de kneedcyclus.

BOVEN: *Met de klok mee vanaf rechts-boven: pistachenoten, pecannoten, pijn-boompitten, walnoten, amandel-snippers, macadamianoten.*

NOTEN

Noten vormen een heerlijke aanvulling op zelfgemaakte broden. Hun krokantheid is goed te combineren met de zoete beet van verse, gedroogde en halfgedroogde vruchten. Ze zijn ook lekker bij hartige ingrediënten zoals kaas, kruiden en specerijen en kunnen afzonderlijk worden gebruikt voor landelijke broden. Noten bevatten natuurlijke oliën die ranzig worden als ze te warm of te lang worden bewaard. Koop kleine hoeveelheden, bewaar ze in een luchtdichte doos op een koele plaats en gebruik ze binnen enkele weken. Pecannoten, amandelen, macadamianoten, pistachenoten en walnoten geven standaardbrood een heerlijke smaak en textuur als ze tegen het einde van het kneedproces worden toegevoegd. U kunt ze toevoegen aan gebak of gebruiken als decoratie op zoete broden of gistcake.

Rooster pijnboompitten, hazelnoten en amandelen eerst om de smaak te doen vrijkomen.

Verdeel de noten over een bakplaat en rooster ze in een op 180 °C voorverwarmde oven 5-8 minuten of bak ze in een droge koekenpan tot ze kleuren en hun geur vrijkomt. Laat ze niet te bruin worden en laat ze afkoelen voor u ze aan het brood toevoegt. Hazelnoten, amandelen en walnoten kunt u fijnmalen en gebruiken als voedzame en smaakvolle meelvervanger. Vervang maximaal 15 procent van het meel door de gemalen noten. Verwijder bij hazelnoten eerst de bittere schil. Deze is na het roosteren gemakkelijk los te wrijven.

Gebruik kokos versgeraspt of gedroogd, gewoon of geroosterd.

LEKKER NOTENBROOD

Deze hoeveelheden zijn voor een middelgroot brood. Gebruik van alle ingrediënten 25% meer bij een grote machine en 25% minder bij een kleine.

1 Doe 175 g ongezoete kastanjepuree in een kom en roer er 250 ml water door. Meng goed en doe het mengsel in de broodvorm. Voeg indien nodig de vaste ingrediënten eerst toe.

2 Strooi er 450 g bloem en 50 g volkorenmeel op. Voeg 2 el magere-melkpoeder, ½ tl gemalen kruidnagels en 1 tl geraspte nootmuskaat toe. Doe 1 el zout, 1 el lichte moscovade en 40 g boter in aparte hoeken. Maak een ondiep kuiltje; voeg 1½ tl instantgist toe.

3 Stel de machine in op normaal, lichte korst en het signaal voor toevoegen (indien beschikbaar). Druk op Start. Voeg 75 g grofgehakte walnoten toe na de piep of na het eerste kneden. Laat het brood op een rooster afkoelen.

GROENTEN

Rauwe, geconserveerde, gedroogde en versgekookte groenten zijn perfect voor hartige broden. Brood bakken is ook een goede gelegenheid om restjes gekookte groenten te gebruiken. Groentebrood is machtiger dan standaardbrood; de groenten geven het brood smaak en textuur. Veel groentebroden hebben een subtiele kleur of fraaie vlekken.

Verse groenten bevatten vrij veel vocht, dus moet u de helft van het gewicht als water rekenen en deze hoeveelheid aftrekken van de voor het recept benodigde hoe-

ONDER: Met de klok mee vanaf boven: spinazie, groene, rode en gele paprika, courgettes, zoete aardappelen

LINKS: Met de klok mee vanaf rechtsboven: knoflook, lente-uien, Spaanse pepers, gedroogde uisnippers, uien

veelheid vloeistof. Houd het deeg tijdens het mengen in de gaten en voeg eventueel meer meel of vocht toe.

ZETMEELHOUDENDE GROENTEN

Aardappelen, zoete aardappelen, pastinaken, wortels, koolrapen en andere soorten zetmeelrijke groenten zoeten het brood en zorgen voor een zachte textuur. U kunt 115-225 g aardappelpuree (uit een pakje) toevoegen aan een standaardbrood, afhankelijk van de afmetingen van uw machine. Pas de hoeveelheid vloeistof hierbij aan.

SPINAZIE

Verse blaadjes spinazie moet u voor gebruik kort in kokend water blancheren. Voeg ze na daarna, tegelijk met de vloeibare ingrediënten, heel toe aan het begin van

---

PAPRIKA'S KLAARMAKEN

1 Snijd elke paprika in drie of vier platte stukken, verwijder zaadlijsten en zaad. Leg ze in een braadpan of op gloeiendhete plaat en bestrijk ze licht met olijf- of zonnebloemolie.

2 Gril de paprika's tot de huid loslaat en verkoolt. Doe de stukken dan in een plastic zak. Sluit de zak en laat de stukken afkoelen.

3 Trek de huid eraf en hak de stukken paprika in stukjes. Voeg deze toe als de machine piept of 5 minuten voor het einde van de kneedcyclus.

LINKS: Verse of gedroogde champignons zijn lekker in brood.

het kneedproces; ze worden dan fijngehakt en door het deeg gemengd. U kunt verse spinazie vervangen door diepvriesspinazie, maar ontdooi die laatste eerst helemaal en gebruik minder vocht in het recept vanwege het extra water.

UIEN, PREI EN PEPERS

Deze groenten kunt u het best eerst in wat boter of olie sauteren, zodat hun smaak naar boven komt. Gekarameliseerde uien geven het brood een volle smaak en een goudbruine kleur. Om tijd te besparen kunt u gedroogde stukjes ui gebruiken in plaats van verse uien, maar dan moet u misschien 1 eetlepel extra vocht toevoegen.

CHAMPIGNONS

Gedroogde wilde champignons kunt u gebruiken als zongedroogde tomaten om een smaakvol brood voor bij soepen of stoofpotten te bakken. Zeef het weekwater als u dit in het recept wilt gebruiken om eventueel gruis te verwijderen.

TOMATEN

Tomaten zijn erg veelzijdig en geven brood een heerlijke smaak. Ze zijn er gezeefd, ingeblikt, vers of zongedroogd. Afhankelijk van het moment waarop u zongedroogde tomaten toevoegt, blijven ze heel en geven ze het brood interessante vlekken of worden ze geheel in het deeg opgenomen en geven het extra smaak. Kies om de smaak te versterken gewone zongedroogde tomaten en niet de in olie ingelegde. Week ze in water en gebruik het weekwater als vocht in het recept. Andere tomatenproducten kunt u het beste aan het begin van de broodbakcyclus toevoegen om een mooi gekleurd, naar tomaat smakend brood te krijgen.

ANDERE GROENTEN

Voeg groenten als maïskorrels, gehakte olijven of lente-uien aan het einde van de kneedcyclus toe, zodat ze heel blijven. Ze geven smaak, kleur en textuur.

Diepvriesgroenten moeten helemaal worden ontdooid voor gebruik in de machine. Soms moet u de hoeveelheid vloeistof in het brood verkleinen als u diepvriesgroenten in plaats van verse groenten gebruikt. Groenteconserven moet u goed laten uitlekken.

KIKKERERWTEN

Het zetmeel van kikkererwten zorgt net als dat in aardappelen voor licht, goed houdbaar brood. Voeg gekookte, uitgelekte kikkererwten heel toe; de machine verpulvert ze doeltreffend. Kikkererwten geven brood een nootachtige smaak.

GROENTEN AAN BROOD TOEVOEGEN

Er zijn diverse manieren om groenten klaar te maken voor gebruik in de machine.

• Voeg geraspte rauwe groenten zoals courgette, wortel of bietjes toe met het water.

• Zoete aardappelen, pastinaken, aardappelen en (winter)pompoenen moet u eerst koken. Laat ze uitlekken, bewaar het kookvocht en prak ze. Voeg het afgekoelde vocht en de geprakte groenten aan het deeg toe.

• Als u wilt dat de groenten herkenbaar blijven in het brood, moet u ze toevoegen bij het signaal voor toevoegen of vijf minuten voor het einde van de kneedcyclus; het blijven dan plakjes of stukjes.

FRUIT

Of u nu vers of gedroogd fruit, puree of sap gebruikt, fruit geeft extra smaak aan brood en gebak. De natuur-lijke suikers voeden de gist en verbeteren het rijspro-ces, terwijl vruchten met natuurlijke pectine de houdbaarheid van gebak verbeteren.

GEDROOGDE CAKEVRUCHTEN

De bekende gedroogde cakevruchten zoals rozijnen en krenten zijn gemakkelijk toe te voegen aan standaardbroden en geven ze hun eigen specifieke smaak. Strooi ze langzaam in het deeg als de machine piept tegen het einde van de kneedcyclus. Week ze voor extra smaak in vruchtensap of likeur. U kunt maximaal 50 g/⅓ kop gedroogde vruchten toevoegen voor een kleine broodmachine en 115 g/⅔ kop voor een grote machine. Als u het

ONDER: Met de klok mee vanaf linksbo-ven: gekonfijte citrusschil, gedroogde peren, gedroogde cranberry's, gedroogde pruimen, gedroogde mango en gedroogde vijgen.

BOVEN: Peren, bananen, appels

gedroogde fruit eerst weekt, moet u het opgenomen vocht als deel van de benodigde hoeveelheid vloeistof rekenen. Misschien moet u een lepel extra vocht aan het basis-recept toevoegen als u het fruit niet eerst weekt.

RECHTS: Aardbeien, frambozen, blauwe bessen

GEDROOGDE, HALFGEDROOGDE EN DIRECT EETBARE VRUCHTEN

Deze zijn perfect voor broden, omdat hun smaak zo geconcentreerd is en er een groot aanbod van is. Gebruik combinaties van ge-droogde exoti-sche vruchten, zoals mango, papaja, meloen en vijgen. Kleine gedroogde vruch-ten zoals cranberry's en kersen kunt u heel toevoegen; grotere exotische vruchten, zoals abrikozen, peren, dadels en perziken, moeten in stukjes worden gesneden. Gedroogde vruchten zoals pruimen kunnen in sherry of likeur worden geweekt, net als cakevruchten.

VERS FRUIT

Sommige vruch-ten, zoals bes-sen, kunnen bevroren aan het deeg worden toege-voegd. Op die manier blij-ven ze heel. Verdeel de vruchten in één laag over een bakplaat en bevries ze tot ze hard zijn. Voeg ze net voor het einde van de kneedcyclus aan het deeg in de machine toe. U kunt op dezelfde manier ook inge-vroren vruchten gebruiken. Haal sappige vruchten door wat extra meel om de con-sistentie van het brood niet te veranderen. U kunt zacht fruit ook aan teabread toe-voegen; schep het aan het eind van de mengcyclus door het deeg.

Stevige vruchten, zoals appels en peren, kunt u rauw, in kleine stukjes, toevoegen. Datzelfde geldt voor pruimen en rabarber. Rabarber kunt u ook eerst pocheren zodat hij wat zachter wordt. U kunt stevige vruchten ook raspen of rijpe vruchten zoals bananen en peren prakken.

ANANAS-BANAANBROOD

De hoeveelheden zijn voor een middelgrote broodmachine. Gebruik voor een grote machine 25% meer en voor een kleine 25% minder.

1 Schenk 4 el ananassap en 200 ml karnemelk in de broodvorm. Prak 1 grote banaan en voeg deze toe. Voeg de vaste ingrediënten eerst toe als de handleiding dit aangeeft.

2 Strooi 450 g bloem en 50 g volkorenmeel op het vocht. Schep 1 el zout, 3 el kristalsuiker en 40 g boter in afzonderlijke hoeken. Maak een kuiltje in het meel; voeg 1 tl instantgist toe.

3 Stel de machine in op normaal, lichte korst en het signaal voor toevoegen (indien beschikbaar). Druk op Start. Voeg 75 g gehakte ananas toe na de piep of tegen het einde van de cyclus. Laat het brood op een rooster afkoelen.

FRUIT AAN BROOD TOEVOEGEN

Het moment waarop en de mate waarin het fruit wordt gemalen, bepaalt of er hele stukjes zichtbaar blijven of dat het helemaal in het deeg opgaat en een gelijkmatige smaak en vochtigheid aan het hele brood geeft.

• Voeg bevroren sinaasappelconcentraat of vruchtensap aan het begin van het mengproces toe, tenzij in de handleiding van uw machine staat dat u de vaste ingrediënten eerst moet toevoegen.

• Voeg gepureerde appel, peer of mango toe nadat u het water voor het recept in de vorm hebt gegoten. Meng puree en water eventueel voor u het mengsel in de vorm doet.

ONDER: Vruchtensap kan in sommige broden een deel van het water vervangen. Van links naar rechts: appelsap, ananassap, mangosap.

• Als u geprakte of geraspte bananen of peren wilt toevoegen, doe dit dan na toevoeging van de vloeistof.

• Voeg verse of bevroren hele vruchten, zoals bessen, toe als de machine piept of ca. 5 minuten voor het einde van de kneedcyclus. Gesneden fruit, zoals appels en pruimen, en gedroogd fruit moet u aan het einde van het kneedproces toevoegen.

Keukengerei

Voor het bakken van brood hebt u geen uitzonderlijke accessoires nodig: het duurste is de broodmachine, die u waarschijnlijk al bezit. Echt onmisbaar is vooral het keukengerei waarmee u de ingrediënten afmeet; de overige voorwerpen zijn vooral nuttig voor handgevormde broden.

AFMETEN

Voorwerpen om ingrediënten goed af te meten zijn onmisbaar voor machinebrood.

WEEGSCHAAL

Een elektronische weegschaal geeft de nauwkeurigste resultaten en is de investering waard. U kunt de broodvorm direct op de weegschaal zetten en de ingrediënten hierin wegen. Het display kan op nul worden gezet na het toevoegen van een ingrediënt, zodat u nauwkeurig ingrediënten na elkaar kunt toevoegen.

MAATLEPELS

Kleinere hoeveelheden vaste ingrediënten, zoals suiker, zout en, het belangrijkste, gist, moet u zorgvuldig afmeten. Een set maatlepels van 1,5 ml/¼ tl tot 15 ml/1 el is ideaal. Strijk de ingrediënten in de lepel altijd glad af om nauwkeurig te meten.

MAATBEKERS

Vuurvaste glazen maatbekers waarop de metrieke waarden duidelijk zijn aangegeven, zijn heel nuttig. Zet de maatbeker op een vlakke ondergrond om nauwkeurig te kunnen meten en controleer het niveau van de ingrediënten door te buigen, zodat u de maten op ooghoogte hebt.

LINKS: Het is handig verschillende maten kommen te hebben.

LINKS: U kunt bannetons gebruiken voor de tweede rijs voordat het brood wordt gebakken.

LINKS: Gebruik een weegschaal en maatbekers, -koppen en -lepels om de juiste hoeveelheden af te meten. Nauwkeurigheid is essentieel voor een goed resultaat.

MENGEN EN RIJZEN

De broodmachine mengt het deeg automatisch en laat het rijzen, maar voor handgevormde broden hebt u enkele voorwerpen nodig.

GLAZEN KOMMEN

Hoewel een groot deel van het mengen in de machine plaatsvindt, moet u glazuur mengen, extra ingrediënten toevoegen, deeg of beslag in een grotere kom doen of een grote kom gebruiken om een handgevormd brood te bedekken tijdens de laatste rijsperiode. In glazen kommen ziet u alles goed en het is handig een aantal verschillende maten in de keuken te hebben.

ONDER: Een baguetteplaat geeft stok-broden hun traditionele vorm.

LINKS: U kunt speciale cakevormen zoals de tulband en kleine brioche-vormpjes aanschaffen.
ONDER: iverse taartvormen, spring-vorm

weten wanneer u het deeg tijdens de cyclus moet controleren, stel dan een keukenwekker in. Dit is ook nuttig als de piep van uw brood-machine niet erg luid is en u waarschijnlijk niet in de keuken bent als het signaal afgaat.

BANNETON

Tijdens de laatste rijsperiode worden bro-den soms in een mandje met een kleedje erin gelegd, de zoge-naamde *banneton*. Leg baguettes in lang-werpige *bannetons* en ronde broden in ronde manden. Bestuif het kleedje met bloem om te voorkomen dat het deeg eraan vastplakt. Als het deeg gerezen is, kunt u het mandje omkeren en het brood recht-streeks op de voorbereide bakplaat leggen.

THEEDOEKEN EN CELLOFAAN

Bedek het deeg tijdens het rijzen met een schone theedoek of cellofaan. Zo voorkomt u dat er een droge korst op het deeg komt. Bestuif de theedoek voor gebruik licht met bloem of olie het cellofaan in om te voor-komen dat het deeg eraan vastplakt.

KEUKENWEKKER

Als uw broodmachine geen signaal voor het toevoegen van extra ingrediënten geeft of u wilt

HANDGEVORMDE BRODEN BAKKEN

Er zijn diverse blikken, platen en andere materialen die u helpen broden met inte-ressante vormen of een krokantere korst te bakken.

BROODBLIKKEN EN -VORMEN

Bakblikken en -vormen met een zware bodem zijn het best, omdat ze niet snel vervormen in de oven. Het is nuttig om over een aantal vormen en maten te beschikken. Een broodblik van 18,5-11,5 cm met 1 kg inhoud is een goede basismaat, of probeer eens een langer, iets smaller blik van ca 23-28 cm lang.

Zowel ronde als vierkante cakevormen zijn nuttig om brood in te bakkken, omdat ze het deeg steunen tijdens het rijzen. Voor

RECHTS:
Bakplaten en
broodblikken

ONDER: Een schietschop is handig als u pizza's maakt

het bakken van pannetone gebruikt u een 15 cm diepe cakevorm. Springvormen met een diameter van 20-25 cm vereenvoudigen het losmaken van zoete broden en cakes. Vierkante en rechthoekige vormen zijn perfect voor broden met een zoete of hartige afwerking.

Focaccia of panpizza's kunt u het beste bakken in een grote, ondiepe, ronde cakevorm met een diameter van 25-28 cm. Een vlaaivorm met een losse bodem en ondiepe pizzapan zijn een goede investering als u deze broodsoorten geregeld bakt.

Speciale broden vragen vaak een speciale vorm. Een taartvorm is de klassieke vorm voor kleine en grote brioches. De tulband wordt gemaakt in een tulbandvorm, de savarin in een ondiepe ringvorm en baba's in ondiepe, kleine ringvormen.

BAGUETTEPLAAT

Dit is een gewelfde plaat voor twee of drie broden met een geperforeerde onderkant voor een gelijkmatige verhitting tijdens het bakken. Het brood rijst voor de laatste keer op de plaat, die dan de oven in gaat voor het bakken. Broden die op zo'n plaat worden gebakken, hebben kleine gaatjes in de onderkant en zijkanten.

BAKPLATEN

Een aantal broden met een vrije vorm moet op een bakplaat worden gebakken. Enkele sterke, zware bakplaten zijn het beste. Gebruik geheel vlakke bakplaten of platen met aan één kant een opstaande rand. Hier is gebakken brood gemakkelijker van te verwijderen.

BAKSTEEN

Bij rustieker brood, zuurdesembrood, pizza en focaccia zorgt een baksteen of pizzasteen voor een krokante korst.

TERRACOTTA TEGELS

In plaats van een baksteen kunt u ongeglazuurde tegels gebruiken. Deze trekken het vocht uit het brood en helpen een traditionele krokante korst te maken.

SCHIETSCHOP

Als u regelmatig op bakstenen of tegels bakt, is een schietschop of -plank een nuttig instrument. Gebruik hem om pizza's en broden in de oven te schuiven en ze direct op het voorverwarmde oppervlak te leggen. Bestuif

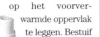

de schietschop royaal met meel en leg het brood erop voor de laatste rijsperiode. Schud hem net voor het plaatsen in de oven voorzichtig om te controleren of de onderkant van het brood niet aan de schietschop plakt.

WATERSPRAY

Benevel de oven met water uit een plantenspuit als u brood met een krokante korst wilt hebben. Een plastic fles met pompje en een fijne verstuiver is ideaal.

NUTTIGE INSTRUMENTEN

Deze paragraaf bevat nuttige instrumenten om ingrediënten te bereiden en om handgevormde en machinebroden te maken.

DUNSCHILLER

Gebruik een dunschiller met een vast blad om groenten en fruit te schillen of om reepjes citrusschil te verwijderen. Een dunschiller met een los blad is nuttig om heel dunne laagjes citrusschil af te schillen.

ZESTER

Veel zoete broden en cakes bevatten verse citrusschil en dit handige instrumentje maakt het bereiden hiervan eenvoudig. De zester heeft een rij gaatjes met snijranden die dunne reepjes schil schaven, zonder het bittere wit mee te nemen dat net onder de gekleurde citrusschil zit. U kunt de reepjes in kleinere stukjes snijden met een scherp mes.

DEEGKWASTJES

Deze worden gebruikt om glanslaagjes en glazuur aan te brengen. Gebruik geen nylonkwasten, want die smelten bij gebruik op heet brood. Kwastjes van natuurlijke vezels zijn beter.

LINKS: Met een baksteen, terracotta tegels en een plantenspuit kunt u broden een krokantere korst geven.

PLASTIC SCHRAPER EN SPATEL

Deze instrumenten moeten flexibel zijn. Gebruik ze om deeg dat in de broodvorm vast zit te verwijderen. De schraper is ook handig om plakkerig deeg op te tillen en te keren en om deeg in stukken te verdelen waar broodjes van gevormd worden.

MESSEN

U hebt een scherp koksmes nodig en een kleiner keukenmesje om fruit en groenten gebruiksklaar te maken. Gebruik roestvrijstaal gereedschap voor zuur fruit.

SCHAAR EN SCALPEL

Met deze voorwerpen snijdt u broden en broodjes in om ze voor het bakken een decoratieve afwerking te geven. Als u een scalpel gebruikt, vervang het blad dan regelmatig, want het moet scherp zijn.

DEEGROLLERS

Sommige broden en broodjes moeten voor het vormen worden uitgerold. Ronde houten deegrollers zijn het beste. Gebruik een zware deegroller van ca. 45 cm lang voor broden en een kleinere voor broodjes en gebakjes. Een kinderdeegrollertje kan heel nuttig zijn voor kleinere voorwerpen.

LINKS: Een aantal deegrollers

BOVEN: Van links naar rechts: spatel, koksmes, groentemes, scalpel en schaar

THERMOMETERS

Alle ovens bakken met een iets andere warmte-intensiteit. Met een oventhermometer kunt u vaststellen hoe uw oven bakt, zodat u de recepten eventueel kunt aanpassen. U kunt testen of een brood gaar is door op de onderkant te kloppen en te luisteren of dat hol klinkt. Een wetenschappelijkere methode is om een thermometer in het midden van een handgevormd brood te steken en de inwendige temperatuur te controleren. Deze moet 190-195 °C zijn.

ZEVEN

Een grote zeef is onmisbaar om verschillende meelsoorten door elkaar te zeven en het is handig een of twee kleinere zeven te hebben voor het zeven van ingrediënten zoals melkpoeder, poedersuiker en gemalen specerijen. Gebruik een plastic zeef voor poedersuiker, zodat die niet verkleurt.

AFKOELEN EN SNIJDEN

Door brood goed te laten afkoelen krijgt het een krokantere korst. Het brood is dan klaar om op te eten.

OVENWANTEN

Een paar dikke ovenwanten zijn onmisbaar om de broodvorm uit de machine of om broden uit de oven te halen, omdat de metalen voorwerpen gloeiendheet zijn.

ROOSTER

Het hete, gebakken brood moet op een rooster worden gestort om voor het bewaren en snijden af te koelen.

BROODMES EN BROODPLANK

Om de tere kruimstructuur te behouden, moet u brood met een scherp mes met een gekarteld blad snijden. Snijd het brood op een houten plank om het mes niet te beschadigen.

BOVEN: Ovenwanten en een rooster waarop brood afkoelt

DE RECEPTEN

Met uw broodmachine kunt u veel verschillende broden bakken, zowel zoete als hartige. De recepten voor machinegebakken broden bevatten drie ingrediëntenlijstjes –voor kleine, middelgrote en grote broodmachines– omdat voor het slagen van het brood de hoeveelheden erg belangrijk zijn. Andere broden kunnen in elke machine worden gemengd, met de hand gevormd en in de oven gebakken. Brood bakken is nog nooit zo eenvoudig geweest.

STANDAARDBRODEN

Deze recepten zijn voor alledaagse broden die u vaak zult maken. Het zijn enkele van de eenvoudigste broden om in uw machine te maken; perfect om te roosteren en te serveren met een dikke laag boter of om sandwiches van te maken. U vindt hier volkorenbroden, meergranen- en roggebroden, en broden die op smaak zijn gebracht en verrijkt met melk, ei, aardappel of rijst. Als u nog nooit brood hebt gemaakt in uw machine, begin dan hier.

SNEL WITBROOD

Een heerlijk witbrood dat u op de snelste stand kunt bakken. Het is een ideaal brood als u weinig tijd hebt.

KLEIN
210 ml water
1½ el zonnebloemolie
375 g bloem
1 el magere-melkpoeder
1½ tl zout
1 el kristalsuiker
1 tl instantgist

MIDDELGROOT
315 ml water
2 el zonnebloemolie
500 g bloem
1½ el magere-melkpoeder
1½ tl zout
1½ el kristalsuiker
1½ tl instantgist

GROOT
425 ml water
3 el zonnebloemolie
675 g bloem
2 el magere-melkpoeder
2 tl zout
2 el kristalsuiker
2 tl instantgist

VOOR 1 BROOD

2 Strooi de bloem er zo op dat de vloeistof volledig wordt bedekt. Voeg het melkpoeder toe. Doe zout en suiker in aparte hoeken van de vorm. Maak een ondiep kuiltje in het midden van het meel (niet tot aan de vloeistof !) en strooi daar de gist in.

3 Stel de machine in op de snelstand en medium korst. Druk op Start.

4 Haal het brood aan het eind van de bakcyclus uit de machine en laat het afkoelen op een rooster.

TIP VAN DE KOK
Op de snelstand heeft de gist minder tijd om te werken en wordt het brood niet altijd even hoog als op de stand normaal.
Bij koud weer moet u soms lauw water gebruiken om de werking van de gist te versnellen.

1 Schenk het water en de zonnebloemolie in de broodvorm. Draai de volgorde waarin u de vloeibare en vaste ingrediënten toevoegt om als in de gebruiksaanwijzing staat dat u de gist eerst in de vorm moet doen.

MELKBROOD

Door melk toe te voegen krijgt u een zacht brood met een prachtige gebruinde korst. Melk verbetert ook de houdbaarheid van het brood.

KLEIN
180 ml melk
60 ml water
375 g bloem
1½ tl zout
2 tl kristalsuiker
1½ el boter
½ tl instantgist

MIDDELGROOT
200 ml melk
100 ml water
450 g bloem
1½ tl zout
2 tl kristalsuiker
2 el boter
1 tl instantgist

GROOT
280 ml melk
130 ml water
675 g bloem
2 tl zout
1 el kristalsuiker
2 el boter
1½ tl instantgist

VOOR 1 BROOD

TIP VAN DE KOK

De melk moet in dit brood op kamer-temperatuur zijn, anders vertraagt hij de werking van de gist en rijst het brood niet goed. Haal de melk 30 minuten voor gebruik uit de koelkast. U kunt volle of halfvolle melk gebruiken in dit recept.

3 Zet de machine op de stand normaal, medium korst. Druk op Start.

4 Haal het brood aan het eind van de bak-cyclus uit de machine en laat het afkoelen op een rooster.

1 Schenk de melk en het water in de broodmachinevorm. Draai de volgorde waarin u de vloeibare en vaste ingrediën-ten toevoegt om als in de gebruiksaanwij-zing staat dat u de gist eerst in de vorm moet doen.

2 Strooi de bloem er zo op dat de vloeistof volledig wordt bedekt. Voeg zout, suiker en boter toe in afzonderlijke hoeken van de broodvorm. Maak een ondiep kuiltje in het midden van het meel (maar niet tot aan de vloeistof!) en strooi daar de gist in.

WITBROOD

Dit is een eenvoudig witbroodrecept voor vele doeleinden dat perfect is om mee te experimenteren. Probeer verschillende merken tarwebloem en voer indien nodig kleine wijzigingen door in de hoeveelheden om het optimale recept voor uw machine te vinden.

KLEIN

210 ml water
375 g bloem
1½ tl zout
1 el kristalsuiker
25 g boter
1 tl instantgist
bloem, om te bestuiven

MIDDELGROOT

320 ml water
500 g bloem
1½ tl zout
1 el kristalsuiker
25 g boter
1 tl instantgist
bloem, om te bestuiven

GROOT

420 ml water
675 g bloem
2 tl zout
1½ el kristalsuiker
40 g boter
1½ tl instantgist
bloem, om te bestuiven

VOOR 1 BROOD

TIP VAN DE KOK

Voeg magere-melkpoeder aan het meel toe om de korst bruiner te maken. Voor een klein brood hebt u 1 el nodig; voor een middelgroot brood 1½ el en voor een groot brood 2 el.

1 Schenk het water in de broodmachine-vorm. Draai de volgorde waarin u de vloei-bare en vaste ingrediënten toevoegt om als in de gebruiksaanwijzing van uw machine staat dat u de gist eerst in de vorm moet doen.

2 Strooi de bloem er zo op dat de vloeistof volledig wordt bedekt. Voeg zout, suiker en boter toe in afzonderlijke hoeken van de broodvorm. Maak een ondiep kuiltje in het midden van het meel (maar niet tot aan de vloeistof!) en strooi daar de gist in.

3 Stel de machine in op de stand normaal, medium korst. Druk op Start.

4 Haal het brood aan het eind van de bak-cyclus uit de machine en laat het afkoelen op een rooster.

MET EI VERRIJKT WITBROOD

Door een ei toe te voegen aan standaardwitbrood krijgt het brood een rijkere smaak, een romiger kruimel en een goudbruine korst.

1 Doe het ei (de eieren) in een maatbeker en voeg voldoende water toe om 240 ml, 300 ml of 430 ml te krijgen, afhankelijk van de grootte van het brood.

2 Meng dit licht en schenk het mengsel in de vorm. Draai de volgorde waarin u de vloeibare en vaste ingrediënten toevoegt om als in de gebruiksaanwijzing staat dat u de gist eerst in de vorm moet doen.

KLEIN
1 ei
water, zie stap 1
375 g bloem
1½ tl kristalsuiker
1½ tl zout
20 g boter
¾ tl instantgist

MIDDELGROOT
1 ei plus 1 eierdooier
water, zie stap 1
500 g bloem
2 tl kristalsuiker
1½ tl zout
25 g boter
1 tl instantgist

GROOT
2 eieren
water, zie stap 1
675 g bloem
1 el kristalsuiker
2 tl zout
25 g boter
1½ tl instantgist

VOOR 1 BROOD

3 Strooi de bloem er zo op dat de vloeistof volledig wordt bedekt. Voeg zout, suiker en boter toe in afzonderlijke hoeken van de broodvorm. Maak een kuiltje in het midden van het meel en strooi daar de gist in.

4 Stel de machine in op de stand normaal, medium korst. Druk op Start. Haal het brood na het bakken uit de machine en laat het afkoelen op een rooster.

KARNEMELKBROOD

Karnemelk geeft dit brood een aangename lichtzure smaak, een mooie luchtige textuur en een goudbruine korst. Karnemelkbrood is vooral geroosterd en besmeerd met een beetje roomboter heerlijk.

KLEIN

230 ml karnemelk
2 el water
1 el vloeibare honing
1 el zonnebloemolie
250 g bloem
125 g volkorenmeel
1½ tl zout
1 tl instantgist

MIDDELGROOT

285 ml karnemelk
65 ml water
1½ el vloeibare honing
1½ el zonnebloemolie
350 g bloem
150 g volkorenmeel
1½ tl zout
1½ tl instantgist

GROOT

370 ml karnemelk
80 ml water
2 el vloeibare honing
2 el zonnebloemolie
475 g bloem
200 g volkorenmeel
2 tl zout
2 tl instantgist

VOOR 1 BROOD

1 Schenk karnemelk, water, honing en olie in de broodvorm. Draai de volgorde waarin u de vloeibare en vaste ingrediënten toevoegt om als uw machine vereist dat u de gist eerst in de vorm doet.

2 Strooi de bloem en het volkorenmeel er zo op dat de vloeistof helemaal wordt bedekt. Voeg zout in één hoek van de broodvorm toe. Maak een kuiltje in het midden van het meel (maar niet tot aan de vloeistof) en strooi daar de gist in.

3 Stel de machine in op de stand normaal, medium korst. Druk op Start.

4 Haal het brood aan het eind van de bakcyclus uit de machine en laat het afkoelen op een rooster.

TIP VAN DE KOK

Karnemelk is een bijproduct van de boterproductie en is de vrij dunne vloeistof die overblijft als het vet in boter is veranderd. De vloeistof wordt gepasteuriseerd en gemengd met een speciale cultuur die hem doet fermenteren, wat leidt tot de kenmerkende, zurige smaak. Als u te weinig karnemelk hebt, kunt u als alternatief magere yoghurt gemengd met 1-2 tl citroensap nemen.

LICHT VOLKORENBROOD

Een smakelijk, licht volkorenbrood dat op de snellere normale of basisstand kan worden gebakken.

KLEIN
280 ml water
250 g volkorenmeel
125 g bloem
1½ tl zout
1½ tl kristalsuiker
20 g boter
1 tl instantgist

MIDDELGROOT
350 ml water
350 g volkorenmeel
150 g bloem
2 tl zout
2 tl kristalsuiker
25 g boter
1½ tl instantgist

GROOT
450 ml water
475 g volkorenmeel
200 g bloem
2 tl zout
1 el kristalsuiker
25 g boter
2 tl instantgist

VOOR 1 BROOD

VARIATIE

Dit is een vrij licht bruinbrood, omdat het een mengsel van bloem en volkorenmeel bevat. U kunt ook lichter bruinbrood maken door het volkorenmeel te vervangen door bruinbroodmeel.
Dit bevat minder zemelen en tarwekiemen dan volkorenmeel, waardoor het brood iets lichter wordt.

1 Schenk het water in de broodvorm. Draai de volgorde waarin u de vloeibare en vaste ingrediënten toevoegt om als in de gebruiksaanwijzing staat dat u de gist eerst in de vorm moet doen.

2 Strooi de meelsoorten er na elkaar zo op dat het water ermee wordt bedekt. Voeg zout, suiker en boter toe in afzonderlijke hoeken van de broodvorm. Maak een kuiltje in het midden van het meel en strooi daar de gist in.

3 Zet de machine op de stand normaal, medium korst. Druk op Start.

4 Haal het brood aan het eind van de bakcyclus uit de machine en laat het afkoelen op een rooster.

MAÏSBROOD

Maïsmeel geeft een zoete smaak en kruimige textuur aan dit zalige brood. Gebruik fijngemalen meel uit de reformwinkel. Het grofgemalen meel dat voor polenta wordt gebruikt, is geschikt als garnering.

KLEIN

150 ml water

75 ml ml melk

1 el maïsolie

275 g bloem

100 g maïsmeel

1 tl zout

1½ tl lichte moscovade

1 tl instantgist

water, voor het glazuur

polenta, voor de afwerking

MIDDELGROOT

200 ml water

90 ml melk

1½ el maïsolie

350 g bloem

150 g maïsmeel

1 tl zout

2 tl lichte moscovade

1 tl instantgist

water, voor het glazuur

polenta, voor de afwerking

GROOT

250 ml water

150 ml melk

2 el maïsolie

450 g bloem

225 g maïsmeel

1½ tl zout

1 el lichte moscovade

1½ tl instantgist

water, voor het glazuur

polenta, voor de afwerking

VOOR 1 BROOD

TIP VAN DE KOK

Dit brood kunt u het beste op de snelstand bakken, hoewel het door het maïsmeel iets platter zal worden. Maïsmeel is in de meeste reformwinkels verkrijgbaar.

1 Schenk water, melk en maïsolie in de vorm. Draai de volgorde waarin u vloeibare en vaste ingrediënten toevoegt om als uw machine dat voorschrijft.

3 Zet de machine op de snelstand, medium korst. Druk op Start. Bestrijk de bovenkant van het brood net voor de bakcyclus begint met water en strooi er polenta over.

2 Strooi de bloem er zo op dat de vloeistof volledig wordt bedekt. Voeg zout en suiker toe in afzonderlijke hoeken. Maak een kuiltje in het meel; strooi daar de gist in.

4 Haal het brood aan het eind van de bakcyclus uit de machine en laat het afkoelen op een rooster.

ANADAMABROOD

Dit traditionele brood uit New England wordt gemaakt van een combinatie van bloem, volkorenmeel en polenta, een grof maïsmeel. De melasse zoet het brood en geeft het een donkere kleur.

KLEIN
200 ml water

3 el melasse

1 tl citroensap

275 g bloem

65 g volkorenmeel

40 g polenta

1½ tl zout

25 g boter

1 tl instantgist

MIDDELGROOT
240 ml water

4 el melasse

1 tl citroensap

360 g bloem

75 g volkorenmeel

65 g polenta

2 tl zout

40 g boter

1 tl instantgist

GROOT
280 ml water

5 el melasse

2 tl citroensap

500 g bloem

90 g volkorenmeel

75 g polenta

2½ tl zout

50 g boter

2 tl instantgist

VOOR 1 BROOD

TIP VAN DE KOK
Controleer de vochtigheid van het deeg na enkele minuten kneden. Voeg wat water toe als het te droog is.

1 Schenk het water, de melasse en het citroensap in de vorm. Draai de volgorde waarin u de vloeibare en vaste ingrediënten toevoegt om als in de gebruiksaanwijzing staat dat u de gist eerst in de vorm moet doen.

2 Strooi eerst beide meelsoorten en dan de polenta er zo op dat het water geheel wordt bedekt. Voeg zout en boter toe in afzonderlijke hoeken. Maak een kuiltje in het midden van het meel en strooi daar de gist in.

3 Zet de machine op de stand normaal, medium korst. Druk op Start.

4 Haal het brood aan het eind van de bakcyclus uit de machine en laat het afkoelen op een rooster.

BOERENBROOD

*De met bloem bestoven knip geeft een mooi rustiek karakter aan dit lekkere
met volkorenmeel verrijkte witbrood.*

KLEIN
200 ml water
350 g bloem, plus extra voor het
bestuiven
25 g volkorenmeel
1 el magere-melkpoeder
1½ tl zout
1½ tl kristalsuiker
15 g boter
¾ tl instantgist
water, voor het glazuur

MIDDELGROOT
320 ml water
425 g bloem, plus extra voor het
bestuiven
75 g volkorenmeel
1½ el magere-melkpoeder
1½ tl zout
1½ tl kristalsuiker
25 g boter
1 tl instantgist
water, voor het glazuur

GROOT
420 ml water
600 g bloem, plus extra voor het
bestuiven
75 g volkorenmeel
2 el magere-melkpoeder
2 tl zout
2 tl kristalsuiker
25 g boter
1½ tl instantgist
water, voor het glazuur

VOOR 1 BROOD

1 Schenk het water in de vorm. Draai de
volgorde waarin u de vloeibare en vaste
ingrediënten toevoegt om als in de
gebruiksaanwijzing staat dat u de gist eerst
in de vorm moet doen.

2 Strooi beide meelsoorten er zo op dat de
vloeistof volledig wordt bedekt. Voeg het
melkpoeder toe. Voeg zout, suiker en boter
toe in afzonderlijke hoeken. Maak een kuiltje in het midden van het meel (maar niet
tot aan de vloeistof) en strooi daar de gist
in.

3 Stel de machine in op de stand normaal,
medium korst. Druk op Start.

4 Bestrijk de bovenkant van het brood tien
minuten voor de baktijd ingaat met water
en stuif er wat bloem over. Maak met een
scherp mes een inkeping in de bovenkant.

5 Haal het brood aan het eind van de bakcyclus uit de machine en laat het afkoelen
op een rooster.

TIP VAN DE KOK
Geef dit brood extra textuur met een
meergranenmengsel van tarwe-, rogge-,
haver- en gerstemeel i.p.v. volkorenmeel.

MEERGRANENBROOD

Stel zelf eens een mix samen van tarwe-, rogge, haver- en gerstemeel in de verhouding 7:1:1:1.

1 Schenk het water in de vorm. Draai de volgorde waarin u de vloeibare en vaste ingrediënten toevoegt om als in de gebruiksaanwijzing staat dat u de gist eerst in de vorm moet doen.

2 Strooi de bloem er zo op dat het water geheel wordt bedekt. Voeg zout, suiker en boter toe in afzonderlijke hoeken van de vorm. Maak een kuiltje in het midden van het meel (maar niet tot aan de vloeistof) en strooi daar de gist in.

3 Stel de machine in op de volkorenstand, medium korst. Druk op Start.

4 Haal het brood aan het eind van de bak-cyclus uit de machine en laat het afkoelen op een rooster.

TIP VAN DE KOK
Experimenteer ook eens met andere meelsoorten. Vraag een bakker om advies.

KLEIN
240 ml water
262 g tarwemeel, 38 g roggemeel,
38 g havermeel en 38 g gerstemeel
1 tl zout
2 tl kristalsuiker
20 g boter
½ tl instantgist

MIDDELGROOT
350 ml water
350 g tarwemeel, 50 g roggemeel,
50 g havermeel en 50 g gerstemeel
1½ tl zout
1 el kristalsuiker
25 g boter
1½ tl instantgist

GROOT
400 ml water
475 g tarwemeel, 67 g roggemeel,
67 g havermeel en 67 g gerstemeel
2 tl zout
1 el kristalsuiker
25 g boter
1½ tl instantgist

MOUTBROOD

Moutbrood met rozijnen is lekker als ontbijt of tussendoortje bij de thee.
Serveer het gesneden met een dikke laag boter.

KLEIN
200 ml water
1 el suikerstroop
1½ el moutextract
350 g bloem
1½ el magere-melkpoeder
½ tl zout
3 el boter
½ tl instantgist
75 g rozijnen

MIDDELGROOT
280 ml water
1½ el suikerstroop
2 el moutextract
500 g bloem
2 el magere-melkpoeder
1 tl zout
50 g boter
1 tl instantgist
100 g rozijnen

GROOT
360 ml water
2 el suikerstroop
3 el moutextract
675 g bloem
2 el magere-melkpoeder
1 tl zout
65 g boter
1½ tl instantgist
125 g rozijnen

VOOR 1 BROOD

3 Stel de machine in op de stand normaal, medium korst en, indien aanwezig, vruchten en noten. Druk op Start. Voeg de rozijnen toe als de machine piept, of na de eerste kneedcyclus.

4 Haal het gebakken brood uit de machine en laat het afkoelen op een rooster. U kunt het brood meteen na het bakken glazuren. Los 1 el fijne suiker op in 1 el melk en bestrijk de bovenkant van het brood hiermee.

1 Schenk het water, de suikerstroop en het moutextract in de vorm. Draai de volgorde waarin u de vaste en vloeibare ingrediënten toevoegt om als in de gebruiksaanwijzing staat dat u de gist eerst in de vorm moet doen.

2 Strooi de bloem er zo op dat het water geheel is bedekt. Voeg de melkpoeder toe. Voeg zout en boter toe in afzonderlijke hoeken. Maak een kuiltje in het midden van het meel en strooi daar de gist in.

LICHT ROGGE-KARWIJZAADBROOD

Roggemeel geeft een aparte, lichtzure smaak aan brood. Roggebrood kan dicht
zijn, dus wordt het meel meestal gemengd met tarwebloem.

2 Strooi de meelsoorten er zo op dat de vloeistof geheel is bedekt. Voeg het melk-poeder en karwijzaad toe. Voeg zout en suiker toe in afzonderlijke hoeken. Maak een kuiltje in het midden van het meel, niet tot aan de vloeistof, en strooi daar de gist in.

3 Stel de machine in op de stand normaal, medium korst. Druk op Start.

1 Schenk het water, het citroensap en de olie in de vorm. Draai de volgorde waarin u de vaste en vloeibare ingrediënten toe-voegt om als in de gebruiksaanwijzing staat dat u de gist eerst in de vorm moet doen.

4 Haal het brood aan het eind van de bak-cyclus uit de machine en laat het afkoelen op een rooster.

KLEIN
210 ml water
1 tl citroensap
1 el zonnebloemolie
85 g roggemeel
285 g bloem
1 el magere-melkpoeder
1 tl karwijzaad
1 tl zout
2 tl lichtbruine moscovade
1 tl instantgist

MIDDELGROOT
300 ml water
2 tl citroensap
1½ el zonnebloemolie
125 g roggemeel
375 g bloem
1½ el magere-melkpoeder
1½ tl karwijzaad
1½ tl zout
1 el lichtbruine moscovade
1 tl instantgist

GROOT
370 ml water
2 tl citroensap
2 el zonnebloemolie
175 g roggemeel
500 g bloem
2 el magere-melkpoeder
2 tl karwijzaad
2 tl zout
4 tl lichtbruine moscovade
1½ tl instantgist

VOOR 1 BROOD

KLEIN
VOOR 1 BROOD
150 ml water
225 g bloem
1 tl zout
1½ tl instantgist

MIDDELGROOT
VOOR 2-3 BRODEN
315 ml water
450 g bloem
1½ tl zout
1½ tl instantgist

GROOT
VOOR 3-4 BRODEN
500 ml water
675 g bloem
2 tl zout
2 tl instantgist

STOKBROOD

Frans stokbrood heeft van oudsher een knapperige korst en iets taai kruim.
Gebruik de stand Frans op uw broodmachine om deze unieke textuur
te bereiken.

1 Schenk het water in de vorm. Draai de volgorde waarin u de vaste en vloeibare ingrediënten toevoegt om als in de gebruiksaanwijzing staat dat u de gist eerst in de vorm moet doen.

2 Strooi de bloem erop om het water te bedekken. Voeg het zout in een hoek toe. Maak een kuiltje in het midden van het meel en strooi daar de gist in. Stel de machine in op de stand Frans (zie Tip van de kok). Druk op Start.

3 Haal het brood na het kneden uit de machine en sla het op een licht met bloem bestoven oppervlak door. Verdeel het in twee of drie gelijke delen als u de middelgrote hoeveelheden gebruikt of in vier delen als u de grote hoeveelheden gebruikt.

4 Maak op een met bloem bestoven oppervlak ballen van de stukken deeg en rol ze uit tot rechthoeken van 18-20 x 7,5 cm. Vouw eenderde in de lengte en eenderde naar beneden; druk erop. Herhaal dit nog twee keer en laat het deeg tussen het vouwen door rusten om scheuren te voorkomen.

5 Rol en rek elk stuk voorzichtig uit tot een 28-33 cm groot brood, afhankelijk van de vraag hoe groot het brood moet worden. Leg elk brood in een met bloem bestoven *banneton* of tussen de vouwen van een met bloem bestoven gevouwen theedoek, zodat de vorm tijdens het rijzen behouden blijft.

6 Bedek het deeg met licht ingevet cellofaan en laat het op een warme plaats 30-45 minuten rijzen. Verwarm de oven voor op 230 °C.

7 Rol het brood of de broden op voldoende afstand op een bakplaat. Snijd de bovenkant enkele keren in met een mes. Schuif de bakplaat boven in de oven, besproei het brood met water en bak het in 15-20 minuten. Laat het afkoelen op een rooster.

TIP VAN DE KOK
Gebruik de stand Frans deeg als uw machine die heeft. Verwijder het deeg voor het laatste rijsproces en vorm het zoals aangegeven.

ITALIAANSE BROODSTENGELS

Deze krokante broodstengels zijn een paar dagen houdbaar als u ze in een luchtdichte doos bewaart. U kunt ze in een hete oven enkele minuten voor het serveren even opwarmen. Het deeg kan in elke broodmachine, ongeacht de capaciteit, worden gemaakt.

200 ml water
3 el olijfolie, plus extra voor het bestrijken
350 g bloem
1½ tl zout
1½ tl instantgist
maanzaad en grof zeezout, ter afwerking (naar keuze)

VOOR 30 STUKS

1 Schenk het water en de olijfolie in de broodvorm. Draai de volgorde waarin u de vaste en vloeibare ingrediënten toevoegt om als in de gebruiksaanwijzing van uw broodmachine staat dat u de gist eerst in de vorm moet doen.

2 Strooi de bloem er zo op dat dit de vloeistof geheel bedekt. Voeg het zout in een hoek toe. Maak een kuiltje in het midden van het meel (maar niet tot aan de vloeistof) en strooi daar de gist in.

3 Zet de broodmachine op de deegstand; waar mogelijk op de stand basisdeeg. Druk op Start.

4 Vet twee bakplaten in. Verwarm de oven voor op 200 °C.

5 Haal het deeg na de deegcyclus uit de machine sla het op een licht met bloem bestoven oppervlak in. Rol het uit tot een rechthoek van 23 x 20 cm.

6 Snijd het deeg in drie repen van 20 cm lang. Snijd elke reep in de breedte in tienen. Rol en rek elk deel uit tot 30 cm.

7 Rol de stengels door maanzaad of zeezout. Leg ze op flinke afstand van elkaar op de bakplaten. Bestrijk ze licht met olijfolie, bedek ze met cellofaan en laat ze op een warme plaats 10-15 minuten rusten.

8 Bak de stengels in 15-20 minuten goudbruin; keer ze één keer. Laat ze afkoelen op een rooster.

TIP VAN DE KOK

Als u de broodstengels door zeezout rolt, gebruik daar dan niet te veel van. Verpulver het zeezout een beetje als de kristallen groot zijn.

RIJSTBROOD

Rijst is een ongewoon ingrediënt, maar geeft een vochtig, smaakvol brood met een interessante textuur. Deze perfecte oplossing voor restjes gekookte rijst is zo lekker dat het de moeite waard is om er speciaal wat rijst voor te koken.

KLEIN
180 ml water
1 ei
350 g bloem
115 g gekookte langkorrelige witte
rijst, goed uitgelekt
1 el magere-melkpoeder
1 tl zout
1½ tl kristalsuiker
15 g boter
1 tl instantgist

MIDDELGROOT
240 ml water
1 ei
425 g bloem
150 g gekookte langkorrelige witte
rijst, goed uitgelekt
1½ el magere-melkpoeder
1½ tl zout
2 tl kristalsuiker
15 g boter
1 tl instantgist

GROOT
280 ml water
1 ei
575 g bloem
200 g gekookte langkorrelige witte
rijst, goed uitgelekt
2 el magere-melkpoeder
2 tl zout
1 el kristalsuiker
20 g boter
2 tl instantgist

VOOR 1 BROOD

1 Schenk het water in de vorm en voeg het ei toe. U hoeft het ei niet te kloppen voor u het toevoegt; de machine mengt alle ingrediënten grondig. Draai de volgorde waarin u de vaste en vloeibare ingrediënten toevoegt om als in de gebruiksaanwijzing staat dat u de gist eerst in de vorm moet doen.

2 Strooi de bloem er zo op dat het water geheel is bedekt. Voeg de rijst en het melkpoeder toe. Voeg zout, suiker en boter toe in afzonderlijke hoeken. Maak een kuiltje in het midden van het meel en strooi daar de gist in.

3 Stel de machine in op de stand normaal, medium korst. Druk op Start.

4 Haal het brood aan het eind van de bakcyclus uit de machine en laat het afkoelen op een rooster.

TIP VAN DE KOK
Zorg ervoor dat de rijst koud is voor u hem gebruikt in dit brood. Laat hem goed uitlekken, anders kan het brood te vochtig worden. Kijk tijdens het mengen naar het deeg en voeg indien nodig wat extra bloem toe.

AARDAPPELBROOD

Dit brood met een goudbruine korst is vanbinnen vochtig en zacht, en dus perfect voor sandwiches. Gebruik het kookvocht van de aardappelen om dit brood te maken. Als u niet genoeg hebt, vult u de rest aan met water.

1 Schenk het kookvocht en de zonnebloemolie in de vorm. Draai de volgorde waarin u de vaste en vloeibare ingrediënten toevoegt om als in de gebruiksaanwijzing staat dat u de gist eerst in de vorm moet doen.

2 Strooi de bloem er zo op dat de vloeistof geheel is bedekt. Voeg de aardappelpuree en het melkpoeder toe. Voeg zout en suiker toe in afzonderlijke hoeken. Maak een kuiltje in het midden van het meel (maar niet tot aan de vloeistof) en strooi daar de gist in.

3 Stel de machine in op de stand normaal, medium korst. Druk op Start. Bestrijk de bovenkant van het brood halverwege de baktijd met melk.

4 Haal het brood aan het eind van de bakcyclus uit de machine en laat het afkoelen op een rooster.

KLEIN
200 ml aardappelkookvocht, op kamertemperatuur
2 el zonnebloemolie
375 g bloem
125 g koude aardappelpuree
1 el magere-melkpoeder
1 tl zout
1½ tl kristalsuiker
1 tl instantgist
melk, voor het glazuur

MIDDELGROOT
225 ml aardappelkookvocht, op kamertemperatuur
3 el zonnebloemolie
500 g bloem
175 g koude aardappelpuree
1½ el magere-melkpoeder
1½ tl zout
2 tl kristalsuiker
1½ tl instantgist
melk, voor het glazuur

GROOT
330 ml aardappelkookvocht, op kamertemperatuur
4 el zonnebloemolie
675 g bloem
225 g koude aardappelpuree
2 el magere-melkpoeder
2 tl zout
1 el kristalsuiker
1½ tl instantgist
melk, voor het glazuur

VOOR 1 BROOD

TIP VAN DE KOK

Als u een restje met melk en boter gepureerde aardappelen gebruikt, hebt u iets minder vocht nodig. U kunt ook puree maken van 175 g, 200 g of 275 g rauwe aardappelen, afhankelijk van de machinegrootte.

SPECIALE GRANEN

Deze serie recepten omvat klassieke meelsoorten van over de hele wereld, waarvan u broden met verschillende texturen en smaken kunt maken. Gluten is een belangrijk deel van de structuur van brood en zorgt voor een open, lichte kruimel en textuur. De meeste granen, behalve tarwe, bevatten weinig of geen gluten, dus worden gierst, boekweit, gerst en rogge gemengd met tarwemeel voor zware broden die u met succes in uw broodmachine kunt bakken.

260 ml water
2 el zonnebloemolie
1 el vloeibare honing
300 g bloem
75 g volkorenmeel
150 g ongezoete vruchten-
notenmuesli
3 el magere-melkpoeder
1½ tl zout
1½ tl instantgist
65 g ontpitte, gehakte dadels

VOOR 1 BROOD

1 Schenk het water, de olie en de honing in de broodvorm. Draai de volgorde waarin u de vaste en vloeibare ingrediënten toevoegt om als in de gebruiksaanwijzing staat dat u de gist eerst in de vorm moet doen. Strooi de bloem er zo op dat vloeistof geheel wordt bedekt. Voeg eerst de muesli en het melkpoeder toe en dan, in een hoek van de vorm, het zout. Maak een kuiltje in het meel; strooi daar de gist in.

MUESLI-DADELBROOD

Dit is perfect brood voor ontbijt of brunch. Gebruik er uw favoriete ongezoete muesli voor.

2 Zet de broodmachine op de deegstand; indien aanwezig op de stand vruchten en noten. Druk op Start. Voeg de dadels toe als de machine piept of tijdens de laatste 5 minuten kneden. Vet een bakplaat licht met olie in.

3 Haal het deeg na de deegcyclus uit de machine en leg het op een licht met volkorenmeel bestoven oppervlak. Sla het voorzichtig door.

4 Vorm het deeg tot een ovaal en leg het op de geprepareerde bakplaat. Maak met een mes drie ca. 1 cm diepe inkepingen in de bovenkant om het brood in zes stukken te verdelen.

5 Bedek het brood met licht ingevet cellofaan en laat het in 30-45 minuten tot bijna dubbele omvang rijzen.

6 Verwarm de oven voor op 200 °C. Bak het brood 30-35 minuten tot het goudbruin is en hol klinkt. Laat het afkoelen op een rooster.

TIP VAN DE KOK
De benodigde hoeveelheid water kan per soort muesli variëren. Voeg 1 el water extra toe als het deeg te stug aanvoelt.

MET GERST VERRIJKT BOERENBROOD

260 ml water
3 el slagroom
400 g bloem
115 g gerstemeel
2 tl kristalsuiker
2 tl zout
1½ tl instantgist
2 el pompoen- of zonnebloempitten
bloem, voor het bestuiven

VOOR 1 BROOD

1 Schenk het water en de slagroom in de vorm. Draai de volgorde waarin u de vaste en vloeibare ingrediënten toevoegt om als in de gebruiksaanwijzing staat dat u de gist eerst in de vorm moet doen. Strooi beide meelsoorten er zo op dat de vloeistof volledig wordt bedekt.

2 Voeg suiker en zout toe in afzonderlijke hoeken van de broodvorm. Maak een kuiltje in het midden van het meel en strooi daar de gist in.

Gerst geeft een heel aparte, gronderige notensmaak aan dit knapperige witbrood

3 Zet de broodmachine op de deegstand; indien aanwezig op de stand vruchten en noten. Druk op Start. Voeg de pompoen- of zonnebloemitten toe als de machine piept of tijdens de laatste 5 minuten van het kneden. Vet een broodblik van 900 g en 18,5 x 12 cm licht in.

4 Haal het deeg na de deegcyclus uit de machine en leg het op een licht met bloem bestoven oppervlak. Sla het voorzichtig door. Maak een rechthoek van het deeg waarvan de lange zijde even lang is als het blik.

5 Rol het deeg in de lengte op en druk de uiteinden eronder. Leg het in het geprepareerde blik met de naad omlaag. Bedek het met licht ingevet cellofaan en laat het 30-45 minuten rijzen, of tot het deeg de bovenkant van het blik bereikt.

6 Bestuif het brood met meel en maak in de bovenkant in de lengte een snee. Laat het 10 minuten rusten. Verwarm de oven voor op 220 °C.

7 Bak het brood 15 minuten, verlaag de oventemperatuur tot 200 °C en bak het brood nog eens 20-25 minuten, of tot het goudbruin is en hol klinkt als u op de onderkant klopt. Laat het op een rooster afkoelen.

ZEMEL-YOGHURTBROOD

Dit zachte yoghurtbrood is verrijkt met zemelen. Het bevat veel vezels en is ideaal om te roosteren.

KLEIN
150 ml water
125 ml yoghurt
1 el zonnebloemolie
1 el melasse
200 g bloem
150 g volkorenmeel
25 g tarwezemelen
1 tl zout
¾ tl instantgist

MIDDELGROOT
185 ml water
175 ml yoghurt
1½ el zonnebloemolie
2 el melasse
260 g bloem
200 g volkorenmeel
40 g tarwezemelen
1½ tl zout
1 tl instantgist

GROOT
230 ml water
210 ml yoghurt
2 el zonnebloemolie
2 el melasse
375 g bloem
250 g volkorenmeel
50 g tarwezemelen
2 tl zout
1½ tl instantgist

VOOR 1 BROOD

1 Schenk het water, de yoghurt, de olie en de melasse in de broodvorm. Draai de volgorde waarin u de vaste en vloeibare ingrediënten toevoegt om als in de gebruiksaanwijzing staat dat u de gist eerst in de vorm moet doen.

2 Strooi beide meelsoorten er zo op dat de vloeistof geheel wordt bedekt. Voeg tarwezemelen en zout toe, maak een kuiltje in het midden van de vaste ingrediënten (maar niet tot aan de vloeistof) en strooi daar de gist in.

3 Zet de broodmachine op de stand normaal, medium korst. Druk op Start.

4 Haal het brood aan het eind van de bakcyclus uit de vorm en laat het afkoelen op een rooster. U kunt het brood warm serveren.

TIP VAN DE KOK
Melasse wordt aan dit brood toegevoegd voor extra smaak en kleur. U kunt ook stroop of suikerstroop gebruiken om de smaak respectievelijk sterker of minder sterk te maken.

POLENTA-VOLKORENBROOD

Polenta geeft dit rijke volkorenbrood, dat perfect is voor dagelijks gebruik, een interessante korrelige structuur.

KLEIN
220 ml water
2 el vloeibare honing
25 g polenta
25 g bloem
325 g volkorenmeel
1 tl zout
20 g boter
¾ tl instantgist

MIDDELGROOT
300 ml water
3 el vloeibare honing
50 g polenta
50 g bloem
400 g volkorenmeel
1½ tl zout
25 g boter
1½ tl instantgist

GROOT
350 ml water
4 el vloeibare honing
75 g polenta
75 g bloem
525 g volkorenmeel
2 tl zout
40 g boter
2 tl instantgist

VOOR 1 BROOD

1 Schenk water en honing in de brood-vorm. Draai indien nodig de volgorde waar-in u de vaste en vloeibare ingrediënten toevoegt om. Strooi de polenta en bloem er zo op dat de vloeistof wordt bedekt.

2 Voeg zout en boter toe in aparte hoeken van de broodvorm. Maak een kuiltje in het meel en strooi daar de gist in.

3 Zet de broodmachine op de stand volko-ren, medium korst. Druk op Start.

TIP VAN DE KOK
Dit is perfect ontbijtbrood dat u met de startuitstelfunctie kunt bakken. De kleine hoeveelheid boter kan een nacht staan, maar u kunt ook plant-aardige olie gebruiken en de hoeveel-heid vocht hierop aanpassen.

4 Haal het brood aan het eind van de bak-cyclus uit de vorm en laat het afkoelen op een rooster.

GEROOSTERD GIERST-ROGGEBROOD

300 ml water
50 g roggemeel
450 g bloem
25 g gierstvlokken
1 el lichte moscovade
1 tl zout
25 g boter
1 tl instantgist
50 g gierst
gierstmeel, voor het bestuiven

VOOR 1 BROOD

TIP VAN DE KOK
Rooster de gierst onder een grill of in een droge koekenpan om de zoete smaak ervan te versterken.

Het deeg voor dit zalige brood is gemaakt in de broodmachine, maar is met de hand gevormd en in de oven gebakken.

1 Schenk het water in de broodvorm. Draai de volgorde waarin u de vaste en vloeibare ingrediënten toevoegt om als in de gebruiksaanwijzing staat dat u de gist eerst in de vorm moet doen.

2 Strooi beide meelsoorten en de gierst-vlokken er zo op dat de vloeistof volledig wordt bedekt. Voeg suiker, zout en boter toe in afzonderlijke hoeken van de vorm. Maak een kuiltje in het midden van het meel (maar niet tot aan de vloeistof) en strooi daar de gist in.

3 Zet de broodmachine op de deegstand; indien aanwezig op de stand vruchten en noten. Druk op Start. Voeg de gierst toe als de machine piept of tijdens de laatste 5 minuten van het kneden. Bestuif een bak-plaat licht met bloem.

4 Haal het brood na het kneden uit de vorm en sla het voorzichtig door op een licht met bloem bestoven oppervlak.

5 Vorm het deeg tot een rechthoek. Rol deze in de lengte op en maak er een dikke knuppel met rechte uiteinden van. Leg deze op de geprepareerde bakplaat, met de naad omlaag. Bedek het deeg met licht ingevet cellofaan en laat het op een warme plaats in 30-45 minuten tot bijna dubbele omvang rijzen.

6 Verwijder het cellofaan en bestuif de bovenkant van het brood met gierstmeel. Kerf met een scherp mes een visgraatmo-tief in de bovenkant van het brood. Laat het ca. 10 minuten staan. Verwarm intus-sen de oven voor op 220 °C.

7 Bak het brood 25-30 minuten, of tot het goudbruin is en hol klinkt als u op de onderkant klopt. Laat het afkoelen op een rooster.

BOEKWEIT-WALNOTENBROOD

Boekweitmeel is gemaakt van geroosterde boekweitgrutten. Het heeft een opvallende gronderige smaak, die wordt verzacht door de bloem en walnoten in dit compacte brood, dat met melasse vochtig wordt gemaakt.

KLEIN

210 ml water

2 tl melasse

1½ el walnoten- of olijfolie

315 g bloem

50 g boekweitmeel

1 el magere-melkpoeder

1 tl zout

½ tl kristalsuiker

1 tl instantgist

40 g gehakte walnoot

MIDDELGROOT

315 ml water

3 tl melasse

2 el walnoten- of olijfolie

425 g bloem

75 g boekweitmeel

1½ el magere-melkpoeder

1½ tl zout

¾ tl kristalsuiker

1 tl instantgist

50 g gehakte walnoot

GROOT

420 ml water

4 el melasse

3 el walnoten- of olijfolie

575 g bloem

115 g boekweitmeel

2 el magere-melkpoeder

2 tl zout

1 tl kristalsuiker

1½ tl instantgist

75 g gehakte walnoot

VOOR 1 BROOD

1 Schenk het water, de melasse en de walnoten- of olijfolie in de broodvorm. Draai de volgorde waarin u de vaste en vloeibare ingrediënten toevoegt om als in de gebruiksaanwijzing staat dat u de gist eerst in de vorm moet doen.

2 Strooi de bloemsoorten er zo op dat de vloeistof wordt bedekt. Voeg het melkpoeder toe. Doe zout en boter in afzonderlijke hoeken van de vorm. Maak een kuiltje in het meel (maar niet tot aan de vloeistof) en strooi daar de gist in.

3 Zet de broodmachine op de stand normaal (indien aanwezig op de stand vruchten en noten), medium korst. Druk op Start. Voeg de stukjes walnoot toe als de machine piept of na de eerste kneedcyclus.

4 Haal het boekweit-walnotenbrood aan het eind van de bakcyclus uit de vorm, stort het op een rooster en laat het daarop afkoelen.

WILDE RIJST-HAVER-POLENTABROOD

50 g wilde rijst
300 ml water
2 el zonnebloemolie
325 g bloem
50 g volkorenmeel
50 g polenta
50 g havervlokken
2 el magere-melkpoeder
2 el suikerstroop
2 tl zout
1 tl instantgist

VOOR 1 BROOD

*Grove polenta, havervlokken en naar noten smakende wilde rijst vormen een
perfecte combinatie voor een heerlijk, voedzaam brood.
De donkere, smalle korrels van de wilde rijst vormen prachtige gekleurde
vlekjes als het brood wordt opengesneden.*

TIP VAN DE KOK
Voor dit brood kunt u goed restjes
wilde rijst gebruiken die over zijn van
de risotto. U hebt 115 g gekookte
wilde rijst nodig.

3 Strooi eerst bloem en volkorenmeel en
dan de polenta, havervlokken en het melkpoeder zo in de vorm dat de vloeistof volledig wordt bedekt.

4 Voeg suikerstroop en zout toe in afzonderlijke hoeken van de vorm toe. Maak een
kuiltje in het midden van het meelmengsel
(maar niet tot aan de vloeistof) en strooi
daar de gist in.

5 Zet de broodmachine op de deegstand;
indien aanwezig op de stand vruchten en
noten. Druk op Start.

6 Voeg de gekookte wilde rijst toe als de
machine piept of tijdens de laatste 5 minuten van het kneden. Vet een broodblik van
23 x 13 cm licht in.

8 Verdeel het deeg in zes gelijke stukken.
Maak van elk stuk een langwerpig mini-
broodje van ca. 13 cm lang. Zet de zes
deegvormpjes in de breedte naast elkaar in
het geprepareerde broodblik.

9 Bedek het deeg met licht met olie bestreken cellofaan en laat het op een warme
plaats ca. 30-45 minuten rijzen, of tot het
deeg bijna de bovenkant van het blik
bereikt. Verwarm intussen de oven voor op
220 °C.

10 Bak het brood 30-35 minuten, of tot het
goudbruin is en hol klinkt als u op de
onderkant klopt. Laat het afkoelen op een
rooster.

1 Kook de wilde rijst in kokend water met
zout volgens de aanwijzingen op de ver-
pakking.

2 Schenk het water en de zonnebloemolie
in de broodvorm. Draai de volgorde waarin
u de vaste en vloeibare ingrediënten toevoegt om als in de gebruiksaanwijzing
staat dat u de gist eerst in de vorm moet
doen.

7 Haal het deeg na de deegcyclus uit de
broodmachine en leg het op een licht met
bloem bestoven oppervlak. Sla het deeg
voorzichtig door.

VARIATIES
U kunt dit brood ook maken met
andere soorten rijst.
Langkorrelige zilvervlies- en
witte rijst zijn prima en zijn
bovendien sneller gaar dan
wilde rijst. U kunt ook wilde of
rode camarguerijst gebruiken.
Deze variant moet ongeveer een
uur koken, maar de felrode
kleur van de rijst geeft het
brood mooie gekleurde vlekken.

VIERZADENBROOD

280 ml water
2 el extra vierge olijfolie
400 g bloem
50 g gierstmeel
50 g volkorenmeel
1 el kristalsuiker
2 tl zout
1 tl instantgist
2 el pompoenpitten
2 el zonnebloempitten
1½ el lijnzaad
1½ el sesamzaad, licht geroosterd

VOOR DE AFWERKING
1 el melk
2 el goudbruin lijnzaad

VOOR 1 BROOD

Dit lichte volkoren-gierstbrood is extra krokant dankzij verschillende lekkere zaden die u in de reformwinkel kunt kopen.

1 Schenk het water en de olie in de brood-vorm. Draai de volgorde waarin u de vaste en vloeibare ingrediënten toevoegt om als in de gebruiksaanwijzing staat dat u de gist eerst in de vorm moet doen.

2 Strooi de drie meelsoorten er zo op dat de vloeistof geheel wordt bedekt. Schep suiker en zout in aparte hoeken.

3 Maak een kuiltje in het midden van het meel en strooi daar de gist in. Zet de broodmachine op de deegstand; indien aanwezig op de stand vruchten en noten. Druk op Start. Voeg de zaden en pitten toe als de machine het signaal voor toevoeging geeft of tijdens de laatste 5 minuten van het kneden.

4 Leg het deeg na de deegcyclus op een licht met bloem bestoven oppervlak en sla het voorzichtig door.

5 Vet een bakplaat licht in. Vorm het deeg tot een rond, plat brood. Maak met een vinger een gat in het midden. Maak dit gat steeds groter tot u een ring hebt gemaakt. Leg de ring op de bakplaat. Bedek hem met licht ingevet cellofaan en laat hem gedurende 30-45 minuten op een warme plaats rijzen of tot het deeg in volume is verdubbeld.

6 Verwarm intussen de oven voor op 200 °C. Bestrijk de bovenkant van het brood met melk en strooi het goudbruine lijnzaad erop. Maak rondom inkepingen, van het midden uit naar buiten.

7 Bak het brood 30-35 minuten, of tot het goudbruin is en hol klinkt. Laat het afkoelen op een rooster.

HAZELNOTEN-VIJGENBROOD

Dit gezonde, vezelrijke brood is op smaak gebracht met vijgen en hazelnoten.

1 Schenk het water en het citroensap in de broodvorm. Draai de volgorde waarin u de vaste en vloeibare ingrediënten toevoegt om als in de gebruiksaanwijzing staat dat u de gist eerst in de vorm moet doen.

3 Zet de broodmachine op de stand normaal (indien aanwezig op de stand vruchten en noten), medium korst. Druk op Start. Hak de gedroogde vijgen in grove stukken. Doe de hazelnoten en vijgen in de broodvorm als de machine piept of na het kneden.

2 Bedek de vloeistof eerst met de meelsoorten en dan met de tarwekiemen. Voeg melkpoeder toe. Doe zout, suiker en boter in aparte hoeken van de vorm. Maak een kuiltje in het meel; strooi daar de gist in.

4 Haal het brood aan het eind van de bakcyclus uit de vorm en laat het afkoelen op een rooster.

SPELT-BULGURTARWEBROOD

Hier zijn twee aparte granen gebruikt. Spelt is een tarwesoort die niet overal wordt verbouwd. Geplette tarwe of bulgur is de geplette tarwebes die door stomen zacht is gemaakt. Hij maakt het brood krokant, terwijl het speltmeel het een nootachtige smaak geeft.

KLEIN

110 ml water
100 ml karnemelk
1 tl citroensap
250 g bloem
100 g speltmeel
2 el bulgurtarwe
1 tl zout
2 tl kristalsuiker
1 tl instantgist

MIDDELGROOT

220 ml water
125 ml karnemelk
1½ tl citroensap
350 g bloem
150 g speltmeel
3 el bulgurtarwe
1½ tl zout
1 el kristalsuiker
1½ tl instantgist

GROOT

280 ml water
140 ml karnemelk
2 tl citroensap
425 g bloem
200 g speltmeel
4 el bulgurtarwe
2 tl zout
4 tl kristalsuiker
2 tl instantgist

VOOR 1 BROOD

VARIATIE
De karnemelk geeft dit brood een kenmerkende zure smaak. U kunt hem vervangen door magere yoghurt of halfvolle melk als u minder zuur smakend brood wilt.

1 Schenk het water, de karnemelk en het citroensap in de broodvorm. Draai de volgorde waarin u de vaste en vloeibare ingrediënten toevoegt om als in de gebruiksaanwijzing staat dat u de gist eerst in de vorm moet doen.

2 Strooi eerst beide meelsoorten en dan de bulgurtarwe er zo op dat de vloeistof er volledig mee wordt bedekt. Voeg het zout en de suiker in afzonderlijke hoeken van de vorm toe.

3 Maak een kuiltje in het midden van het meel (maar niet tot aan de vloeistof) en strooi daar de gist in.

4 Zet de broodmachine op de stand normaal, medium korst. Druk op Start.

5 Haal het brood aan het eind van de bakcyclus uit de vorm en laat het afkoelen op een rooster.

MULTIGRANENBROOD

Dit gezonde gemengde-granenbrood dankt zijn heerlijk rijke smaak aan honing en moutextract.

1 Schenk het water, de honing en het moutextract in de broodvorm. Draai de volgorde waarin u de vaste en vloeibare ingrediënten toevoegt om als u eerst gist moet toevoegen.

2 Strooi de vier meelsoorten er zo op dat de vloeistof volledig wordt bedekt. Voeg de reuzenhavervlokken en het melkpoeder toe.

3 Doe zout en boter in afzonderlijke hoeken van de broodmachinevorm. Maak een kuiltje in het midden van het meel (maar niet tot aan de vloeistof) en strooi daar de gist in.

4 Zet de broodmachine op de volkorenstand, medium korst. Druk op Start. Haal het brood aan het eind van de bakcyclus uit de vorm en laat het afkoelen op een rooster.

KLEIN
230 ml water
1 el vloeibare honing
1½ tl moutextract
115 g grofgemalen volkorenmeel
50 g roggemeel
75 g bloem
140 g volkorenmeel
1 el reuzenhavervlokken
1 el magere-melkpoeder
1 tl zout
20 g boter
¾ tl instantgist

MIDDELGROOT
300 ml water
2 el vloeibare honing
1 el moutextract
150 g grofgemalen volkorenmeel
75 g roggemeel
75 g bloem
200 g volkorenmeel
2 el reuzenhavervlokken
2 el magere-melkpoeder
1½ tl zout
25 g boter
1 tl instantgist

GROOT
375 ml water
2 el vloeibare honing
1½ el moutextract
200 g grofgemalen volkorenmeel
115 g roggemeel
115 g bloem
225 g volkorenmeel
3 el reuzenhavervlokken
3 el magere-melkpoeder
2 tl zout
40 g boter
1½ tl instantgist

VOOR 1 BROOD

KLEIN
230 ml water
2 el zonnebloemolie
2 el melasse
115 g roggemeel
50 g volkorenmeel
175 g bloem
25 g haverzemelen
50 g gedroogd broodkruim
1 el cacaopoeder
2 el oploskoffie
1½ tl karwijzaad
1 tl zout
1 tl instantgist

MIDDELGROOT
360 ml water
2 el zonnebloemolie
2½ el melasse
140 g roggemeel
85 g volkorenmeel
250 g bloem
40 g haverzemelen
75 g gedroogd broodkruim
1½ el cacaopoeder
2½ el oploskoffie
1½ tl karwijzaad
1½ tl zout
1½ tl instantgist

GROOT
430 ml water
3 el zonnebloemolie
3 el melasse
200 g roggemeel
100 g volkorenmeel
300 g bloem
50 g haverzemelen
100 g gedroogd broodkruim
2 el cacaopoeder
3 el oploskoffie
2 tl karwijzaad
2 tl zout
2 tl instantgist

VOOR 1 BROOD

RUSSISCH DONKER BROOD

Europees roggebrood bevat vaak cacao en koffie om dit donkere, van oudsher compacte, taaie brood kleur te geven. Snijd het dun en beleg het met koud vlees of paté.

1 Schenk het water, de zonnebloemolie en de melasse in de broodvorm. Draai de volgorde waarin u de vaste en vloeibare ingrediënten toevoegt om als in de gebruiksaanwijzing staat dat u de gist eerst in de vorm moet doen.

2 Strooi eerst bloem, rogge- en volkorenmeel en dan de haverzemelen en het broodkruim er zo op dat de vloeistof geheel wordt bedekt. Voeg cacaopoeder, oploskoffie, karwijzaad en zout toe. Maak een kuiltje in het midden van het meel (maar niet tot aan de vloeistof) en strooi daar de gist in.

3 Zet de broodmachine op de volkorenstand, medium korst en druk op Start.

4 Haal het brood aan het eind van de bakcyclus uit de vorm en laat het afkoelen op een rooster.

AHORN-HAVERMEELBROOD

Havervlokken en haverzemelen geven textuur aan dit gezonde brood dat is overgoten met de heerlijke smaak van ahornsiroop.

KLEIN
210 ml water
1 el ahornsiroop
300 g bloem
50 g volkorenmeel
20 g havervlokken
1 el haverzemelen
1 tl zout
1 tl kristalsuiker
25 g boter
1 tl instantgist

MIDDELGROOT
315 ml water
2 el ahornsiroop
375 g bloem
75 g volkorenmeel
40 g havervlokken
2 el haverzemelen
1 tl zout
1 tl kristalsuiker
40 g boter
1 tl instantgist

GROOT
410 ml water
3 el ahornsiroop
500 g bloem
115 g volkorenmeel
50 g havervlokken
45 g haverzemelen
1½ tl zout
1½ tl kristalsuiker
50 g boter
1½ tl instantgist

VOOR 1 BROOD

1 Schenk eerst het water in de broodvorm en dan de ahornsiroop. Draai de volgorde waarin u de vaste en vloeibare ingrediënten toevoegt om als in de gebruiksaanwijzing staat dat u de gist eerst in de vorm moet doen.

2 Strooi eerst de bloem en het volkorenmeel en dan de havervlokken en haverzemelen er zo op dat de vloeistof er geheel mee wordt bedekt.

3 Voeg zout, suiker en boter toe in afzonderlijke hoeken van de broodvorm. Maak een kuiltje in het midden van het meel (maar niet tot aan de vloeistof) en strooi daar de gist in.

4 Zet de broodmachine op de stand normaal, medium korst. Druk op Start.

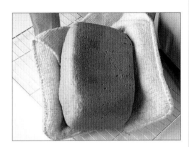

5 Haal het brood aan het eind van de bakcyclus uit de vorm en laat het afkoelen op een rooster.

TIP VAN DE KOK
Gebruik 100 procent zuivere ahornsiroop. Minder dure producten zijn vaak gemengd met rietsuikersiroop of maïsstroop en hebben niet dezelfde zachte, rijke smaak.

PARTYBROT

VOOR DE MELKBOLLETJES

145 ml melk

225 g bloem

1½ tl kristalsuiker

1 tl zout

15 g boter

½ tl instantgist

VOOR DE VOLKORENBOLLETJES

175 ml water

175 g volkorenmeel

75 g bloem

1½ tl kristalsuiker

1 tl zout

25 g boter

½ tl instantgist

VOOR DE AFWERKING

1 eierdooier, gemengd met 1 el koud water

1 el havervlokken of geplette tarwe

1 el maanzaad

VOOR 19 BOLLETJES

Deze traditionele Zwitserduitse bolletjes worden als één gebakken in een rond bakblik. Zoals de naam al doet vermoeden, is partybrot perfect voor feestjes.

5 Vet een springvorm van 25 cm of een cakeblik met een losse bodem en een grote mengkom licht in. Haal het brood na het kneden uit de vorm en doe het over in een mengkom.

6 Bedek het deeg met ingevet cellofaan en zet het in de koelkast, terwijl u het volkorendeeg maakt. Volg de instructies voor het melkbolletjesdeeg, maar gebruik water in plaats van melk.

7 Haal het melkbolletjesdeeg 20 minuten voor het einde van de volkorendeegcyclus uit de koelkast. Haal het volkorendeeg als het klaar is uit de machine en leg het op een licht met bloem bestoven oppervlak. Sla het voorzichtig door. Doe hetzelfde met het melkbolletjesdeeg.

10 Maak een binnencirkel van nog zes balletjes en leg het overgebleven balletje volkorendeeg in het midden.

11 Bedek het blik met licht ingevet cellofaan en laat de bolletjes op een warme plaats in 30-45 minuten tot dubbele omvang rijzen. Verwarm intussen de oven voor op 200 °C.

1 Schenk de melk voor de melkbolletjes in de broodmachinevorm. Draai de volgorde waarin u de vaste en vloeibare ingrediënten toevoegt echter om als in de gebruiksaanwijzing staat dat u de gist eerst in de vorm moet doen.

2 Strooi de bloem zo op de melk dat hij volledig wordt bedekt. Voeg suiker, zout en boter toe in afzonderlijke hoeken van de broodvorm.

3 Maak een kuiltje in het midden van het meel (maar niet tot aan de vloeistof) en strooi daar de gist in.

4 Zet de broodmachine op de deegstand; waar mogelijk op de stand basisdeeg. Druk op Start.

8 Verdeel het melkbolletjesdeeg in negen stukken en het volkorendeeg in tien stukken. Maak van elk stuk een balletje.

9 Leg twaalf balletjes met gelijke tussenruimten langs de rand van het geprepareerde cakeblik; wissel melkdeeg af met volkorendeeg.

12 Bestrijk de volkorenbolletjes met het eierdooier-waterglazuur. Bestrooi ze met havervlokken en geplette tarwe. Glaceer de witte bolletjes en bestrooi ze met maanzaad. Bak ze 35-40 minuten, of tot het partybrot gaar is. Laat het 5 minuten afkoelen in het blik en laat het dan verder afkoelen op een rooster. Serveer warm of koud.

PLATTE BRODEN EN PIZZA'S

Platte broden vormen een heerlijk bijgerecht. Naan wordt vaak op smaak gebracht met koriander of uienzaad en is een kenmerkend plat brood, terwijl lavash, pitta en pide traditionele Midden-Oosterse specialiteiten zijn. Italië is vermaard om zijn foccacia, pizza's en calzones, en Frankrijk heeft met de pissaladière zijn eigen pizza. Het deeg voor al deze broden maakt u in uw machine. Daarna vormt u het met de hand en bakt u het in de oven.

KNOFLOOK-KORIANDERNAAN

100 ml water
60 ml yoghurt
280 g bloem
1 teentje knoflook, fijngehakt
1 tl uienzaad
1 tl gemalen koriander
1 tl zout
2 tl vloeibare honing
1 el gesmolten ghee of boter, plus 3 el gesmolten ghee of boter om te bestrijken
1 tl instantgist
1 el gehakte verse koriander

VOOR 3 BRODEN

VARIATIE

Laat voor standaardnaan koriander, knoflook en uienzaad achterwege. Gebruik wat zwarte peper of chilipoeder voor een iets pittiger brood.

Indiase restaurants over de hele wereld hebben ons kennis laten maken met dit gerezen platte brood in verschillende smaken. Deze versie is erg smakelijk en zal beslist een favoriet worden. Het brood wordt van oudsher gemaakt in een tandoor-oven, maar de volgende methode geeft bijna dezelfde resultaten.

1 Schenk het water en de yoghurt in de broodvorm. Draai de volgorde waarin u de vaste en vloeibare ingrediënten toevoegt om als in de gebruiksaanwijzing van uw machine staat dat u de gist eerst in de vorm moet doen.

2 Strooi de bloem er zo op dat de vloeistof geheel wordt bedekt. Verdeel daar knoflook, uienzaad en gemalen koriander over. Voeg zout, honing en 1 el gesmolten ghee of boter toe in afzonderlijke hoeken van de vorm. Maak een kuiltje in het midden van het meel (maar niet tot aan de vloeistof) en strooi daar de gist in.

3 Zet de broodmachine op de deegstand; indien aanwezig op de stand basisdeeg of pizzadeeg. Druk op Start.

4 Haal het brood na het kneden uit de vorm, verwarm de oven voor op de hoogste stand. Schuif drie bakplaten in de oven om ze warm te maken. Haal het deeg uit de broodmachine en leg het op een licht met bloem bestoven oppervlak.

5 Sla het naandeeg voorzichtig door en kneed de versgehakte koriander erdoor. Verdeel het deeg in drie even grote stukken.

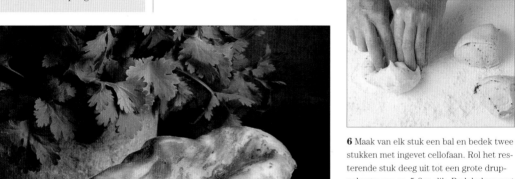

6 Maak van elk stuk een bal en bedek twee stukken met ingevet cellofaan. Rol het resterende stuk deeg uit tot een grote druppelvorm van ca. 5-8 m dik. Bedek deze met ingevet cellofaan terwijl u de andere twee stukken uitrolt voor nog twee naan.

7 Verwarm de grill voor op de hoogste stand. Leg de naan op de voorverwarmde bakplaten en bak ze 4-5 minuten tot ze zijn opgezet. Haal de bakplaten uit de oven en leg ze enkele seconden onder de hete grill, tot de naan bruin beginnen te worden en blazen vertonen.

8 Bestrijk de naan met gesmolten ghee of boter en serveer ze warm.

CARTA DI MUSICA

Dit knapperige, krokante brood dankt zijn naam aan het feit dat het op vellen muziekpapier lijkt. Het is afkomstig van Sardinië en is in heel Zuid-Italië te vinden, waar het niet alleen wordt gegeten als brood, maar ook ter vervanging van pasta in lasagne. Het vormt ook een goede pizzabodem

280 ml water
450 g bloem
1½ tl zout
1 tl kristalsuiker
1 tl instantgist

VOOR 8 BRODEN

TIP VAN DE KOK

Het is vrij lastig om de deels gebakken broden in tweeën te snijden. U kunt het deeg ook in zes of acht stukken verdelen en deze voor het bakken zo dun mogelijk uitrollen. Dan hoeft u niet te snijden.

5 Rol nu de andere drie ballen uit. Bedek het deeg met ingevet cellofaan als het begint te scheuren en laat het 2-3 minuten rusten.

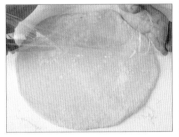

6 Bedek het deeg als alle ballen zijn uitgerold met ingevet cellofaan en laat het 10-15 minuten op een met bloem bestoven oppervlak rusten. Verwarm de oven voor op 230 °C. Verwarm twee bakplaten in de oven.

1 Schenk het water in de broodvorm. Draai de volgorde waarin u de vaste en vloeibare ingrediënten toevoegt om als in de gebruiksaanwijzing van uw broodmachine staat dat u de gist eerst in de vorm moet doen.

2 Strooi de bloem er zo op dat het water volledig wordt bedekt. Voeg zout toe in een hoek van de vorm en suiker in de andere. Maak een kuiltje in het midden van het meel (maar niet tot aan de vloeistof) en strooi daar de gist in

3 Zet de broodmachine op de deegstand; waar mogelijk op de stand basisdeeg. Druk op Start.

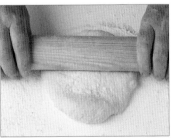

4 Haal het brood na het kneden uit de vorm en leg het op een licht met bloem bestoven oppervlak. Sla het voorzichtig door en verdeel het in vier gelijke stukken. Maak van elk stuk een bal en rol een bal uit tot ca. 3 mm dikte.

7 Leg een rond stuk deeg op een bakplaat en laat de andere bedekt. Bak het 5 minuten of tot het is opgezwollen.

8 Haal het brood uit de oven en snijd elke cirkel horizontaal doormidden om twee dunnere broden te maken. Leg deze met de gesneden kant naar boven op de bakplaten. Schuif de platen weer in de oven en bak de broden in nog 5-8 minuten krokant. Leg ze op een rooster om af te koelen en bak de overige broden.

250 ml water
3 el yoghurt
350 g bloem
115 g volkorenmeel
1 tl zout
1 tl instantgist

VOOR DE AFWERKING
2 el melk
2 el gierst

VOOR 10 BRODEN

LAVASH

Deze Midden-Oosterse platte broden zwellen tijdens het bakken iets op en zijn krokant, maar niet zo droog en knapperig als een cracker. Serveer ze warm uit de oven of koud, eventueel met wat boter.

1 Schenk het water en de yoghurt in de broodvorm. Draai de volgorde waarin u de vaste en vloeibare ingrediënten toevoegt om als in de gebruiksaanwijzing van uw machine staat dat u de gist eerst in de vorm moet doen.

2 Strooi beide meelsoorten er zo op dat de vloeistof geheel wordt bedekt. Voeg zout in een hoek van de vorm toe. Maak een kuiltje in het midden van het meel (niet tot aan de vloeistof) en strooi daar de gist in.

3 Zet de broodmachine op de deegstand; indien aanwezig op de stand basisdeeg of pizzadeeg. Druk op Start.

4 Haal het deeg na het kneden uit de vorm en leg het op een licht met bloem bestoven oppervlak. Sla het voorzichtig door en verdeel het in tien gelijke stukken.

5 Maak van elk stuk een bal en druk deze met de hand plat. Bedek de ballen met ingevet cellofaan en laat ze 5 minuten rusten. Verwarm de oven voor op 230 °C. Schuif drie of vier bakplaten in de oven zodat die warm worden.

6 Rol elke bal deeg heel dun uit en rek deze uit over de rug van uw hand om de lavash te maken. Laat het deeg enkele minuten rusten na het rollen als het begint te scheuren. Leg de lavash tussen lagen ingevet cellofaan om ze voldoende vochtig te houden.

7 Leg zoveel mogelijk lavash op elke bakplaat. Bestrijk ze met melk en bestrooi ze met gierst. Bak ze 5-8 minuten, of tot ze opzwellen en bruin worden. Leg ze op een rooster en bak de resterende lavash.

PITTABROODJES

Deze bekende platte broodjes zijn eenvoudig te maken en heel veelzijdig. Serveer ze warm met dipsaus of soep, of snijd ze doormidden en vul ze met uw favoriete groente-, vlees- of kaasvulling.

210 ml water
1 el olijfolie
350 g bloem, plus extra voor het bestuiven
1½ tl zout
1 tl kristalsuiker
1 tl instantgist

VOOR 6-10 BROODJES

1 Schenk het water en de olie in de broodvorm. Draai de volgorde waarin u de vaste en vloeibare ingrediënten toevoegt om als in de gebruiksaanwijzing van uw machine staat dat u de gist eerst in de vorm moet doen. Voeg de bloem zo toe dat die de vloeistof bedekt.

2 Voeg zout en suiker in afzonderlijke hoeken van de vorm toe. Maak een kuiltje in het midden van de bloem en strooi daar de gist in. Zet de broodmachine op de deegstand; indien aanwezig op de stand basisdeeg of pizzadeeg. Druk op Start.

3 Haal het deeg na het kneden uit de vorm en leg het op een licht met bloem bestoven oppervlak. Sla het voorzichtig door.

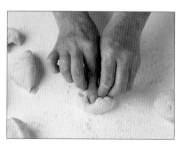

4 Verdeel het deeg in zes tot tien gelijke stukken, afhankelijk van de vraag hoe groot uw pittabroodjes moeten worden. Rol elk stuk tot een balletje.

5 Bedek de balletjes met ingevet cellofaan en laat ze ca. 10 minuten rusten. Verwarm de oven voor op 230 °C. Schuif drie bakplaten in de oven.

6 Maak elk balletje deeg iets platter en rol het tot een ovaal of cirkel van ca. 5 mm dik.

7 Bestrooi alle pittabroodjes licht met bloem. Bedek ze met ingevet cellofaan en laat ze 10 minuten rusten.

8 Leg de pittabroodjes op de bakplaten en bak ze 5-6 minuten, of tot ze opgezwollen en lichtbruin zijn. Laat de pittabroodjes afkoelen op een rooster.

200 ml water
250 g bloem
75 g griesmeel
1 tl anijszaad
1½ tl zout
1½ tl kristalsuiker
1 tl instantgist
olijfolie, om te bestrijken
sesamzaad, voor de afwerking

VOOR 2 BRODEN

1 Schenk het water in de broodvorm. Draai de volgorde waarin u de vaste en vloeibare ingrediënten toevoegt indien nodig om.

2 Voeg meel, griesmeel en anijszaad zo toe dat het water wordt bedekt. Doe zout en suiker in afzonderlijke hoeken van de vorm. Maak een kuiltje in het meel; strooi daar de gist in. Zet de machine op deeg; indien aanwezig op de stand basisdeeg.

MAROKKAANSE KSRA

Dit gegiste platte brood wordt gemaakt met griesmeel en gekruid met anijszaad. Het wordt van oudsher gegeten bij tagine, een pittige Marrokaanse stoofpot, maar is ook lekker met een salade, kaas of dipsausje.

3 Druk op Start en bestuif twee bakplaten licht met bloem. Leg het deeg na het kneden op een licht met bloem bestoven oppervlak.

4 Sla het deeg voorzichtig door, verdeel het in tweeën en druk het plat tot 2 cm dikke schijven. Leg beide deegschijven op een bakplaat.

5 Bedek het deeg met ingevet cellofaan en laat het in 30 minuten tot dubbele omvang rijzen.

6 Verwarm de oven voor op 200 °C. Bestrijk de bovenkant van elk stuk deeg met olijfolie en strooi er sesamzaad op. Prik het oppervlak in met een vleespen.

7 Bak de ksra ca. 20-25 minuten, of tot ze goudbruin zijn en hol klinken als u op de onderkant klopt. Laat ze afkoelen op een rooster.

VARIATIE
Vervang maximaal de helft van de bloem door volkorenmeel om het brood een notiger smaak te geven.

PIDE

240 ml water
2 el olijfolie
450 g bloem
1 tl zout
1 tl suiker
1 t instantgist
1 eierdooier gemengd met 2 tl water,
voor het glazuur
nigella- of maanzaad, voor de
afwerking

VOOR 3 BRODEN

1 Schenk het water en de olijfolie in de broodvorm. Draai de volgorde waarin u de vaste en vloeibare ingrediënten toevoegt om als in de gebruiksaanwijzing van uw broodmachine staat dat u de gist eerst in de vorm moet doen.

2 Strooi de bloem er zo op dat de vloeistof wordt bedekt. Voeg zout in een hoek van de vorm toe en suiker in een andere hoek. Maak een kuiltje in het midden van de bloem en strooi daar de gist in.

Dit is een oneffen Turks plat brood dat vaak naturel wordt gebakken, maar dat u ook kunt bestrooien met aromatisch nigellazaad, dat naar oregano smaakt. Gebruik maanzaad als u geen nigellazaad kunt krijgen.

3 Zet de broodmachine op de deegstand; waar mogelijk op de stand basisdeeg. Druk op Start.

4 Haal het pidedeeg na het kneden uit de vorm en leg het op een licht met bloem bestoven oppervlak. Sla het voorzichtig door en verdeel het in drie gelijke stukken. Maak van elk stuk een bal.

5 Rol elke bal deeg tot een cirkel van ca. 15 cm in doorsnee. Bedek de deegballen met ingevet cellofaan en laat ze 20 minuten rijzen. Verwarm de oven intussen voor op 230 °C.

6 Maak met uw vingers kuiltjes in het deeg terwijl u dit uitrekt tot het 5 mm dik is. Begin aan de bovenkant van de cirkel en druk uw vingers in het deeg en van u af. Doe hetzelfde net onder het eerste 'uitgedrukte' stuk en ga zo naar de omtrek van het brood.

7 Draai het brood 90 graden en herhaal het drukken om een kris-kras effect te krijgen. Leg de pide op met bloem bestoven bakplaten, bestrijk ze met eierglazuur en bestrooi ze met nigella- of maanzaad. Bak ze 9-10 minuten, of tot ze opgezwollen en goudbruin zijn. Serveer meteen.

OLIJVENFOUGASSE

210 ml water
1 el olijfolie, plus extra om te
bestrijken
350 g bloem
1 tl zout
1 tl kristalsuiker
1 tl instantgist
50 g ontpitte zwarte olijven, gehakt

VOOR 1 FOUGASSE

Fougasse is een Frans brood dat van oudsher wordt gebakken op de vloer van de hete broodoven, net nadat het vuur is uitgeharkt. U kunt het naturel laten of op smaak brengen met olijven, kruiden, noten of kaas.

1 Schenk het water en de olijfolie in de broodvorm. Draai de volgorde waarin u de vaste en vloeibare ingrediënten toevoegt om als in de gebruiksaanwijzing staat dat u de gist eerst in de vorm moet doen.

2 Strooi de bloem er zo op dat de vloeistof wordt bedekt. Voeg zout in een hoek van de vorm toe en suiker in een andere. Maak een kuiltje in het midden van de bloem (maar niet tot aan de vloeistof) en strooi daar de gist in.

3 Zet de broodmachine op de deegstand; indien aanwezig op de stand basisdeeg of pizzadeeg. Druk op Start. Haal het deeg na het kneden uit de vorm en leg het op een licht met bloem bestoven oppervlak.

4 Sla het voorzichtig door en maak het iets platter. Strooi de olijven erop en vouw het deeg twee of drie keer om de olijven op te nemen in het deeg.

5 Maak het deeg plat en rol het uit tot een ca. 30 cm lange rechthoek. Kerf met een scherp mes vier of vijf parallelle inkepingen in het deeg, maar laat de randen heel. Rek het fougassedeeg voorzichtig uit, zodat het op een ladder lijkt.

6 Vet een bakplaat licht in en leg het deeg erop. Bedek het met ingevet cellofaan en laat het op een warme plaats in ca. 30 minuten tot bijna dubbele omvang rijzen.

7 Verwarm de oven voor op 220 °C. Bestrijk de bovenkant van de fougasse met olijfolie. Schuif de bakplaat in de oven en bak het brood in ca. 20-25 minuten goudbruin. Laat het afkoelen op een rooster.

UIENFOCACCIA

Focaccia, met zijn kenmerkende structuur en oppervlak met kuiltjes, is de laatste jaren enorm populair geworden. Deze versie heeft een heerlijke garnering van rode ui en verse salie.

210 ml water
1 el olijfolie
350 g bloem
½ tl zout
1 tl kristalsuiker
1 tl instantgist
1 el gehakte verse salie
1 el gehakte rode ui

VOOR DE AFWERKING
2 el olijfolie
½ rode ui, in reepjes
5 verse salieblaadjes
2 tl grof zeezout
grofgemalen zwarte peper

VOOR 1 FOCACCIA

7 Verwarm de oven intussen voor op 200 °C. Verwijder het cellofaan en druk met uw vingertoppen in het deeg om diepe kuilen in het oppervlak te maken. Bedek het deeg en laat het in 10-15 minuten tot bijna dubbele omvang rijzen.

1 Schenk het water en de olie in de brood-vorm. Draai indien uw machine dat vereist de volgorde waarin u de vaste en vloeibare ingrediënten toevoegt om.

2 Strooi de bloem er zo op dat de vloeistof volledig wordt bedekt. Doe zout en suiker elk in een eigen hoek van de vorm. Maak een kuiltje in het meel en strooi daar de gist in.

3 Zet de broodmachine op de deegstand, indien aanwezig op de stand basisdeeg of pizzadeeg. Druk op Start.

4 Vet een ondiep rond cakeblik of een piz-zapan van 25-28 cm licht in. Haal het deeg na het kneden uit de vorm en leg het op een licht met bloem bestoven oppervlak.

5 Sla het voorzichtig door en maak het iets platter. Strooi de salie en rode ui erover en kneed ze voorzichtig door het deeg.

6 Maak een bal van het deeg en rol deze tot een cirkel van ca. 25-28 cm. Leg deze in het geprepareerde blik. Bedek het deeg met ingevet cellofaan en laat het op een warme plaats 20 minuten rijzen.

8 Besprenkel het deeg met olijfolie en be-strooi het met ui, salieblaadjes, zeezout en zwarte peper. Bak het in 20-25 minuten goudbruin. Laat het brood iets afkoelen op een rooster voor u het (warm) serveert.

KLEIN EN MIDDELGROOT
VOOR EEN PIZZA VAN 30 CM
140 ml water
1 el extra vierge olijfolie
225 g bloem
1 tl zout
½ tl kristalsuiker
½ tl instantgist

VOOR HET BELEG
3 el zongedroogde-tomatenpasta
150 g mozzarella, in plakjes
4 verse vleestomaten, ca. 400 g, in
grote stukken gesneden
1 kleine gele paprika, gehalveerd,
zaad en zaadlijsten verwijderd en in
dunne reepjes gesneden
50 g ham, in blokjes
8 verse basilicumblaadjes
4 grote tenen knoflook, gehalveerd
50 g feta, verkruimeld
2 el extra vierge olijfolie
2 el versgeraspte parmezaanse kaas
zout en versgemalen zwarte peper

GROOT
VOOR TWEE PIZZA'S VAN 30 CM
280 ml water
2 el extra vierge olijfolie
450 g bloem
1½ tl zout
½ tl kristalsuiker
1 tl instantgist

VOOR HET BELEG
6 el zongedroogde-tomatenpasta
300 g mozzarella, in plakjes
8 verse vleestomaten, ca. 800 g, in
grote stukken gesneden
1 grote gele paprika, gehalveerd, zaad
en zaadlijsten verwijderd en in
dunne reepjes gesneden
115 g ham, in blokjes
16 verse basilicumblaadjes
8 grote tenen knoflook, gehalveerd
115 g feta, verkruimeld
3 el extra vierge olijfolie
4 el versgeraspte parmezaanse kaas
zout en versgemalen zwarte peper

TOMAAT-HAMPIZZA

*Deze combinatie van verse vleestomaten, zongedroogde tomaten, knoflook
en ham met drie soorten kaas is om van te likkebaarden. Op een pizza
kunt u heel goed uw creativiteit uitleven, dus experimenteer met ander
beleg als u wilt.*

1 Schenk het water en de olijfolie in de broodvorm. Draai de volgorde waarin u de vaste en vloeibare ingrediënten toevoegt om als in de gebruiksaanwijzing van uw machine staat dat u de gist eerst in de vorm moet doen.

2 Strooi de bloem er zo op dat de vloeistof er volledig mee wordt bedekt. Voeg daarna zout en suiker in afzonderlijke hoeken van de vorm toe. Maak een kuiltje in het midden van de bloem en strooi daar de gist in.

3 Zet de broodmachine op de deegstand; indien aanwezig op de stand basisdeeg of pizzadeeg. Druk op Start. Vet één of twee pizzapannen of bakplaten licht in.

4 Haal het deeg na het kneden uit de vorm en leg het op een licht met bloem bestoven oppervlak. Sla het voorzichtig door. Verdeel het deeg als u de grote hoeveelheid maakt in twee gelijke stukken. Verwarm de oven voor op 220 °C.

5 Rol het pizzadeeg uit tot een of twee cirkels van 30 cm. Leg ze in de geprepareerde pan(nen) of op de bakpla(a)t(en). Verdeel de tomatenpasta over de pizzabodem(s) en leg tweederde van de stukjes mozzarella erop.

6 Verdeel de gesneden tomaten, reepjes paprika, ham, hele basilicumblaadjes, knoflook, resterende mozzarella en feta over de pizza. Besprenkel hem met de olijfolie en bestrooi hem met de parmezaanse kaas. Breng de pizza op smaak met zout en peper. Bak hem in 15-20 minuten goudbruin en heet. Meteen serveren.

VARIATIE
Dit beleg past goed bij de nootachtige smaak van een volkorenpizzabodem. Vervang de helft van de bloem door volkorenmeel. U hebt misschien wel wat extra water nodig, omdat volkorenmeel meer vocht opneemt.

PISSALADIÈRE

Deze Franse versie van de Italiaanse pizza is kenmerkend voor de Niçoise keuken. Ansjovis en olijven geven dit brood zijn kenmerkende smaak.

100 ml water
1 ei
225 g bloem
1 tl zout
25 g boter
1 tl instantgist

Voor het beleg
4 el olijfolie
575 g uien, in dunne reepjes
1 el dijonmosterd
3-4 tomaten, ca 280 g, ontveld en gesneden
2 tl gehakt vers basilicum
12 uitgelekte ansjovisjes uit blik
12 zwarte olijven
zout en versgemalen zwarte peper

Voor 6 personen

1 Schenk het water en het ei in de brood-vorm. Draai de volgorde waarin u de vaste en vloeibare ingrediënten toevoegt om als in de gebruiksaanwijzing van uw machine staat dat u de gist eerst in de vorm moet doen.

2 Strooi de bloem er zo op dat het water en het ei geheel worden bedekt. Voeg zout en boter in aparte hoeken van de vorm toe. Maak een kuiltje in het midden van de bloem (maar niet tot aan de vloeistof) en strooi daar de gist in.

3 Zet de broodmachine op de deegstand; indien aanwezig op de stand basisdeeg of pizzadeeg. Druk op Start. Vet een ca. 1 cm diep koninginnenbroodblik van 27 x 20 cm licht in.

4 Verhit voor het beleg de olijfolie in een grote koekenpan. Bak daarin de uien ca. 20 minuten op laag vuur, tot ze heel zacht zijn. Laat ze afkoelen.

5 Haal het deeg na het kneden uit de vorm en leg het op een licht met bloem bestoven oppervlak. Sla het voorzichtig door en rol het uit tot een rechthoek van ca. 30 x 23 cm. Leg het in het geprepareerde blik en druk het naar buiten en omhoog, zodat het deeg de onderkant en zijkanten van het blik bedekt.

6 Smeer de mosterd op het deeg. Leg de plakjes tomaat erop. Breng de gebakken uien op smaak met zout, peper en basili-cum en verdeel het mengsel over de toma-ten.

7 Maak een soort vlechtwerk van de ansjo-vis en leg de zwarte olijven in de ruiten. Bedek de pissaladière met ingevet cello-faan en laat hem 10-15 minuten rijzen. Verwarm intussen de oven voor op 200 °C. Bak de pissaladière 25-30 minuten, of tot de bodem gebakken en goudbruin is langs de randen. Heet of warm serveren.

SICILIAANSE SFINCIONE

Sfincione is het Siciliaanse equivalent voor pizza. De Sicilianen beweren dat
hun snack al veel ouder is dan de pizza's van het vasteland van Italië.

1 Schenk het water en de olie in de brood-vorm. Draai de volgorde waarin u de vaste en vloeibare ingrediënten toevoegt om als in de gebruiksaanwijzing staat dat u de gist eerst in de vorm moet doen.

2 Strooi de bloem er zo op dat de vloeistof wordt bedekt. Voeg zout en suiker elk in een eigen hoek van de vorm toe. Maak een kuiltje in het midden van de bloem en strooi daar de gist in.

3 Zet de broodmachine op de deegstand; indien aanwezig op de stand basisdeeg of pizzadeeg. Druk op Start. Vet twee bakplaten licht in.

4 Ontvel de tomaten en snijd ze in stukjes. Meng ze met de knoflook en 1 el olijfolie in een kom. Verhit de zonnebloemolie in een pan en sauteer de uien daarin tot ze zacht zijn. Laat ze afkoelen.

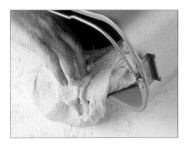

5 Haal het deeg na het kneden uit de vorm en leg het op een licht met bloem bestoven oppervlak. Sla het voorzichtig door en ver-deel het in vier gelijke stukken.

6 Rol elk stuk deeg uit tot een cirkel van ca. 15-18 cm in doorsnee. Leg de cirkels met voldoende tussenruimte op de gepre-pareerde bakplaten en druk de deegran-den ervan omhoog om een dunne rand te maken. Bedek de sfincione met ingevet cellofaan en laat ze ongeveer 10 minuten rijzen. Verwarm intussen de oven voor op 220 °C.

7 Verdeel het beleg over de bodems en eindig met de pecorino. Breng de sfincione op smaak en sprenkel er olijfolie op.

8 Bak ze hoog in de oven 15-20 minuten of tot alle bodems gebakken zijn. Serveer ze meteen.

200 ml water
2 el extra vierge olijfolie
350 g bloem
1½ tl zout
½ tl kristalsuiker
1 tl instantgist

VOOR HET BELEG
6 tomaten
2 teentjes knoflook, gehakt
3 el olijfolie
1 el zonnebloemolie
2 uien, gehakt
8 ontpitte zwarte olijven, gehakt
2 tl gedroogde oregano
6 el versgeraspte pecorino
zout en versgemalen zwarte peper

VOOR 4 STUKS

130 ml water
2 el extra vierge olijfolie, plus extra
om te bestrijken
225 g bloem
1 tl zout
½ tl kristalsuiker
1 tl instantgist

VOOR DE VULLING
75 g salami, in één stuk
50 g uitgelekte zongedroogde tomaten
in olijfolie, gehakt
100 g mozzarella, in kleine blokjes
50 g versgeraspte parmezaanse kaas
50 g gorgonzola, in kleine blokjes
75 g ricotta
3 el versgehakt basilicum
2 eierdooiers
zout en versgemalen zwarte peper

VOOR 2 STUKS

1 Schenk het water en de olijfolie in de broodvorm. Draai de volgorde waarin u de vaste en vloeibare ingrediënten toevoegt om als uw machine vereist dat u eerst de gist in de vorm doet. Strooi de bloem er zo op dat hij de vloeistof bedekt.

VARIATIES
U kunt de ingrediënten voor de vulling variëren, afhankelijk van wat u in uw koelkast hebt en uw eigen smaak. Vervang de salami door ham of gebakken champignons. Voeg een versgehakt pepertje toe voor een pittige versie. Maak vier kleine calzones in plaats van twee grote.

CALZONE

Calzone is een gesloten pizza met vulling. Hij komt oorspronkelijk uit Napels en werd gemaakt van een rechthoekig stuk pizzadeeg, in tegenstelling tot de moderne versie, die op een grote vleespastei lijkt.

2 Voeg zout en suiker toe in afzonderlijke hoeken van de vorm. Maak een kuiltje in het midden van het meel (maar niet tot aan de vloeistof) en strooi daar de gist in.

3 Zet de broodmachine op de deegstand; indien aanwezig op de stand basisdeeg of pizzadeeg. Druk op Start.

4 Snijd voor de vulling de salami in stukjes van 5 mm. Doe deze in een kom en voeg de zongedroogde tomaten, mozzarella, parmezaanse kaas, gorgonzola en ricotta, het basilicum en de eierdooiers toe. Meng alles goed en breng het mengsel op smaak met zout en flink veel zwarte peper. Vet een grote bakplaat licht in.

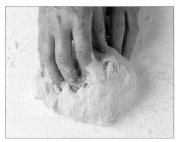

5 Haal het calzonedeeg na het kneden uit de vorm en leg het op een licht met bloem bestoven oppervlak. Sla het voorzichtig door en verdeel het in twee gelijke stukken. Rol elk stuk deeg uit tot een platte cirkel van ca. 5 mm dik. Verwarm de oven voor op 220 °C.

TIP VAN DE KOK
U kunt een het deeg voor een calzone enkele uren van tevoren maken. Doe het deeg over in een kom, dek die af met ingevet cellofaan en zet hem maximaal 4 uur in de koelkast. Sla het deeg door als het tot bijna aan de rand van de kom is gerezen. Laat het op kamertemperatuur komen en kneed en vul het dan. U kunt de calzone 2 uur voor het bakken vormen en vullen. Leg hem tot u hem bakt in de koelkast.

6 Verdeel de vulling over de twee stukken deeg; doe dat steeds op één helft ervan. Laat rondom een rand van 1,5 cm breed vrij.

7 Bevochtig de randen van het deeg met water, vouw de onbedekte deeghelft over de vulling en knijp de randen van de calzones met uw vingers stevig dicht.

8 Leg de calzones op de bakplaat, bestrijk ze met olijfolie en bak ze 20 minuten, of tot ze goudbruin en goed gerezen zijn.

ZUURDESEM- EN ZETSELDEEGBRODEN

Sommige broden danken hun prachtige textuur en smaak aan de vele soorten zuurdeeg of zetseldeeg. De broodmachine biedt een perfecte omgeving om dit deeg te voeden. In dit deel staat ook een recept voor brood met verse gist.

15 g verse gist
1 tl kristalsuiker
260 ml water
2 el zonnebloemolie
450 g bloem
2 el magere-melkpoeder
2 tl zout
5 el zonnebloempitten, voor de
afwerking

VOOR 1 BROOD

1 Meng de verse gist, de suiker en 2 el water in een kommetje. Laat het mengsel 5 minuten staan en schep het in de brood-vorm. Voeg het resterende water en de zonnebloemolie toe. Draai de volgorde waarin u de vaste en vloeibare ingrediënten toevoegt om als in de gebruiksaanwijzing van uw machine staat dat u de gist eerst in de vorm moet doen.

2 Strooi de bloem er zo op dat het water geheel worden bedekt. Strooi daar weer het melkpoeder en zout op.

3 Zet de broodmachine op de deegstand; waar mogelijk op de stand basisdeeg. Druk op Start en vet een bakplaat licht in.

4 Haal het deeg na het kneden uit de machine en leg het op een licht met bloem bestoven oppervlak. Sla het voorzichtig door en kneed het 2-3 minuten. Rol het deeg tot een bal en vorm daar een stevig rond kussen van.

5 Strooi de zonnebloempitten op een schoon stuk van het werkvlak en rol het deeg erdoor tot het er gelijkmatig mee is bedekt.

VERSE-GISTBROOD

Als u houdt van de smaak van verse gist, probeer dan dit recept. Broodmachinefabrikanten raden het af om verse gist te gebruiken voor brood dat in hun apparaten wordt gemaakt, maar als u het brood in de oven bakt, kunt u de machine gebruiken om het deeg te maken.

6 Leg het op de geprepareerde bakplaat. Bedek het met licht ingevet cellofaan of een grote omgekeerde kom en laat het op een warme plaats in 30-45 minuten tot dubbele omvang rijzen.

7 Verwarm intussen de oven voor op 230 °C. Maak aan weerszijden van het brood een inkeping en maak twee inkepingen loodrecht op de eerste twee om een boter-kaas-en-eierenrooster te maken.

8 Bak het brood 15 minuten en breng de oventemperatuur terug tot 200 °C. Bak het brood nog 20 minuten, of tot het hol klinkt als u op de onderkant klopt. Laat het afkoelen op een rooster.

TIP VAN DE KOK
Dit is een standaard verse-gistbrood dat u aan uw eigen smaak kunt aanpassen. Laat de zonnebloempitten eventueel achterwege.

SCHIACCIATA CON UVA

De verse druiven bovenop dit Toscaanse brood zijn de nieuwe oogst en de rozijnen in de vulling symboliseren de opbrengst van het vorige jaar.

VOOR DE STARTER
200 ml water
175 g biologische tarwebloem
¼ tl instantgist

VOOR HET SCHIACCIATADEEG
200 g rozijnen
150 ml Italiaanse rode wijn, zoals chianti
3 el extra vierge olijfolie
3 el water
280 g bloem
50 g kristalsuiker
1½ tl zout
1 tl instantgist

VOOR DE AFWERKING
280 g kleine pitloze druiven
2 el bruine suiker

VOOR 1 BROOD

1 Schenk het water voor de starter in de broodvorm. Draai de volgorde waarin u de vaste en vloeibare ingrediënten toevoegt om als in de gebruiksaanwijzing van uw machine staat dat u de gist eerst in de vorm moet doen.

2 Strooi het meel er zo op dat het water geheel worden bedekt. Maak een kuiltje in het midden van het meel (maar niet tot aan de vloeistof) en strooi daar de gist in. Zet de broodmachine op de deegstand; indien aanwezig op de stand basisdeeg. Druk op Start. Meng 5 minuten, schakel de machine uit en zet haar weg.

3 Laat de starter 24 uur in de machine gisten. Doe het deksel niet open. Als u de machine nodig hebt, doet u de starter in een kom, bedekt hem met een vochtige theedoek en laat hem op kamertemperatuur staan.

4 Doe de rozijnen voor het deeg in een steelpannetje. Voeg de wijn toe en warm dit mengsel langzaam op. Dek het pannetje.

5 Haal de vorm uit de broodmachine. Doe de starter indien nodig weer in de vorm en schenk de olijfolie en het water erin. Strooi de bloem erop. Voeg suiker en zout in aparte hoeken toe. Maak een kuiltje in het midden van het meel en strooi daar de gist in.

6 Zet de broodmachine op de deegstand; waar mogelijk op de stand basisdeeg. Druk op Start. Vet een bakplaat licht in.

7 Haal het deeg na het kneden uit de machine en leg het op een licht met bloem bestoven oppervlak. Sla het voorzichtig door en verdeel het in tweeën. Rol elk stuk deeg uit tot een cirkel van ca. 1 cm dik. Leg één cirkel op de geprepareerde bakplaat.

8 Verdeel de rozijnen over het deeg. Leg de tweede deegcirkel erop en druk de randen op elkaar. Bedek het geheel met licht ingevet cellofaan en laat het op een warme plaats in 30-45 minuten tot bijna dubbele omvang rijzen.

9 Verwarm intussen de oven voor op 190 °C. Bedek de schiacciata met de verse blauwe druiven en druk ze licht in het deeg. Bestrooi het brood met suiker en bak het in 40 minuten goudbruin, of tot het hol klinkt als u op de onderkant klopt. Laat het voordat u het serveert iets afkoelen op een rooster.

FRANSE COURONNE

*Dit kransvormige brood is gemaakt met een chef, die minimaal twee dagen
tot een week is gegist; hoe langer hij staat, hoe beter de kenmerkende
zuurdesemsmaak zich ontwikkelt.*

VOOR DE CHEF
⅛ tl instantgist
50 g biologische tarwebloem
3 el water

VOOR DE 1E VERVERSING
4½ el water
115 g biologische tarwebloem

VOOR DE LEVAIN
115 ml water
115 g bloem

VOOR HET COURONNEDEEG
240 ml water
325 g bloem, plus extra voor het
bestuiven
1½ tl zout
1 tl kristalsuiker
½ tl instantgist

VOOR 1 BROOD

3 Doe de *chef* in de broodmachine. Draai
de volgorde waarin u de vaste en vloeibare
ingrediënten toevoegt om als in de handleiding van uw machine staat dat u de gist
eerst in de vorm moet doen.

4 Voeg het water voor de *levain* toe.
Strooi de bloem er zo op dat hij het water
geheel bedekt. Zet de broodmachine op de
deegstand; waar mogelijk op de stand
basisdeeg. Druk op Start.

5 Haal het deeg na het kneden uit de
machine, schakel de machine uit en laat de
levain erin zitten. Doe het deksel niet
open. Laat de *levain* acht uur staan. Doe
hem in een kom als u de machine nodig
hebt. Bedek hem dan met een vochtige
theedoek en laat hem op kamertemperatuur staan.

6 Haal de broodvorm uit de broodmachine.
Haal ongeveer de helft van de *levain* uit de
vorm. Doe 200 g ervan terug in de vorm als
u de *levain* eerder in een kom had overge-
daan. Bewaar de resterende *levain* om te
verversen en te gebruiken voor uw volgende brood. Schenk intussen het water
voor het deeg in de broodvorm. Strooi de
bloem erop. Doe zout en suiker elk in een
eigen hoek van de broodvorm. Maak een
kuiltje in het midden van het meel en strooi
daar de gist in.

7 Zet de broodmachine op de deegstand;
waar mogelijk op de stand basisdeeg. Druk
op Start. Vet een bakplaat licht in.

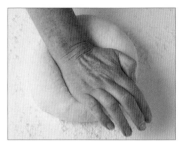

8 Haal het deeg na het kneden uit de
machine en leg het op een licht met bloem
bestoven oppervlak. Sla het voorzichtig
door en maak er een bal van; maak in het
midden een gat met de muis van uw hand.
Maak dit gat met uw vingertoppen langzaam groter en draai het deeg. Rek het
deeg met beide handen voorzichtig uit tot
een grote donut. Het gat moet een diameter van 13-15 cm hebben.

9 Leg de deegvorm op de geprepareerde
bakplaat. Zet een kommetje in het midden
om te voorkomen dat het gat in het deeg
tijdens het rijzen wordt gedicht. Bedek het
deeg met licht ingevet cellofaan en zet het
een uur weg op een warme plaats, of tot
het bijna in volume is verdubbeld.

10 Verwarm de oven voor op 230 °C.
Bestuif het deeg met bloem en maak op
gelijke afstanden vier inkepingen in de
couronne. Bak het brood 35-40 minuten in
tot het goudbruin is en hol klinkt als u op
de onderkant klopt. Laat het afkoelen op
een rooster.

1 Meng de gist en het broodmeel voor de
chef in een kommetje. Voeg water toe en
meng alles langzaam met een metalen
lepel tot een taai deeg. Bedek de kom met
ingevet cellofaan en laat deze 2-3 dagen op
een warme plaats staan.

2 Breek de korst op de *chef* open: het midden moet luchtig zijn en zoet ruiken. Meng
het water en meel voor de eerste verversing erdoor en roer tot u een vrij taai deeg
hebt. Dek het weer af met cellofaan en zet
de *chef* nog twee dagen weg op een warme
plaats.

HONING-BIERROGGEBROOD

Dit roggebrood is extra lekker doordat de zuurdesem zich drie dagen kan ontwikkelen voordat er deeg van wordt gemaakt.

VOOR DE ZUURDESEM
175 ml melk
115 g roggemeel
¾ tl instantgist

VOOR HET DEEG
170 ml bier
300 g bloem
85 g roggemeel
1 el vloeibare honing
1½ tl zout
½ tl instantgist
volkorenmeel, voor het bestuiven

VOOR 1 BROOD

1 Meng de melk, het meel en de gist voor de zuurdesem in een grote kom. Roer en leg een vochtige theedoek over de kom. Zet hem drie dagen weg op op een warme plaats; roer eens per dag.

2 Maak het deeg. Doe de zuurdesem in de broodvorm en voeg het bier toe. Draai de volgorde waarin u de vaste en vloeibare ingrediënten toevoegt om als de gebruiksaanwijzing van uw machine voorschrijft dat u eerst de gist in de vorm moet doen.

3 Strooi beide meelsoorten er zo op dat het bier er volledig mee wordt bedekt. Voeg honing en zout in afzonderlijke hoeken van de broodvorm toe. Maak een ondiep kuiltje in het midden van het meel (maar niet tot aan de vloeistof) en strooi daar de gist in.

4 Zet de broodmachine op de deegstand; waar mogelijk op de stand basisdeeg. Druk op Start. Vet een vrij diep bakblik van 17 x 17 cm licht in.

5 Haal het deeg na het kneden uit de machine en leg het op een licht met bloem bestoven oppervlak. Sla het voorzichtig door.

6 Rol het deeg uit tot een rechthoek van ca. 2 cm dik. Hij moet even breed zijn als het blik en drie keer zo lang. Vouw het onderste derde deel van het deeg naar boven en het bovenste derde deel omlaag en zet de randen vast met een deegroller.

7 Leg het gevouwen deeg in het geprepareerde bakblik, bedek het met licht ingevet cellofaan en laat het 40-60 minuten op een warme plaats staan, of tot het deeg bijna tot de rand van het blik is gerezen.

8 Verwarm intussen de oven voor op 220 °C. Bestuif de bovenkant van het brood met wat volkorenmeel.

9 Maak met een scherp mes vier diagonale inkepingen in het brood. Maak vijf inkepingen in tegenstelde richting om een kruisarcering te krijgen.

10 Bak het brood 30-35 minuten, of tot het hol klinkt als u op de onderkant klopt. Laat het brood voordat u het serveert iets afkoelen op een rooster.

PANE ALL'OLIO

*Italianen zijn dol op olijfolie in gerechten, zoals dit brood duidelijk bewijst.
De olijfolie en de* biga *geven dit brood een volle, gronderige gistsmaak.*

VOOR DE BIGA
105 ml water
175 g bloem
1 tl instantgist

VOOR HET DEEG
6 el water
4 el extra vierge olijfolie
225 g bloem, plus extra voor het
bestuiven
2 tl zout
1 tl kristalsuiker

VOOR 1 BROOD

TIP VAN DE KOK
Als u geen baksteen hebt, kunt u
ongeglazuurde terracottategels
gebruiken. Leg enkele tegels tegen
elkaar en zorg dat de lucht langs de
buitenste rand kan circuleren.

1 Schenk het water voor de *biga* in de
broodvorm. Draai de volgorde waarin u de
vaste en vloeibare ingrediënten toevoegt
om als uw machine vereist dat u eerst de
gist in de vorm doet.

2 Strooi de bloem er zo op dat het water
ermee wordt bedekt. Maak een kuiltje in
het midden van het meel en strooi daar de
gist in.

3 Zet de machine op de deegstand; waar
mogelijk op de stand basisdeeg. Druk op
Start. Schakel de machine aan het einde
van de deegcyclus uit, maar laat de *biga* er
acht uur in zitten, met gesloten deksel. Als
u de machine intussen nodig hebt, doet u
de *biga* over in een kom, legt er een vochtige theedoek op en laat hem op kamertemperatuur staan.

4 Haal de broodvorm uit de machine.
Breek de *biga* in drie of vier stukken. Als u
de *biga* uit de vorm had gehaald, doet u
hem er nu in terug.

5 Schenk het water en de olijfolie voor het
deeg in de vorm. Strooi de bloem er zo op
dat hij de vloeistof bedekt. Voeg zout en
suiker elk in een hoek van de vorm toe.

6 Zet de broodmachine op de deegstand;
waar mogelijk op de stand basisdeeg. Druk
op Start. Bestuif een schietschop (bak-
kersschop) of bakplaat licht met meel.

7 Haal het deeg na het kneden uit de
machine en leg het op een licht met bloem
bestoven oppervlak. Sla het voorzichtig
door en vorm er een ovaal van.

8 Rol het deeg met uw handpalmen voorzichtig achter- en vooruit; concentreer u
op de uiteinden. U moet een taps toelo-
pend, eivormig brood van ca. 30 cm lang
krijgen. Leg het brood op de geprepareerde schietschop of bakplaat en bedek
het met licht ingevet cellofaan. Laat het op
een warme plaats 45-60 minuten rusten, of
tot het bijna in volume is verdubbeld.

9 Leg intussen een baksteen op een plaat
op ca. eenderde vanaf de onderkant van de
oven. Verwarm de oven voor op 230 °C.
Bestuif het brood bovenop licht met bloem
en maak een inkeping in de lengte. Leg het
brood op de hete baksteen.

10 Benevel de oven vanbinnen met water.
Bak het brood 15 minuten; benevel de
oven opnieuw na 2 minuten en na 4 minuten. Verlaag de oventemperatuur tot
190 °C en bak het brood nog eens
20-25 minuten, of tot het goudbruin is en
hol klinkt als u op de onderkant klopt. Leg
het op een rooster voordat u het warm of
koud serveert.

PAIN DE CAMPAGNE

Dit rustieke Franse brood is gemaakt met zetseldeeg.
De fermentatieperiode is vrij kort, waardoor het brood niet zo zuur is als
sommige vergelijkbare broden. Het is ook lichter en iets minder taai.

VOOR HET ZETSELDEEG
200 ml water
175 g bloem
50 g volkorenmeel
¼ tl instantgist

VOOR HET DEEG
120 ml water
225 g bloem, plus extra voor het
bestuiven
50 g volkorenmeel
25 g roggemeel
1½ tl zout
½ tl kristalsuiker
½ tl instantgist

VOOR 1 BROOD

1 Schenk het water voor het zetseldeeg in de broodvorm. Draai de volgorde waarin u de vaste en vloeibare ingrediënten toevoegt om als in de gebruiksaanwijzing van uw machine staat dat u de gist eerst in de vorm moet doen.

2 Strooi beide meelsoorten er zo op dat het water volledig wordt bedekt. Maak een kuiltje in het midden van het meel; strooi daar de gist in. Zet de machine op de deegstand; indien aanwezig op de stand basisdeeg. Druk op Start.

3 Schakel de machine aan het einde van de deegcyclus uit, maar laat het zetseldeeg er 2-8 uur in zitten, met gesloten deksel, afhankelijk van hoe zuur u uw brood wilt.

4 Haal de broodvorm uit de machine. Schenk het water voor het deeg in de broodvorm. Strooi beide meelsoorten er op dat ze het water geheel bedekken. Voeg zout en suiker elk in een eigen hoek van de vorm toe. Maak een kuiltje in het midden van het meel; strooi daar de gist in. Zet de machine op de deegstand; waar mogelijk op de stand basisdeeg. Druk op Start.

5 Leg het deeg na het kneden op een licht met bloem bestoven oppervlak. Sla het voorzichtig door en maak er een stevige ronde bal van. Leg deze op een licht ingevette bakplaat.

6 Bedek het deeg met een grote glazen kom of licht ingevet cellofaan en laat het op een warme plaats in 30-45 minuten tot bijna dubbele omvang rijzen. Verwarm de oven voor op 220 °C.

7 Bestuif het brood bovenop met meel. Maak drie parallelle inkepingen in het brood en nog drie inkepingen loodrecht op de eerste.

8 Schuif de bakplaat op een lage stand in de oven en bak het brood 40 minuten, of tot het goudbruin is en hol klinkt als u op de onderkant tikt. Leg het op een rooster.

CIABATTA

*Dit populaire platte brood is onregelmatig van vorm en heeft grote gaten in
het kruim. Het deeg voor dit brood is heel nat. Voeg geen extra meel toe, want
zo hoort het te zijn.*

VOOR DE BIGA
200 ml water
175 g bloem
½ tl instantgist

VOOR HET CIABATTADEEG
200 ml water
2 el melk
2 el extra vierge olijfolie
*325 g bloem, plus extra voor het
bestuiven*
1½ tl zout
½ tl kristalsuiker
¼ tl instantgist

VOOR 2 BRODEN

1 Schenk het water voor de *biga* in de broodvorm. Draai indien nodig de volgorde waarin u de vaste en vloeibare ingrediënten toevoegt om. Bedek de vloeistof met de bloem. Maak een kuiltje in het midden van het meel; strooi daar de gist in.

2 Zet de machine op de deegstand; waar mogelijk op de stand basisdeeg. Druk op Start. Meng 5 minuten en schakel de machine uit.

3 Laat de *biga* in de machine zitten of leg hem in een grote mengkom die u afdekt met licht ingevet cellofaan. Zet hem een nacht of minstens 12 uur, tot het deeg gerezen is en net begint in te zakken, weg.

4 Doe de *biga* indien nodig terug in de vorm. Voeg water, melk en olie voor het ciabattadeeg toe. Strooi de bloem erop. Voeg zout en suiker toe, elk in een eigen hoek. Maak een kuiltje in het midden van de bloem; strooi daar de gist in.

5 Zet de broodmachine op de deegstand; waar mogelijk op de stand basisdeeg. Druk op Start.

6 Leg het deeg na het kneden in een kom en dek die af met licht ingevet cellofaan. Laat het deeg in ca. 1 uur tot bijna driedubbele omvang rijzen. Bestrooi twee bakplaten met bloem.

7 Verdeel het deeg met een lepel of deegschraper in twee stukken. Breng een portie van het deeg voorzichtig over op een van de bakplaten en probeer te voorkomen dat u de lucht uit het deeg slaat. Vorm het deeg met goed met bloem bestoven handen tot een rechthoekig, ca. 2,5 cm dik brood en trek en rek waar nodig. Doe hetzelfde met het andere stuk deeg.

8 Bestrooi beide broden met bloem. Laat ze onbedekt op een warme plaats ca. 20-30 minuten rijzen. Het deeg zet uit en rijst. Verwarm intussen de oven voor op 220 °C.

9 Bak de ciabatta 25-30 minuten, of tot beide broden gerezen en lichtbruin van kleur zijn en hol klinken als u op de onderkant tikt. Laat ze afkoelen op een rooster voor u ze serveert met boter of olijfolie.

VOOR DE CHEF
200 ml water
175 g roggemeel
¼ tl instantgist

VOOR DE 1E VERVERSING
¼ kop + 1 el water
50 g bloem

VOOR DE 2E VERVERSING
1 el water
50 g bloem

VOOR HET BROODDEEG
1 el water
225 g bloem
2 tl zout
1 tl vloeibare honing
½ tl instantgist
bloem, voor het bestuiven

VOOR 1 BROOD

1 Schenk het water voor de *chef* in de
broodvorm. Draai de volgorde waarin u de
vaste en vloeibare ingrediënten toevoegt
om als uw machine vereist dat u eerst de
gist in de vorm doet.

2 Strooi het roggemeel er zo op dat het
water geheel wordt bedekt. Maak een kuiltje in het midden van het meel (maar niet
tot aan de vloeistof); strooi daar de gist in.
Zet de machine op de deegstand; waar
mogelijk op de stand basisdeeg. Druk op
Start. Meng het deeg ca. 10 minuten en
schakel de machine uit.

PAIN DE SEIGLE

*Dit op een roggemeelstarter gebaseerde brood is typerend voor het brood dat
in de Pyreneeën wordt gegeten. Het is heerlijk bij schaaldieren.*

3 Laat de *chef* in de machine, met gesloten
deksel, ca. 24 uur fermenteren. Doe, als u
intussen de machine nodig hebt, de *chef* in
een kom en dek die af met een vochtige
theedoek. Zet de kom op kamertemperatuur weg.

4 Haal de broodvorm uit de machine. Doe
indien u de *chef* eruit had gehaald terug in
de vorm. Voeg water en bloem toe voor de
eerste verversing. Zet de broodmachine op
de deegstand, druk op Start. Schakel de
machine uit en laat het deeg er nog 24 uur
in zitten.

5 Voeg water en bloem toe voor de tweede
verversing. Meng als bij de eerste verversing, maar laat het deeg nu maar acht uur
in de machine zitten.

6 Schenk het water voor het brooddeeg bij
het mengsel in de machine. Strooi de
bloem erop. Voeg zout en honing in aparte
hoeken van de broodvorm toe. Maak een
kuiltje in het midden van de bloem en
strooi daar de gist in. Zet de machine op
de deegstand; waar mogelijk op de stand
basisdeeg. Druk op Start. Bestuif een bakplaat licht met bloem.

TIP VAN DE KOK

Zorg er bij het maken van een kabel
voor dat u in dezelfde richting blijft
draaien nadat u het deeg hebt omge-
keerd om het af te werken.

7 Leg het deeg na het kneden op een licht
met bloem bestoven oppervlak. Sla het
voorzichtig door en verdeel het in twee
gelijke stukken. Rol elk stuk deeg uit tot
een ca. 45 cm lange streng.

8 Leg de twee strengen naast elkaar. Leg
de strengen over elkaar heen, beginnend
vanuit het midden. Draai zo door tot u aan
één kant het einde van de kabel hebt
bereikt. Keer het deeg en 'vlecht' de
andere kant. Maak de uiteinden vochtig
en druk ze dicht.

9 Leg de kabel op de bakplaat, bedek hem
met ingevet cellofaan en laat hem op een
warme plaats in 45 minuten tot bijna dubbele omvang rijzen.

10 Verwarm de oven voor op 220 °C.
Bestuif het brood bovenop licht met bloem
en bak het 40 minuten of tot het goudbruin is en hol klinkt als u op de onderkant
tikt. Schakel de oven uit, maar laat het
brood er 5 minuten in liggen met de deur
op een kier. Laat het afkoelen op een rooster.

ZUURDESEMBROOD UIT SAN FRANCISCO

Dit brood uit San Francisco behoudt zijn unieke smaak, waar het ook wordt gebakken. Het wordt gemaakt zonder bakkersgist; in plaats daarvan worden gistsporen in de lucht gebruikt die een meel-waterpasta doen gisten.

VOOR DE ZUURDESEM
25 g biologische bloem
1-2 el warm water

1E VERVERSING VOOR DE ZUURDESEM
2 el water
1 el melk
50 g biologische bloem

2E VERVERSING VOOR DE ZUURDESEM
6 el water
1-2 el melk
175 g biologische bloem

VOOR HET DEEG
100 ml water
175 g biologische bloem

1E VERVERSING VOOR HET DEEG
100 ml water
175 g biologische bloem
50 g biologisch volkorenmeel
1½ tl zout
1 tl kristalsuiker
bloem, voor het bestuiven

VOOR 1 BROOD

2 Voeg de bloem langzaam toe en maak een stevig, maar vochtig deeg. Dek dit af en laat het net als eerder 1-2 dagen staan. Herhaal dan de stappen als voor de 1e verversing met de ingrediënten voor de 2e verversing. Laat de zuurdesem in 8-12 uur op een warme plaats goed rijzen.

3 Schenk het water voor het deeg in de broodvorm. Voeg 200 g zuurdesem toe. Voeg indien uw machine dit vereist eerst de vaste ingrediënten toe. Strooi de bloem er zo op dat hij de vloeistof volledig bedekt. Zet de machine op de stand basisdeeg (indien aanwezig). Druk op Start.

4 Meng 10 minuten en schakel de machine uit. Laat het deeg 8 uur in de machine zitten. Voeg het water voor de 1e deegverversing toe en strooi de meelsoorten erop.

5 Doe zout en suiker in de vorm. Stel de machine in zoals hiervoor. Druk op Start. Bestuif een bakplaat met bloem.

6 Leg het deeg na het kneden op een met bloem bestoven oppervlak. Sla het voorzichtig door; maak er een stevige ronde bal van. Leg deze op de bakplaat en bedek hem met ingevet cellofaan. Laat het deeg 2 uur tot bijna dubbele omvang rijzen.

7 Verwarm intussen de oven voor op 230 °C. Bestuif het brood met bloem en snijd er een stervorm bovenin. Bak het 25 minuten; benevel de oven gedurende de eerste 5 minuten drie keer met water. Breng de oventemperatuur terug tot 200 °C. Bak het brood nog 10 minuten of tot het goudbruin is en hol klinkt. Laat het afkoelen op een rooster.

1 Roer voldoende water door de bloem om er een stevig, vochtig zuurdeeg van te maken. Kneed 5 minuten. Bedek het met een vochtige doek. Laat het 2-3 dagen staan tot er een korst op komt en het deeg rijst door kleine luchtbelletjes. Verwijder de harde korst en doe de vochtige starter over in een schone kom. Voeg water en melk voor de 1e verversing toe.

CHALLAH

*De smaak van dit traditionele joodse feestbrood is verbeterd door het gebruik
van een zetseldeeg dat zich 8-10 dagen heeft ontwikkeld voordat het
uiteindelijke deeg wordt gemaakt. Het deeg wordt vaak gevouwen, maar kan
ook worden gevlochten. Deze vorm wordt meestal gebruikt ter viering van het
joodse nieuwjaar en staat voor continuïteit en eeuwigheid.*

VOOR HET ZETSELDEEG
200 ml water
225 g bloem
1 el kristalsuiker
1 tl zout
1½ tl instantgist

VOOR HET DEEG
2 eieren
225 g bloem
1 el kristalsuiker
1 tl zout
50 g boter, gesmolten

VOOR DE AFWERKING
1 eierdooier
1 el water
maanzaad

VOOR 1 BROOD

1 Schenk het water voor het zetseldeeg
in de broodvorm. Voeg indien uw
machine dit vereist eerst de vaste ingrediënten toe.

2 Strooi de bloem er zo op dat het water
volledig wordt bedekt. Voeg suiker en zout
in afzonderlijke hoeken toe. Maak een kuiltje in het midden van de bloem en strooi
daar de gist in.

3 Zet de broodmachine op de deegstand;
waar mogelijk op de stand basisdeeg. Druk
op Start.

4 Schakel de machine na het kneden uit,
maar laat het zetseldeeg er 8 uur in zitten,
met gesloten deksel. Doe het indien nodig
over in een kom, die u afdekt met een
vochtige theedoek en wegzet.

5 Haal de broodvorm uit de machine en
doe het zetseldeeg er (indien nodig) in
terug. Voeg de eieren voor het deeg toe.
Strooi de bloem erop. Voeg suiker, zout en
gesmolten boter elk in een eigen hoek van
de broodvorm toe. Zet de broodmachine
op de deegstand; waar mogelijk op de
stand basisdeeg. Druk op Start. Vet een
bakplaat licht in.

6 Leg het deeg na het kneden op een licht
met bloem bestoven oppervlak. Sla het
voorzichtig door en maak het deeg plat tot
het ca. 2,5 cm dik is. Vouw beide kanten
naar het midden, vouw het deeg dan dubbel en druk het dicht.

7 Rol het deeg met uw handpalmen langzaam tot een snoer met puntige uiteinden.
Het moet zo'n 50 cm lang zijn. Draai het
snoer tot een spiraalvorm en druk de uiteinden onder het brood dicht. Leg de spiraal op de geprepareerde bakplaat. Bedek
hem met een grote glazen kom of licht
ingevet cellofaan en laat het deeg op een
warme plaats in 45-60 minuten tot bijna
dubbele omvang rijzen.

8 Verwarm de oven voor op 190 °C. Klop
voor de afwerking de eierdooier en het
water in een kommetje. Strijk het mengsel
op de challah. Bestrooi deze gelijkmatig
met maanzaad en bak hem 35-40 minuten,
of tot het brood diepbruin is en hol klinkt
als u op de onderkant klopt. Laat het
afkoelen op een rooster voordat u het
snijdt.

HARTIG BROOD

Er zijn tal van manieren om een basisdeeg meer smaak te geven. Kruiden als rozemarijn, dille en salie, gecombineerd met knoflook en ui, vullen de keuken met heerlijke geuren. Cottage cheese en feta geven broden een subtiele smaak, terwijl gorgonzola, parmezaanse kaas en mascarpone in combinatie met bieslook voor een vol brood met een heerlijk aroma zorgen. Ook worstjes, salami en pancetta zijn heerlijk in hartig brood.

FETA-OLIJVENBROOD

210 ml water
350 g bloem
25 g volkorenmeel
1 el magere-melkpoeder
1 el zout
1 tl kristalsuiker
1 tl instantgist
40 g goed uitgelekte, ontpitte zwarte olijven, fijngehakt
50 g feta, verkruimeld
1 el olijfolie, om te bestrijken

VOOR 1 BROOD

TIP VAN DE KOK
Als u wat vochtigere olijven en de kaas als extra ingrediënten gebruikt, moet u misschien een of twee eetlepels extra meel toevoegen aan het basisdeeg.

Dit brood dankt zijn aroma aan de mediterrane ingrediënten, die bij velen herinneringen aan een vakantie in Griekenland zullen oproepen.

1 Schenk water in de broodvorm. Indien nodig draait u de volgorde om waarin u de vaste en vloeibare ingrediënten toevoegt. Strooi het meel zo in de broodvorm dat het water geheel wordt bedekt. Voeg het melkpoeder toe en strooi het zout en de suiker elk in een hoek van de vorm. Maak een kuiltje in het meel en voeg de gist toe.

2 Zet de machine op de deegstand, waar mogelijk op de stand vruchten en noten. Druk op Start. Bestrijk een 18-20 cm diepe, ronde cakevorm met wat olie.

3 Voeg olijven en feta toe als de machine het signaal voor toevoegen geeft (of 5 minuten voor het einde van de kneedcyclus). Leg het deeg na het kneden op een met bloem bestoven werkvlak en sla het behoedzaam door.

4 Vorm het deeg tot een compacte bal, met eenzelfde doorsnee als die van het bakblik. Leg het deeg in het blik, leg er ingevet cellofaan op en laat het 30-45 minuten rijzen. Verwarm de oven voor op 200 °C.

5 Verwijder het cellofaan en bestrijk het deegoppervlak met de olijfolie. Bak het brood in 30-45 minuten goudbruin. Laat het daarna afkoelen op een rooster.

PANCETTA-PREI-PLAATBROOD

90 ml water
1 ei
225 g bloem
1 tl zout
25 g boter
1 tl instantgist

VOOR DE VULLING
575 g prei
2 el zonnebloemolie
75 g pancetta in plakjes of doorregen spek in reepjes
140 ml zure room
70 ml melk
2 losgeklopte eieren
1 el vers basilicum, gehakt
zout en versgemalen peper

VOOR 1 BROOD

1 Schenk water en eieren in de broodvorm. Zo nodig draait u de volgorde van vaste en vloeibare ingrediënten om.

Wat is er nu lekkerder dan deze knapperige deegbodem bekleed met prei en pancetta en overgoten met een romige saus? Snijd het brood voor en maak er samen met een eenvoudige salade van bladgroenten een smakelijk middag- of avondmaal van.

2 Strooi de bloem zo over de vloeistof dat deze volledig wordt bedekt. Doe zout en boter in afzonderlijke hoeken van de broodvorm. Maak een kuiltje in het midden van de bloem (niet tot aan de vloeistof) en strooi daar de gist in.

3 Zet de broodmachine op de deegstand; gebruik zo mogelijk de stand voor basis- of pizzadeeg. Druk op Start. Bestrijk een bakplaat van 20 x 30 cm en ca. 1 cm diep met wat olie.

4 Snijd de prei in dunne plakjes. Verhit de zonnebloemolie in een grote koekenpan en fruit daarin de prei 5 minuten op laag vuur, tot hij zacht maar nog niet bruin is. Laat de prei afkoelen.

5 Leg het deeg na het kneden op een met bloem bestoven werkvlak. Sla het behoedzaam door en rol het daarna uit tot een rechthoek van ca. 23 x 35 cm. Leg het deeg op de bakplaat en duw de randen omhoog tegen de rand van de plaat, zodat het deeg bodem en rand gelijkmatig bedekt. Verwarm de oven voor op 190 °C.

6 Verdeel de plakjes prei over het deeg en schik de pancetta daar bovenop. Roer de melk en eieren door de zure room. Voeg het basilicum toe en breng de saus op smaak met zout en peper. Schenk het mengsel over de prei.

7 Bak het brood 30-35 minuten, tot de roomsaus gestold is en de randen goudbruin kleuren. Dien heet of warm op.

MOSTERD-BIERBROOD

Serveer een paar hompen van dit heerlijke brood met wat kaas en ingemaakte groenten en u hebt een traditionele Engelse boerenlunch.

KLEIN
180 ml verschaald bier
1 el plantaardige olie
2 el grove mosterd
250 g bloem
125 g volkorenmeel
1 el magere-melkpoeder
1 tl zout
1½ tl kristalsuiker
1 tl instantgist

MIDDELGROOT
275 ml verschaald bier
1 el plantaardige olie
3 el grove mosterd
350 g bloem
150 g volkorenmeel
1½ el magere-melkpoeder
1½ tl zout
2 tl kristalsuiker
1 tl instantgist

GROOT
350 ml verschaald bier
2 el plantaardige olie
4 el grove mosterd
475 g bloem
200 g volkorenmeel
2 el magere-melkpoeder
1½ tl zout
1 el kristalsuiker
1½ tl instantgist

VOOR 1 BROOD

1 Schenk bier en olie in de broodvorm en voeg de mosterd toe. Vereist uw broodmachine dat u eerst de gist in de broodvorm strooit, draai dan de volgorde waarin u vaste en vloeibare ingrediënten toevoegt om.

2 Strooi bloem en volkorenmeel er zo op dat de vloeistof volledig wordt bedekt. Voeg het melkpoeder toe. Voeg zout en suiker toe, elk in een eigen hoek van de broodvorm. Maak een kuiltje in het midden van het meel (maar niet tot aan de vloeistof) en strooi daar de gist in.

3 Zet de machine op de stand normaal, medium korst. Druk op Start.

4 Verwijder het brood aan het eind van de bakcyclus en stort het op een rooster om af te koelen.

TIP VAN DE KOK
Probeer Engelse ale te vinden. 'Pale' geeft een subtiele, 'brown' een krachtige smaak. Open het flesje minstens 1 uur voor gebruik, zodat het bier echt verschaald is.

HÜTTENKÄSE-PEPERONIBROOD

De Hüttenkäse geeft dit brood een verrassende kruimel. Het brood vult behoorlijk en dankzij de peperoni en oregano smaakt het lekker pittig. Geef het bij groentesoep of een salade.

1 Schep de Hüttenkäse in de broodvorm en schenk het water en de olijfolie erbij. Staat in de gebruiksaanwijzing van uw machine dat u eerst de gist in de broodvorm strooit, draai dan eenvoudigweg de volgorde waarin u vaste en vloeibare ingrediënten toevoegt om.

2 Strooi de bloem er zo op dat de vloeistof volledig wordt bedekt en voeg de oregano toe. Schep de suiker en het zout in verschillende hoeken van de broodvorm. Maak een kuiltje in het midden van de bloem (niet tot aan de vloeistof) en strooi daar de gist in.

3 Stel de machine in op de stand normaal (indien aanwezig op de stand vruchten en noten), medium korst. Druk op Start. Voeg na het signaal voor toevoegen peperoni en lente-ui toe, of strooi ze 5 minuten voor afloop van de kneedcyclus over het deeg.

4 Haal het brood aan het eind van de bakcyclus uit de machine en laat het afkoelen op een rooster.

KLEIN
100 g Hüttenkäse
160 ml water
1 el extra vierge olijfolie
375 g bloem
1 tl gedroogde oregano
1 tl zout
1½ tl kristalsuiker
1 tl instantgist
25 g peperoni, in stukjes van 5 mm
1 lente-uitje, fijngehakt

MIDDELGROOT
170 g Hüttenkäse
210 ml water
1½ el extra vierge olijfolie
500 g bloem
1½ tl gedroogde oregano
1 tl zout
2 tl kristalsuiker
1½ tl instantgist
50 g peperoni, in stukjes van 5 mm
2 lente-uitjes, fijngehakt

GROOT
225 g Hüttenkäse
280 ml water
2 el extra vierge olijfolie
675 g bloem
2 tl gedroogde oregano
1½ tl zout
1 el kristalsuiker
1½ tl instantgist
75 g peperoni, in stukjes van 5 mm
3 lente-uitjes, fijngehakt

VOOR 1 BROOD

TIP VAN DE KOK

Het moment om extra ingrediënten toe te voegen ligt doorgaans aan het eind van de kneedcyclus en sommige machines attenderen u daar met een piep- of zoemtoon op. Raadpleeg hiervoor de handleiding van uw machine.

STROMBOLI

Deze variant op de Italiaanse focaccia is vernoemd naar het gelijknamige, bij Sicilië gelegen vulkaaneiland. Het deeg wordt geperforeerd, zodat de vulling tijdens het bakken kan 'uitbarsten'. Serveer het brood koud of warm.

200 ml water
350 g bloem
2 tl kristalsuiker
1 tl zout
1 tl instantgist

VOOR DE VULLING
175 g mozzarella, geraspt of fijngehakt
75 g geraspte, verse parmezaanse kaas
1 el gladde peterselie, gehakt
2 el verse basilicumblaadjes
1 el zwarte versgemalen peper
1 teentje knoflook, fijngehakt

VOOR DE AFWERKING
1 el extra vierge olijfolie
4-5 kleine takjes rozemarijn, ontdaan van de houtige delen

VOOR 1 BROOD

1 Schenk het water in de broodvorm. Draai desgewenst de volgorde om waarin u vaste en vloeibare ingrediënten toevoegt. Strooi de bloem zo over het water dat het de vloeistof geheel bedekt. Strooi het zout en de suiker in afzonderlijke hoeken van de broodvorm. Maak een kuiltje in het midden van de bloem en strooi daar de gist in.

2 Stel de machine in op de deegstand, indien aanwezig op de stand basisdeeg. Druk op Start.

3 Bestrijk een bakplaat met wat olie. Haal het deeg na het kneden uit de machine en leg het op een met bloem bestoven werkvlak. Sla het behoedzaam door en rol het uit tot een rechthoek van 30 x 23 cm. Dek het af met ingevet cellofaan en laat het 5 minuten rusten.

4 Bestrooi het deeg met de kaas. Laat aan alle zijden een rand van 1 cm vrij. Voeg peterselie, basilicum, peper en knoflook toe.

5 Rol het deeg vanaf een korte kant op als een koninginnenbrood en vouw de uiteinden naar beneden om. Leg de rol met de vouw omlaag op de bakplaat. Leg er licht ingevet cellofaan op en laat hem op een warme plaats 30 minuten rijzen (of tot hij bijna in volume is verdubbeld).

6 Verwarm de oven voor op 200 °C. Bestrijk het brood bovenop met olijfolie en prik er van bovenaf met een vleespen gaten in, dwars door vulling heen. Bestrooi het brood met de rozemarijn en bak het in 30-35 minuten goudbruin. Stort het op een rooster.

DRIEKAZENBROOD

Een verleidelijke trits Italiaanse kazen –mascarpone, gorgonzola en parmezaanse kaas– geeft dit ronde brood zijn fantastische smaak.

180 ml water
1 ei
100 g mascarpone
400 g bloem
50 g grofgemalen volkorenmeel
2 tl kristalsuiker
1 tl zout
1½ tl instantgist
75 g gorgonzola, in kleine blokjes
75 g versgeraspte parmezaanse kaas
3 el vers bieslook, gehakt

VOOR DE AFWERKING
1 eierdooier
1 el water
1 el tarwevlokken

VOOR 1 BROOD

1 Doe water, ei en mascarpone in de broodvorm (of draai, waar nodig, de volgorde waarin u de vaste en vloeibare ingrediënten toevoegt om). Bedek de vloeistof met beide meelsoorten.

2 Strooi suiker en zout elk in een eigen hoek van de vorm. Maak een kuiltje in het midden van het meel en strooi daar de gist in. Zet de machine op deeg (waar mogelijk op vruchten en noten). Druk op Start.

3 Voeg gorgonzola, parmezaanse kaas en bieslook toe na het signaal voor toevoegen (of 5 minuten voor het einde van het kneden). Bestrijk een bakplaat met olie.

4 Leg het deeg na het kneden op een met bloem bestoven werkvlak. Sla het behoedzaam door en kneed het dan tot een rond brood van zo'n 20 cm in doorsnee.

5 Dek het af met ingevet cellofaan en laat het op een warme plek 30-45 minuten rijzen. Verwarm de oven voor op 200 °C.

6 Meng de eierdooier met het water en bestrijk de bovenkant van het brood met dit glazuur. Strooi de tarwevlokken erover en kerf acht gelijke segmenten in het brood. Bak het 30-35 minuten, of tot het goudbruin is en hol klinkt. Laat het op een rooster afkoelen.

225 ml water
350 g bloem
1 tl kristalsuiker
1 tl zout
1 tl instantgist
40 g gerookt hertenvlees, in reepjes gesneden
1 tl zwarte versgemalen peper
1 tl jeneverbessen, gekneusd
bloem, voor het bestuiven

VOOR 1 BROOD

VENISON TORDU

In dit fraaie vlechtbrood gaan reepjes gerookt hertenvlees, zwarte peper en stukjes jeneverbes schuil. Het doet het goed als gerecht op zich, bijvoorbeeld met een glas rode wijn, maar u kunt het brood ook in dikke plakken snijden en samen met olijven en noten als voorafje bij een Italiaanse maaltijd geven.

1 Schenk het water in de broodvorm. Als in de handleiding van uw machine staat dat u eerst de gist in de broodvorm moet doen, draait u de volgorde waarin u vaste en vloeibare ingrediënten toevoegt gewoon om.

5 Rol het deeg uit tot een cirkel van zo'n 2 cm dikte. Verdeel de reepjes vlees, de zwarte peper en jeneverbes erover. Laat aan de rand 1 cm vrij.

8 Druk de naad voorzichtig dicht en rol het deeg heen en weer, totdat u een deegstaaf van ca. 65 cm lang hebt.

9 Druk het midden van de staaf met de zijkant van uw hand in, pak de uiteinden van het brood, vouw het tot een omgekeerde U en vlecht het brood ineen.

2 Strooi de bloem zo over het water dat dit er volledig mee wordt bedekt. Voeg suiker en zout toe, elk in een aparte hoek van de broodvorm. Maak een kuiltje in het midden van de bloem (niet tot aan de vloeistof) en strooi daar de gist in.

3 Zet de machine op de deegstand; waar mogelijk op de stand basisdeeg. Druk op Start en bestrijk een bakplaat met wat olie.

4 Haal het deeg uit de broodmachine als de deegcyclus is doorlopen en leg het op een licht bestoven oppervlak. Sla het deeg voorzichtig door, vorm het tot een bal en plat die aan de bovenkant wat af.

6 Vouw het deeg aan één kant om tot aan het midden en doe aan de andere kant hetzelfde.

7 Druk de vouw licht aan met een deegroller en vouw het deeg langs de naad nogmaals samen.

TIP VAN DE KOK
Neem voor dit recept gezouten en gerookt hertenvlees gemarineerd in olijfolie met kruiden. Deze marinade geeft een extra aan smaak dat prima past bij dit brood. Een vergelijkbaar effect bereikt u door in stap 4 1 tl gedroogde kruiden zoals rozemarijn, tijm, salie of oregano over het deeg te strooien.

10 Leg de venison tordu op de ingevette bakplaat, bedek hem met licht ingevet cellofaan en laat hem op een warme plaats in ca. 30 minuten tot bijna twee keer zijn omvang rijzen. Verwarm intussen de oven voor op 220 °C. Verwijder het cellofaan en bestuif de broodvlecht bovenop met bloem.

11 Bak het brood 25-30 minuten, tot het goudbruin is en bij kloppen op de onderkant hol klinkt. Laat het brood afkoelen op een rooster. Serveer het brood terwijl het nog een beetje warm is.

MAANZAADBROOD

In Oost-Europa wordt vaak maanzaad aan brood toegevoegd. De zaadjes hebben een zoete, nootachtige smaak. Net wat dit brood zo apart maakt.

KLEIN
175 ml melk
60 ml water
375 g bloem
3 el maanzaad
1½ tl zout
2 tl kristalsuiker
20 g boter
1 tl instantgist

VOOR HET GLAZUUR (NAAR KEUZE)
½ eiwit
1 tl water

MIDDELGROOT
200 ml melk
100 ml water
450 g bloem
4 el maanzaad
1½ tl zout
2 tl kristalsuiker
25 g boter
1 tl instantgist

VOOR HET GLAZUUR (NAAR KEUZE)
½ eiwit
1 tl water

GROOT
280 ml melk
130 ml water
675 g bloem
5 el maanzaad
2 tl zout
1 el kristalsuiker
25 g boter
1½ tl instantgist

VOOR HET GLAZUUR (NAAR KEUZE)
½ eiwit
1 tl water

VOOR 1 BROOD

1 Schenk water en melk in de broodvorm. Als in de gebruiksaanwijzing van uw machine staat dat u eerst de gist in de broodvorm strooit, draait u de volgorde waarin u vaste en vloeibare ingrediënten toevoegt om.

2 Strooi de bloem zo over het water dat dit volledig wordt bedekt. Voeg het maanzaad toe. Doe zout, suiker en boter elk in een eigen hoek van de broodvorm. Maak een kuiltje in het midden van de bloem (maar niet tot aan de vloeistof) en strooi daar de gist in.

3 Zet de machine op de stand normaal, medium korst. Druk op Start.

4 Wilt u het brood glaceren, meng dan het eiwit en het water en strijk het glazuur er voor het bakken op.

5 Haal het brood aan het einde van de bakcyclus uit de machine en laat het op een rooster afkoelen.

TIP VAN DE KOK
Voeg het maanzaad pas na het signaal voor toevoegen toe, of tijdens de laatste 5 minuten van het kneden.

ROZEMARIJN-ROZIJNENBROOD

Dit brood heeft een klassiek Toscaans voorbeeld (panmarino). Het wordt op smaak gebracht met rozemarijn, rozijnen, eieren en olijfolie.

1 Schenk water, olijfolie en ei(eren) in de broodvorm. Vereist uw machine dat u eerst de gist in de broodvorm strooit, draai dan de volgorde waarin u de vaste en vloeibare ingrediënten toevoegt om.

2 Strooi de bloem zo over het water dat dit volledig wordt bedekt. Voeg het melkpoeder en de rozemarijn toe. Strooi het zout en de suiker in aparte hoeken van de broodvorm. Maak een kuiltje in het midden van de bloem (maar niet tot aan de vloeistof) en strooi daar de gist in.

3 Stel de machine in op de stand normaal (indien aanwezig op de stand vruchten en noten), medium korst. Druk op Start. Voeg na het signaal voor toevoegen (of 5 minuten voor het einde van het kneden) de rozijnen toe.

4 Haal het brood aan het einde van de bakcyclus uit de machine en laat het op een rooster afkoelen.

KLEIN
135 ml water
3 el extra vierge olijfolie
1 ei
375 g bloem
1 el magere-melkpoeder
2 tl verse rozemarijn, gehakt
1 tl zout
2 tl kristalsuiker
1 tl instantgist
75 g rozijnen

MIDDELGROOT
160 ml water
4 el extra vierge olijfolie
2 eieren
500 g bloem
2 el magere-melkpoeder
1 el verse rozemarijn, gehakt
1½ tl zout
2 tl kristalsuiker
1 tl instantgist
115 g rozijnen

GROOT
200 ml water
75 ml extra vierge olijfolie
3 eieren
675 g bloem
3 el magere-melkpoeder
4 tl verse rozemarijn, gehakt
1½ tl zout
1 el kristalsuiker
1½ tl instantgist
150 g rozijnen

VOOR 1 BROOD

VARIATIE

In dit hartige brood kunt u de rozijnen vervangen door een mengsel van gehakte amandelen en gedroogde vijgen. Wat u ook kiest, een zachte kaas smaakt er heerlijk bij.

VLECHTBROOD MET CAJUNKRUIDEN

300 ml water
2 el plantaardige olie
1 el tomatenpuree
500 g bloem
1½ tl paprikapoeder
1 tl cayennepeper
1 tl gedroogde oregano
½ tl zwarte versgemalen peper
1 teentje knoflook, geperst
1½ tl zout
2 tl suiker
1½ tl instantgist

Voor het glazuur
1 eierdooier
1 el water

Voor 1 brood

Het mengsel van tomaten, knoflook, kruiden en pikante specerijen is typerend voor het zuiden van de VS en maakt dit kruidige brood onweerstaanbaar.

1 Schenk het water en de olie in de brood-vorm en voeg de tomatenpuree toe. Vereist uw machine dat u eerst de gist in de broodvorm strooit, draai dan de volgorde waarin u vaste en vloeibare ingrediënten toevoegt om.

2 Strooi de bloem zo over de vloeistof dat die volledig wordt bedekt. Voeg paprika-poeder, zwarte en cayennepeper, oregano en knoflook toe. Strooi het zout en de sui-ker in afzonderlijke hoeken van de brood-vorm. Maak een kuiltje in het midden van het meel (maar niet tot aan de vloeistof) en strooi daar de gist in.

3 Stel de machine in op de deegstand; indien aanwezig op de stand basisdeeg. Druk op Start. Bestrijk een bakplaat met wat olie.

4 Leg het deeg na het kneden op een met bloem bestoven werkvlak. Sla het door en verdeel het in drieën.

5 Rol de deegklompen in even lange slier-ten en leg ze naast elkaar. Vlecht ze: begin in het midden en werk van links naar rechts naar uzelf toe. Druk de uiteinden dicht en vouw ze onder de vlecht.

6 Keer het deeg om en vlecht de reste-rende slierten net zo. Leg de vlecht op de bakplaat, bedek hem met ingevet cellofaan en laat het deeg op een warme plaats 30-45 minuten rijzen. Verwarm intussen de oven voor op 200 °C.

7 Meng voor het glazuur de dooiers met het water. Haal het cellofaan van het deeg en bestrijk dat met het glazuur. Bak het brood in ca. 30-35 minuten goudbruin.

SALAMI-PEPERKORRELBROOD

210 ml water
1 el olijfolie
350 g bloem
50 g belegen kaas, gerapt
½ tl zout
1 tl kristalsuiker
1 tl instantgist
1 tl zwarte peperkorrels, gekneusd
50 g salami, fijngesneden
melk, voor het bestrijken

Voor 1 brood

Dit met salami en zwarte peper gelardeerde brood past uitstekend bij een hete soep. Probeer het eens als tussendoortje: geroosterd, met een laagje kaas erover.

2 Strooi de bloem zo over de vloeistof dat die volledig wordt bedekt. Voeg de helft van de kaas toe. Strooi het zout in de ene, de suiker in een andere hoek van de broodvorm. Maak een kuiltje in het midden van de bloem (maar niet tot aan de vloei-stof) en strooi daar de gist in.

3 Zet de broodmachine op de deegstand; waar mogelijk op de stand basis- of pizza-deeg. Druk op Start. Vet een bakplaat in met wat olie.

4 Haal het deeg na het kneden uit de machine en leg het op een licht met bloem bestoven werkvlak. Doorkneed het licht en maak het iets platter. Verdeel de peper en salami erover en werk deze ingrediënten voorzichtig knedend goed en gelijkmatig door het deeg.

5 Vorm het deeg tot een rond brood; leg dat op de bakplaat. Zet er een geoliede kom op en laat het 30 minuten op een warme plaats rijzen. Verwarm de oven voor op 200 °C.

6 Verwijder de kom, bestrijk het deeg met melk en strooi de resterende kaas erover. Bak het brood in 30-35 minuten goudbruin en laat het op een rooster afkoelen.

1 Schenk het water en de olijfolie in de broodvorm. Vereist uw machine dat u eerst de gist in de broodvorm strooit, draai dan de volgorde waarin u vaste en vloeibare ingrediënten toevoegt om.

Gemarmerd Pestobrood

140 ml melk
150 ml water
2 el extra vierge olijfolie
450 g bloem
1½ tl kristalsuiker
1½ tl zout
1½ tl instantgist
100 g kant-en-klare pestosaus

VOOR DE AFWERKING
1 el extra vierge olijfolie
2 tl grof zeezout

VOOR 1 BROOD

Door de kant-en-klare pestosaus is dit lekkere brood in een wip te maken. Gebruik wel een goed merk, of maak de saus zelf als u genoeg tijd hebt, zodat de smaken van knoflook, basilicum, pijnboompitten en parmezaanse kaas goed te onderscheiden zijn.

3 Maak een kuiltje in het midden van de bloem (maar niet tot aan de vloeistof) en strooi daar de gist in.

4 Stel de machine in op de deegstand; gebruik de stand basisdeeg als die op uw machine zit. Druk op Start. Bestrijk een bakblik van 25 x 10 cm lichtjes met wat olie.

8 Dek het deeg af met ingevet cellofaan en laat het op een warme plaats in ca. 45 minuten tot meer dan dubbele omvang rijzen, zodat het de rand van het blik bereikt. Verwarm intussen de oven voor op 220 °C.

5 Haal het deeg na het kneden uit de machine en leg het op een licht met bloem bestoven werkvlak.

6 Doorkneed het deeg licht en rol het uit tot een rechte plak van zo'n 2 cm dik en 25 cm lang. Bedek het met ingevet cellofaan en laat het een paar minuten rusten als het zich moeilijk laat uitrollen.

9 Verwijder het cellofaan en bestrijk het deeg met olijfolie. Trek met een scherp mes vier sneden diagonaal over het brood. Doe dan hetzelfde de andere kant op, zodat een kruispatroon ontstaat. Bestrooi het brood met zeezout.

10 Bak het brood 25-30 minuten, of tot het goudbruin is en hol klinkt als u op de onderkant tikt. Laat het op een rooster afkoelen.

1 Haal de melk 30 minuten voor gebruik uit de koelkast om hem op kamertemperatuur te brengen. Schenk water, melk en olijfolie in de broodvorm. Vereist uw machine dat u eerst de gist in de broodvorm strooit, draai dan de volgorde waarin u de vaste en vloeibare ingrediënten toevoegt gewoon om.

7 Smeer de pestosaus uit over het deeg, maar laat aan een van de lange kanten een rand van 1 cm vrij. Rol het deeg overlangs op als een koninginnenbrood. Vouw de randen naar beneden om en leg het brood met de naad omlaag in het bakblik.

2 Strooi de bloem zo over de vloeistof dat die volledig wordt bedekt. Strooi het zout en de suiker in aparte hoeken van de broodvorm.

ZONGEDROOGDE-TOMATENBROOD

Door hun hechte structuur en geconcentreerde smaak zijn zongedroogde tomaten geknipt voor het oppeppen van brooddeeg. En met wat parmezaanse kaas erbij krijgt u een echt uitzonderlijk brood.

KLEIN
15 g zongedroogde tomaten
130 ml + 1 el water
70 ml + 1 el melk
1 el extra vierge olijfolie
325 g bloem
50 g volkorenmeel
40 g versgeraspte parmezaanse kaas
1 tl zout
1 tl kristalsuiker
¾ tl instantgist

MIDDELGROOT
25 g zongedroogde tomaten
190 ml water
115 ml melk
2 el extra vierge olijfolie
425 g bloem
75 g volkorenmeel
50 g versgeraspte parmezaanse kaas
1½ tl zout
2 tl kristalsuiker
1 tl instantgist

GROOT
40 g zongedroogde tomaten
240 ml water
140 ml melk
3 el extra vierge olijfolie
575 g bloem
100 g volkorenmeel
75 g versgeraspte parmezaanse kaas
2 tl zout
2 tl kristalsuiker
1½ tl instantgist

VOOR 1 BROOD

2 Meet de hoeveelheid weekvocht af tegen het water dat voor het brood nodig is en leng het indien nodig aan met kraanwater. Schenk alles in de broodvorm en voeg vervolgens de melk en de olijfolie toe. Vereist uw machine dat u eerst de gist in de broodvorm strooit, draai dan de volgorde waarin u vaste en vloeibare ingrediënten toevoegt om.

3 Strooi de bloem en het volkorenmeel zo over de vloeistof dat ze die volledig bedekken. Voeg dan de parmezaanse kaas toe. Strooi vervolgens het zout en de suiker in aparte hoeken van de broodvorm. Maak een kuiltje in het midden van het meel (niet tot aan de vloeistof) en strooi daar de gist in.

4 Zet de machine op de stand normaal, medium korst; indien aanwezig op de stand vruchten en noten. Druk op Start. Voeg de tomaten na het signaal voor toevoegen toe, of tijdens de laatste 5 minuten van het kneden. Laat het brood aan het einde van de bakcyclus afkoelen op een rooster.

1 Leg de gedroogde tomaten in een schaaltje en schenk er warm water over, tot ze onder staan. Week ze 15 minuten en doe ze dan met weekvocht en al over in een zeef, die u boven een maatbeker hebt gehangen. Laat de tomaten goed uitlekken en snijd ze daarna fijn.

KRUIDIG WALNOTEN-KNOFLOOKBROOD

Walnotenbrood is in Frankrijk erg geliefd. Knoflook en basilicum geven deze versie nog meer smaak.

KLEIN
150 ml melk
4 el water
2 el extra vierge olijfolie
325 g bloem
40 g havervlokken
40 g gehakte walnoten
1 teentje knoflook, fijngehakt
1 tl gedroogde oregano
1 tl basilicumblaadjes in
zonnebloemolie, uitgelekt, fijngehakt
1 tl zout
1½ tl kristalsuiker
½ tl instantgist

MIDDELGROOT
185 ml melk
105 ml water
3 el extra vierge olijfolie
450 g bloem
50 g havervlokken
50 g gehakte walnoten
1½ teentje knoflook, fijngehakt
1½ tl gedroogde oregano
1½ tl basilicumblaadjes in
zonnebloemolie, uitgelekt, fijngehakt
1½ tl zout
2 tl kristalsuiker
1 tl instantgist

GROOT
200 ml melk
140 ml water
4 el extra vierge olijfolie
600 g bloem
65 g havervlokken
65 g gehakte walnoten
2 teentjes knoflook, fijngehakt
1½ tl gedroogde oregano
1½ tl basilicumblaadjes in
zonnebloemolie, uitgelekt, fijngehakt
2 tl zout
2 tl kristalsuiker
1½ tl instantgist

VOOR 1 BROOD

1 Schenk de melk, olijfolie en het water in de broodvorm. Als in de gebruiksaanwijzing van de machine staat dat u eerst de gist toevoegt, draait u gewoon de volgorde waarin u vaste en vloeibare ingrediënten toevoegt om.

2 Strooi de bloem en havervlokken zo over de vloeistof dat die volledig wordt bedekt. Voeg walnoten, knoflook, oregano en basilicum toe. Strooi het zout en de suiker in afzonderlijke hoeken van de broodvorm. Maak een kuiltje in het midden van het meel (maar niet tot aan de vloeistof) en strooi daar de gist in.

3 Zet de machine op de stand normaal, medium korst. Druk op Start.

4 Haal het brood aan het eind van de bakcyclus uit de machine en laat het op een rooster afkoelen.

ROGGEBROOD MET DILLE EN UI

Beleg deze knapperige broden met uw favoriete broodbeleg. Ook zonder beleg zijn ze smakelijk, bijvoorbeeld bij een salade of soep.

280 ml water
2 el extra vierge olijfolie
100 g roggemeel
350 g bloem, plus wat extra voor het bestuiven
2 el magere-melkpoeder
2 tl rietsuiker
1 tl zout
1 tl instantgist
1 el gedroogde dille
1 el dillezaadjes
2 el gedroogde uienringen

VOOR 2 BRODEN

1 Schenk water en olie in de broodvorm. Draai zo nodig de volgorde waarin u vaste en vloeibare ingrediënten toevoegt om.

2 Strooi beide meelsoorten over de vloeistof en voeg het melkpoeder toe. Strooi suiker en zout in afzonderlijke hoeken van de broodvorm.

3 Maak een kuiltje midden in het meel en strooi daar de gist in. Zet de machine op de deegstand, waar mogelijk op de stand vruchten en noten. Druk op Start.

4 Voeg de gedroogde dille, uienringen en de dillezaadjes toe als de machine een piepsignaal geeft, of tijdens de laatste 5 minuten van het kneden. Bestrijk een bakplaat met wat olie.

5 Haal het deeg na het kneden uit de machine en leg het op een licht met bloem bestoven werkvlak. Doorkneed het.

6 Verdeel het deeg in twee gelijke hompen. Rol de eerste uit tot een cirkel van 2,5 cm dik. Vouw een kant om naar het midden; druk hem met de deegroller lichtjes aan. Doe met de andere kant hetzelfde en vouw het deeg langs beide naden dubbel.

7 Druk de nieuwe naad weer zachtjes dicht en rol de klomp vervolgens behoedzaam heen en weer, tot hij ca. 30 cm lang is. Doe met de tweede deeghomp hetzelfde.

8 Leg beide broden op de bakplaat, met voldoende ruimte om te rijzen. Bedek ze met licht ingevet cellofaan en laat ze op een warme plaats in 30-45 minuten tot bijna dubbele omvang rijzen.

9 Verwijder het cellofaan en bestuif de broden met bloem. Kerf ze met een scherp mes van boven in en laat ze 10 minuten rusten. Verwarm intussen de oven voor op 220 °C.

10 Bak de broden gedurende ongeveer 20 minuten, tot ze hol klinken als u op de onderkant klopt. Laat ze afkoelen op een rooster.

WORSTENBROOD MET SALIE

Als u dit brood in plakken snijdt, ziet u de worstjes. Het brood is ideaal voor picknicks en feestjes. Met een salade vormt het een prima lunch.

1 el zonnebloemolie
200 g pittige Turkse worstjes
3 eieren
2 el water
350 g bloem
2 el magere-melkpoeder
2 tl kristalsuiker
1½ tl zout
50 g boter, gesmolten
1 tl instantgist
1 tl gedroogde salie

VOOR HET GLAZUUR
1 eierdooier
1 el water

VOOR 1 BROOD

1 Verhit de olie in een zware braadpan en bak de worstjes daarin, onder regelmatig keren, in ca. 7-10 minuten op matig vuur gaar. Laat ze afkoelen.

2 Breek de eieren boven de vorm en voeg het water toe. Draai zo nodig de volgorde waarin u de ingrediënten toevoegt om.

3 Strooi de bloem over de vloeistof en voeg het melkpoeder toe. Strooi suiker en zout in aparte hoeken van de vorm; schenk de boter in een derde hoek. Maak een kuiltje in de bloem en strooi daar de gist in.

4 Zet de machine op de deegstand, waar mogelijk op de stand vruchten en noten. Druk op Start. Voeg na het signaal voor toevoegen of de laatste 5 minuten van het kneden de salie toe. Bestrijk een bakblik van 23 x 13 cm met wat olie.

5 Leg het deeg na het kneden op een met bloem bestoven werkvlak. Doorkneed het voorzichtig en rol het uit tot een rechthoek van ca. 2,5 cm dik en 23 cm lang.

6 Leg de worstjes midden op de deegplak en rol het deeg er strak omheen. Doe het deeg over in het bakblik, dek het af met licht ingevet cellofaan en laat het 30-45 minuten op een warme plaats rijzen.

7 Verwarm de oven voor op 190 °C. Meng de eierdooier met het water en bestrijk hiermee het deeg. Bak het in 30-35 minuten goudbruin. Laat het brood op een rooster afkoelen.

LANDELIJK BROOD MET VERSE KRUIDEN

300 ml water
450 g bloem, plus wat extra voor het
bestuiven
1½ tl kristalsuiker
1½ tl zout
1½ tl instantgist
2 el gehakt vers bieslook
2 tl gehakte verse tijm
1 el gehakte verse dragon
2 el gehakte verse peterselie

VOOR HET GLAZUUR
1 tl zout
1 el water

VOOR 1 BROOD

Dit brood ziet er heel innemend uit en met zijn verse kruiden zoals bieslook, tijm, dragon en peterselie streelt het ook de tong. De perfecte blikvanger op tafel, waarvan uw gasten zich naar hartelust kunnen bedienen.

3 Zet de machine op de deegstand, waar mogelijk op de stand vruchten en noten. Druk op Start.

4 Voeg na het signaal voor toevoegen (van extra ingrediënten) of tijdens de laatste 5 minuten van de kneedcyclus bieslook, tijm, dragon en peterselie toe. Bestuif twee bakplaten met wat bloem.

8 Snijd een kruis van zo'n 4 cm doorsnee boven in de grote deeghomp. Bestrijk de bovenkant met water en zet de kleine homp erop.

9 Druk de steel van een pollepel voorzichtig door het midden van beide hompen omlaag. Bedek ze met ingevet cellofaan en laat ze 10 minuten narijzen.

10 Verwarm de oven intussen voor op 220 °C. Roer voor het glazuur het zout aan met het water en bestrijk daarmee het brood.

1 Schenk het water in de broodvorm. Vereist uw machine dat u eerst de gist in de broodvorm strooit, draai dan gewoon de volgorde waarin u de vaste en vloeibare ingrediënten toevoegt om.

5 Haal het deeg na het kneden uit de machine en leg het op een licht met bloem bestoven werkvlak. Sla het behoedzaam door en deel het dan in tweeën, waarbij het ene stuk twee keer zo groot is als het andere.

11 Kerf het brood bovenop met een scherp mes acht keer in en bestrooi het met wat bloem.

12 Bak het brood 30-35 minuten, of tot het goudbruin is en hol klinkt als u op de onderkant klopt. Laat het op een rooster afkoelen.

2 Strooi de bloem zo over het water dat dat volledig wordt bedekt. Strooi het zout en de suiker in afzonderlijke hoeken van de broodvorm. Maak een kuiltje in het midden van de bloem (maar niet tot aan de vloeistof) en strooi daar de gist in.

6 Vorm beide klompen tot een bal, leg ze op de bakplaten en bedek ze met een licht geoliede deeg- of slakom.

7 Zet ze 20-30 minuten op een warme plaats, of zolang als ze nodig hebben om tot bijna dubbele omvang te rijzen.

VARIATIE
Verander de combinatie van verse kruiden afhankelijk van seizoen en smaak. Streef naar een totaal van 5 el aan kruiden, maar gebruik niet te veel van uitgesproken smakende soorten. Anders gaan die overheersen.

GROENTEBRODEN

De warmoranje tinten van pompoen of wortel, de oranjerode stippen van tomaat en het fraaie kleurenspel van spinazie en bieten vormen slechts de helft van het verhaal. Met groenten door het deeg –geraspt, gepureerd, fijngestampt of gehakt– krijgt u heerlijke, geurige broden. En bijna alle groenten komen in aanmerking, vaak in combinatie met specerijen, zoals in wortel-venkelbrood, of met verse kruiden, zoals bij tomaten-basilicumbrood.

1 el olijfolie
1 ui, gesnipperd
115 g verse spinazie
120 ml water
1 ei
450 g bloem
½ tl versgeraspte nootmuskaat
50 g versgeraspte parmezaanse kaas
1½ tl zout
1 tl kristalsuiker
1½ tl instantgist
2 el pijnboompitten

VOOR 1 BROOD

SPINAZIESTOL MET PARMEZAANSE KAAS

Dit decoratieve, bleekgroene brood wordt op smaak gebracht met spinazie, ui en parmezaanse kaas. Verder zitten er hele pijnboompitten in verstopt. Het zomerbrood bij uitstek!

3 Strooi de bloem zo in de broodvorm dat hij het groentemengsel volledig bedekt. Strooi de nootmuskaat en parmezaanse kaas over de bloem.

4 Voeg zout en suiker toe, elk in een eigen hoek van de broodvorm. Maak een ondiep kuiltje in het midden van de bloem (maar niet tot aan de vloeistof) en strooi daar de gist in.

5 Zet de machine op de deegstand, waar mogelijk op de stand vruchten en noten. Druk op Start. Bestuif twee bakplaten met wat bloem.

6 Voeg na het signaal voor toevoegen of tijdens de laatste 5 minuten van de kneedcyclus de pijnboompitten toe.

8 Rol de deegplak, beginnend bij één lange zijde, op tot een stol met stompe uiteinden.

9 Leg de stol op een van de geprepareerde bakplaten, met de naad naar boven. Bedek hem met licht ingevet cellofaan en laat hem 15 minuten rusten.

10 Keer de stol om en leg hem op de tweede bakplaat. Maak hem weer iets boller door de zijden en uiteinden van onderen aan te drukken. Bedek de stol weer met licht ingevet cellofaan en laat hem op een warme plaats 30 minuten rijzen. Verwarm de oven voor op 220 °C.

11 Kerf de stol bovenop met een scherp mes vijf keer diagonaal in en bak het brood 30-35 minuten tot het goudbruin is of hol klinkt als u op de onderkant klopt. Laat het op een rooster afkoelen.

1 Verhit de olijfolie in een braadpan en fruit daarin de uien lichtbruin. Voeg de spinazieblaadjes toe, schep ze goed door de uien en sluit de pan goed af. Haal de pan van het vuur en laat de inhoud 5 minuten rusten. Schep alles nogmaals goed door elkaar en laat het in de open pan afkoelen.

2 Spatel het spinaziemengsel in de broodvorm en voeg water en ei toe. Vereist uw machine dat u eerst de gist in de broodvorm strooit, draai dan de volgorde waarin u vaste en vloeibare ingrediënten toevoegt om.

7 Haal het deeg na het kneden uit de machine en leg het op een licht met bloem bestoven werkvlak. Doorkneed het voorzichtig en rol het dan behoedzaam uit tot een rechte plak van 2,5 cm dik.

VARIATIE

U kunt de spinazie door snijbiet vervangen. Kies dan de jonge bladen en verwijder de nerf. Bij gebrek aan verse spinazie kunt u ontdooide diepvriesspinazie nemen. Knijp er dan wel voor gebruik al het overtollige water uit. Gooi het vocht niet weg, want misschien kunt u er in stap 5 het deeg nog wat soepeler mee maken.

KIKKERERWTEN-PEPERKORRELBROOD

Brood mag dan basisvoedsel zijn, het is zeker niet saai, zoals deze spannende combinatie bewijst. De kikkererwten houden het deeg licht, terwijl de peperkorrels een kleuraccent en kleine 'smaakexplosies' bieden.

KLEIN
200 ml water
1 el extra vierge olijfolie
125 g goed uitgelekte kikkererwten uit blik
375 g bloem
1½ tl ingelegde roze peperkorrels, uitgelekt
1½ tl ingelegde groene peperkorrels, uitgelekt
1 el magere-melkpoeder
1 tl zout
1½ tl kristalsuiker
1 tl instantgist
melk, voor het bestrijken (naar keuze)

MIDDELGROOT
250 ml water
2 el extra vierge olijfolie
175 g goed uitgelekte kikkererwten uit blik
500 g bloem
2 tl ingelegde roze peperkorrels, uitgelekt
2 tl ingelegde groene peperkorrels, uitgelekt
1½ el magere-melkpoeder
1½ tl zout
2 tl kristalsuiker
1½ tl instantgist
melk, voor het bestrijken (naar keuze)

GROOT
330 ml water
3 el extra vierge olijfolie
225 g goed uitgelekte kikkererwten uit blik
675 g bloem
1 el ingelegde roze peperkorrels, uitgelekt
1 el ingelegde groene peperkorrels, uitgelekt
2 el magere-melkpoeder
2 tl zout
1 el kristalsuiker
1½ tl instantgist
melk, voor het bestrijken (naar keuze)

VOOR 1 BROOD

1 Schenk water en olijfolie in de broodvorm. Voeg de kikkererwten toe. Vereist uw machine dat u eerst de gist in de broodvorm strooit, draai dan gewoon de volgorde om waarin u vaste en vloeibare ingrediënten toevoegt.

2 Strooi de bloem zo in de broodvorm dat hij de al aanwezige ingrediënten geheel bedekt. Voeg de roze en groene peperkorrels toe, samen met het melkpoeder.

3 Strooi zout en suiker in afzonderlijke hoeken van de broodvorm. Maak een kuiltje in het midden van de bloem (maar niet tot aan de vloeistof); strooi daar de gist in.

4 Zet de machine op de stand normaal, medium korst. Druk op Start. Desgewenst bestrijkt u de bovenkant van het brood met melk, vlak voordat de machine aan de bakcyclus begint.

5 Haal het brood aan het einde van de bakcyclus uit de machine en laat het op een rooster afkoelen.

WORTEL-VENKELBROOD

In dit aparte brood contrasteert het heel herkenbare venkelaroma perfect met de wat subtielere wortelsmaak. Eenmaal gesneden ziet het er, dankzij de wortelsnippers, heel aantrekkelijk uit.

KLEIN
180 ml water
1 el zonnebloemolie
1 tl vloeibare honing
140 g geraspte wortel
375 g bloem
1 el magere-melkpoeder
1 tl venkelzaadjes
1 tl zout
1 tl instantgist

MIDDELGROOT
210 ml water
2 el zonnebloemolie
2 tl vloeibare honing
200 g geraspte wortel
500 g bloem
2 el magere-melkpoeder
1½ tl venkelzaadjes
1½ tl zout
1 tl instantgist

GROOT
285 ml water
3 el zonnebloemolie
1 el vloeibare honing
250 g geraspte wortel
675 g bloem
3 el magere-melkpoeder
2 tl venkelzaadjes
2 tl zout
1½ tl instantgist

VOOR 1 BROOD

1 Schenk water, olie en honing in de broodvorm en strooi de geraspte wortel erover. Staat in de gebruiksaanwijzing van uw machine dat u eerst de gist in de broodvorm strooit, draai dan de volgorde waarin u vaste en vloeibare ingrediënten toevoegt om.

2 Strooi de bloem zo in de vorm dat hij het water volledig bedekt. Voeg het melkpoeder en venkelzaad toe. Strooi het zout in een hoek van de broodvorm. Maak een kuiltje in het midden van de bloem (maar niet tot aan de vloeistof) en strooi daar de gist in.

3 Stel de machine in op de stand normaal, medium korst. Druk op Start.

4 Haal het brood aan het einde van de bak-cyclus uit de machine en laat het op een rooster afkoelen.

TIP VAN DE KOK
Verdeel de wortel zorgvuldig over de vloeistof, anders verspreidt hij zich tijdens het kneden niet goed door het deeg en ontstaan er klonten.

TOMATEN-BASILICUMBROOD

1 el extra vierge olijfolie
1 kleine ui, gesnipperd
3 rijpe tomaten, ca. 200 g, ontveld,
van zaden ontdaan en fijngehakt
500 g bloem
½ tl versgemalen zwarte peper
1½ tl zout
2 tl kristalsuiker
1 tl instantgist
1 el vers basilicum, fijngehakt

VOOR HET GLAZUUR
1 eierdooier
1 el water

VOOR 1 BROOD

Hier komt een aantal klassieke mediterrane ingrediënten op verrassende wijze samen. Zoete tomaten, vers basilicum en uien vullen elkaar in dit fraai ogende brood uitstekend aan. Geef het bij de lunch, besmeerd met boter of vergezeld van kommetjes olijfolie om in te dippen.

1 Verhit de olijfolie in een kleine koeken- of steelpan. Fruit hierin de ui in 3-4 minuten lichtbruin.

2 Stoof de tomaten 2-3 minuten mee, tot ze wat zachter worden. Laat het mengsel uitlekken in een zeef die u boven een maatbeker hebt gehangen. Druk het mengsel met een pollepel lichtjes aan zodat de sappen vrijkomen.

3 Zet het tomaat-uienmengsel weg. Vul het kookvocht met water aan tot 275 ml (zie ook Variatie) en laat het afkoelen. Schenk het als het is afgekoeld in de broodvorm. Vereist uw machine dat u eerst de gist in de broodvorm strooit, draai dan de volgorde waarin u vaste en vloeibare ingrediënten toevoegt om.

4 Strooi de bloem zo in de broodvorm dat het aangelengde kookvocht volledig wordt bedekt. Strooi de peper erover en voeg zout en suiker toe, in aparte hoeken van de broodvorm.

5 Maak een kuiltje in het midden van de bloem (maar niet tot aan de vloeistof) en strooi daar de gist in.

6 Zet de machine op de deegstand; zo mogelijk de stand basisdeeg. Druk op Start en vet dan een bakblik van 23 x 13 cm in met wat olie.

7 Haal het deeg na het kneden uit de machine en leg het op een licht met bloem bestoven werkvlak. Doorkneed het voorzichtig.

8 Kneed het tomaat-uienmengsel erdoor, samen met het fijngehakte basilicum. Misschien moet u wat extra bloem toevoegen als het deeg te vochtig blijft na toevoeging van de groenten.

9 Rol het deeg uit tot een rechthoek van 2,5 cm dik. Vouw de lange zijden op naar het midden en druk de smalle uiteinden dicht. Druk de middellijn wat in en vouw het deeg hierlangs nogmaals dubbel. Rol het deeg uit tot een stol van 40 cm lang.

10 Geef het deeg een S-vorm en leg het in het bakblik. Dek het af met ingevet cellofaan en laat het op een warme plaats 30-45 minuten rijzen. Verwarm intussen de oven voor op 200 °C.

11 Maak het glazuur door eierdooier en water te mengen. Verwijder het cellofaan en bestrijk het brood met het glazuur. Bak het brood in 35-40 minuten goudbruin.

VARIATIE
Neem voor een sterkere tomatensmaak bij het aanlengen van het kookvocht in stap 3 voor 1 el van het water eenzelfde hoeveelheid tomatenpuree.

PEPERBROOD

Degenen die een hap van dit volkorenbrood nemen, wacht een pittige verrassing. Verspreid door het deeg vinden ze stukjes Spaanse peper. Gebruik pepers uit eigen land voor een mildere, de jalapeño voor een vurige smaak.

KLEIN
1 el zonnebloemolie
1-2 verse Spaanse pepers, fijngehakt
210 ml water
250 g bloem
125 g volkorenmeel
1½ tl zout
1½ tl kristalsuiker
25 g boter
1 tl instantgist

MIDDELGROOT
1 el zonnebloemolie
2-3 verse Spaanse pepers, fijngehakt
320 ml water
350 g bloem
150 g volkorenmeel
2 tl zout
2 tl kristalsuiker
25 g boter
1 tl instantgist

GROOT
2 el zonnebloemolie
3-4 verse Spaanse pepers, fijngehakt
420 ml water
475 g bloem
200 g volkorenmeel
2 tl zout
1 el kristalsuiker
40 g boter
1½ tl instantgist

VOOR 1 BROOD

VARIATIE
U kunt ook gedroogde Spaanse pepers nemen. Reken op 2-4 tl, afhankelijk van de grootte van het brood en de smaakintensiteit die u wenst.

1 Verhit de olie in een kleine koekenpan. Bak daarin de pepers op matig vuur in 3-4 minuten iets zacht. Zet ze koud weg.

2 Doe pepers en olie over in de broodvorm en schenk het water erbij. Draai zo nodig de volgorde waarin u vaste en vloeibare ingrediënten toevoegt om.

3 Strooi beide meelsoorten zo over de vloeistof dat deze er volledig mee wordt bedekt. Voeg het zout, de suiker en de boter toe, elk in een eigen hoek van de broodvorm. Maak een kuiltje in het meel (maar niet tot aan de vloeistof) en strooi daar de gist in.

4 Zet de machine op de stand normaal, medium korst. Druk op Start.

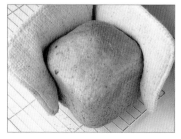

5 Laat het brood aan het einde van de bakcyclus op een rooster afkoelen.

BOERENBROOD MET COURGETTE

Tijdens het kneden vermengt de courgette zich met het meel en zo ontstaat een nat brood, dat door de zaden en pitten extra smaak en textuur krijgt.

1 Schenk de karnemelk en het water in de broodvorm en strooi de geraspte courgette erover. Vereist uw machine dat u eerst de gist in de broodvorm strooit, draai dan de volgorde waarin u vaste en vloeibare ingrediënten toevoegt gewoon om.

2 Strooi beide meelsoorten er zo op dat de vloeistof volledig wordt bedekt. Voeg de pitten en de gierst toe. Voeg zout, suiker en boter toe, in afzonderlijke hoeken van de broodvorm. Maak een kuiltje in het meel (maar niet tot aan de vloeistof) en strooi daar de gist in.

3 Zet de machine op de stand normaal, medium korst. Druk op Start. Bestrijk het deeg vlak voor het bakken met water en bestuif het met maïsmeel.

4 Haal het brood aan het einde van de bakcyclus uit de machine en laat het op een rooster afkoelen.

KLEIN
55 ml karnemelk
70 ml water
115 g geraspte courgette
280 g bloem
50 g volkorenmeel
1 el zonnebloempitten
1 el pompoenpitten
1 tl gierst
1 tl zout
1 tl kristalsuiker
25 g boter
1 tl instantgist
maïsmeel, voor het bestuiven

MIDDELGROOT
75 ml karnemelk
55 ml water
175 g geraspte courgette
375 g bloem
75 g volkorenmeel
1½ el zonnebloempitten
1½ el pompoenpitten
2 tl gierst
1½ tl zout
1½ tl kristalsuiker
40 g boter
1½ tl instantgist
maïsmeel, voor het bestuiven

GROOT
100 ml karnemelk
130 ml water
225 g geraspte courgette
500 g bloem
115 g volkorenmeel
2 el zonnebloempitten
2 el pompoenpitten
1 el gierst
2 tl zout
2 tl kristalsuiker
50 g boter
1½ tl instantgist
maïsmeel, voor het bestuiven

VOOR 1 BROOD

KLEIN
175 g zoete aardappels
190 ml water
350 g bloem
2 el havervlokken
1½ el magere-melkpoeder
1 tl zout
1 el rietsuiker
25 g boter
1 tl instantgist

VOOR DE AFWERKING
2 tl water
1 tl havervlokken
1 tl tarwevlokken

MIDDELGROOT
225 g zoete aardappels
210 ml water
500 g bloem
3 el havervlokken
2 el magere-melkpoeder
1½ tl zout
1½ el rietsuiker
40 g boter
1½ tl instantgist

VOOR DE AFWERKING
1 el water
2 tl havervlokken
2 tl tarwevlokken

GROOT
350 g zoete aardappels
320 ml water
675 g bloem
4 el havervlokken
2 el magere-melkpoeder
1½ tl zout
1½ el rietsuiker
50 g boter
1½ tl instantgist

VOOR DE AFWERKING
1 el water
1 el havervlokken
1 el tarwevlokken

VOOR 1 BROOD

ZOETE-AARDAPPELBROOD

Door zoete aardappels aan het deeg toe te voegen krijgt brood een goudkleurige korst en een lekker vochtig kruim. Neem altijd de donkergele soort en niet de witte, want die geeft het brood zijn mooie kleur.

1 Kook de zoete aardappels ongeveer 40 minuten in ruim komend water, tot ze heel zacht zijn. Schenk ze af en pel ze zodra ze koud genoeg zijn om beet te pakken. Doe ze over in een grote kom en stamp ze heel fijn, maar zonder boter of melk toe te voegen.

2 Schenk het water in de broodvorm. Vereist uw machine dat u eerst de gist in de broodvorm strooit, draai dan gewoon de volgorde om waarin u vaste en vloeibare ingrediënten toevoegt.

VARIATIE
Dit brood biedt u een mooie gelegenheid restjes zoete aardappel te gebruiken. Hebt u de aardappel gepureerd met boter of melk, dan moet u waarschijnlijk de hoeveelheid vocht in het recept iets terugbrengen. Gebruik de volgende hoeveelheden gekookte zoete aardappels; kleine machine 125 g middelgrote machine: 175 g grote machine: 225 g

TIP VAN DE KOK
Havervlokken geven het brood extra beet. Neem hiervoor wel de ouderwetse, onbewerkte vlokken, niet de 'snelkookvlokken'.

3 Strooi bloem, havervlokken en melkpoeder zo in de broodvorm, dat het water volledig wordt bedekt. Weeg de gekookte zoete aardappels, om zeker te zijn dat de hoeveelheid overeenkomt met het gekozen broodformaat. Doe ze daarna in de broodvorm.

4 Voeg zout, suiker en boter toe, elk in een eigen hoek van de broodvorm. Maak een kuiltje in het meel (maar niet tot aan de vloeistof) en strooi daar de gist in.

5 Stel de machine in op de stand normaal, medium korst. Druk op Start.

6 Als de rijscyclus bijna is afgesloten, vlak voor het brood gebakken wordt, is het tijd voor de afwerking: bestrijk de bovenkant van het brood met water en strooi de haver- en tarwevlokken erover.

7 Haal het brood aan het einde van de bakcyclus uit de machine en laat het op een rooster afkoelen.

PASTINAAKBROOD MET NOOTMUSKAAT

Zodra u dit brood aansnijdt, vult de geur van nootmuskaat en pastinaak de ruimte. Het kon wel eens moeilijk worden het bij een sneetje te houden!

Klein

225 ml water

125 g pastinaak, gekookt en fijngestampt

375 g bloem

1 el magere-melkpoeder

½ tl versgeraspte nootmuskaat

25 g boter

1 tl zout

1 tl kristalsuiker

1 tl instantgist

Middelgroot

225 ml water

175 g pastinaak, gekookt en fijngestampt

500 g bloem

2 el magere-melkpoeder

1 tl versgeraspte nootmuskaat

40 g boter

1½ tl zout

1½ tl kristalsuiker

1½ tl instantgist

Groot

320 ml water

225 g pastinaak, gekookt en fijngestampt

675 g bloem

3 el magere-melkpoeder

1 tl versgeraspte nootmuskaat

50 g boter

2 tl zout

2 tl kristalsuiker

1½ tl instantgist

Voor 1 brood

1 Schenk het water in de broodvorm en voeg de gestampte pastinaak toe. Vereist uw machine dat u eerst de gist in de broodvorm strooit, draai dan de volgorde waarin u vaste en vloeibare ingrediënten toevoegt om.

2 Strooi de bloem zo in de broodvorm, dat het water en de pastinaakpuree geheel bedekt raken. Voeg dan het melkpoeder toe en rasp de nootmuskaat boven de broodvorm. Voeg zout, suiker en boter toe, in afzonderlijke hoeken van de broodvorm. Maak een kuiltje in het midden van het meel (maar niet tot aan de vloeistof) en strooi daar de gist in.

3 Stel de machine in op de stand normaal, medium korst. Druk op Start.

4 Haal het brood aan het einde van de bakcyclus uit de machine en laat het op een rooster afkoelen.

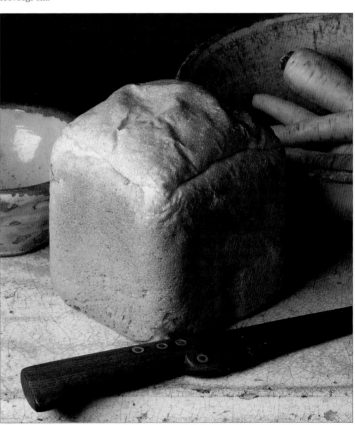

TIP VAN DE KOK

Laat de pastinaken goed uitlekken voor u ze stampt, anders wordt het deeg te klef. Ook moet de gestampte pastinaak goed afkoelen voor u die aan het deeg toevoegt.

BIETENBROOD

Een brood om van op te kijken – dankzij het bietensap. Daarnaast zit het kruim vol met stukjes biet, die het doorbakken brood een licht zoete smaak en een fijne consistentie geven.

KLEIN
150 ml water
140 g geraspte bieten
2 lente-uitjes, fijngehakt
375 g bloem
1 el boter
1½ tl zout
1 tl kristalsuiker
1 tl instantgist

MIDDELGROOT
170 ml water
225 g geraspte bieten
3 lente-uitjes, fijngehakt
500 g bloem
25 g boter
2 tl zout
1 tl kristalsuiker
1 tl instantgist

GROOT
280 ml water
280 g geraspte bieten
4 lente-uitjes, fijngehakt
675 g bloem
40 g boter
2 tl zout
1½ tl kristalsuiker
1½ tl instantgist

VOOR 1 BROOD

3 Strooi de bloem zo in de broodvorm dat water en bieten er volledig mee worden bedekt. Voeg zout, suiker en boter toe, in afzonderlijke hoeken van de broodvorm. Maak een kuiltje in het midden van het meel (maar niet tot aan de vloeistof) en strooi daar de gist in.

4 Stel de machine in op de stand normaal, medium korst. Druk op Start. Desgewenst kunt u op de bovenkant van de deegklomp diagonale inkepingen maken, vlak voor het begin van de bakcyclus.

5 Haal het brood aan het einde van de bakcyclus uit de machine en laat het op een rooster afkoelen.

1 Schenk het water in de broodvorm en strooi de geraspte biet erover. Vereist uw machine dat u eerst de gist in de broodvorm strooit, draai dan de volgorde waarin u vaste en vloeibare ingrediënten toevoegt om.

2 Voeg de gehakte lente-uitjes toe, maar zet ze weg voor een later tijdstip als uw broodmachine de mogelijkheid biedt tijdens de kneedcyclus nog extra ingrediënten toe te voegen.

BUBBLE CORN BREAD

85 ml melk
120 ml water
1 ei
400 g bloem
100 g maïsmeel
1 tl kristalsuiker
1 tl zout
1½ instantgist
1 el groene Spaanse peper, fijngehakt
115 g suikermaïs uit blik, uitgelekt
25 g boter

VOOR 1 BROOD

Een recept dat twee traditionele Amerikaanse broden in zich verenigt, corn bread en bubble loaf. Het heeft een uitgesproken maïssmaak en is doorspekt met Spaanse peper. De 'bellen' deeg bovenop zijn makkelijk af te breken.

1 Schenk melk en water in de broodvorm. Breek het ei boven de broodvorm. Draai, indien voorgeschreven, de volgorde om waarin u vaste en vloeibare ingrediënten toevoegt. Strooi bloem en maïsmeel er zo op dat de vloeistof volledig wordt bedekt. Voeg zout en suiker in aparte hoeken van de broodvorm toe. Maak een kuiltje in het meel en strooi daar de gist in.

2 Zet de machine op de deegstand, waar mogelijk op de stand vruchten en noten. Druk op Start. Voeg na het signaal voor toevoegen of tijdens de laatste 5 minuten van de kneedcyclus pepers en maïskorrels toe. Bestrijk een bakplaat met wat olie.

3 Haal het deeg na het kneden uit de machine en sla het voorzichtig door. Snijd het dan in twintig gelijke stukken en rol er balletjes van.

4 Schik de helft van de deegballetjes met enige tussenruimte in een 22 cm grote springvorm met anti-aanbaklaag. Legde resterende balletjes er zo op dat ze de tussenruimten afdekken.

5 Bedek de springvorm met ingevet cellofaan en laat het deeg op een warme plaats in 30-45 minuten tot bijna dubbele omvang rijzen. Verwarm intussen de oven voor op 200 °C.

6 Smelt de boter in een kleine steelpan en besprenkel de bovenkant van de gerezen deegklomp ermee. Bak het brood 30-35 minuten, tot het goudbruin en goed gerezen is. Stort het brood op een rooster en laat het afkoelen. Serveer het koud of warm.

PAPRIKABROOD

½ rode paprika's, van zaad en zaadlijsten ontdaan
½ groene paprika's, van zaad en zaadlijsten ontdaan
½ gele paprika, van zaad en zaadlijsten ontdaan
200 ml melk
120 ml water
500 g bloem
2 tl kristalsuiker
1½ tl zout
1½ tl instantgist
melk, voor het bestrijken
1 tl karwijzaad

In plakken gesneden ziet dit brood met zijn paprikastukjes er fantastisch uit. U kunt ook nog oranje paprika's toevoegen.

1 Snijd de paprika's in dunne schijfjes. Schenk water en melk in de vorm. Draai, indien nodig, de volgorde om waarin u vaste en vloeibare ingrediënten toevoegt.

2 Strooi de bloem er zo op dat hij de vloeistof bedekt. Voeg zout en suiker toe, elk in een eigen hoek van de broodvorm.

3 Maak een kuiltje in het midden van de bloem en strooi daar de gist in. Zet de machine op de deegstand, waar mogelijk op de stand vruchten en noten. Druk op Start. Bestrijk een bakplaat met wat olie.

4 Voeg na het signaal voor toevoegen of tijdens de laatste 5 minuten van de kneedcyclus de paprika toe.

5 Haal het deeg na het kneden uit de machine en leg het op een licht met bloem bestoven werkvlak. Doorkneed het voorzichtig en vorm het tot een compacte bal. Rol die voorzichtig uit tot een ovaal en leg die op de ingevette bakplaat. Bedek de deegklomp met ingevet cellofaan en laat hem in 30-45 minuten tot ongeveer dubbele omvang rijzen.

6 Verwarm de oven voor op 200 °C. Bestrijk de bovenkant van de deegklomp met melk en strooi daar het karwijzaad over. Trek met een scherp mes een kerf over de lengte van het brood.

7 Bak het brood 35-40 minuten, of tot het goudbruin is en hol klinkt. Laat het op een rooster afkoelen.

TOMAAT-PADDESTOELENBROOD

Nog een mediterraan getint brood, ditmaal met de krachtige smaken van eekhoorntjesbrood en zongedroogde tomaten.

KLEIN
10 g gedroogd eekhoorntjesbrood
200 ml warm water
375 g bloem
1½ tl zout
1 el kristalsuiker
25 g boter
1 tl instantgist
25 g zongedroogde tomaten in olijfolie, uitgelekt

MIDDELGROOT
15 g gedroogd eekhoorntjesbrood
200 ml warm water
500 g bloem
1½ tl zout
1 el kristalsuiker
25 g boter
1 tl instantgist
40 g zongedroogde tomaten in olijfolie, uitgelekt

GROOT
25 g gedroogd eekhoorntjesbrood
200 ml warm water
675 g bloem
2 tl zout
1½ el kristalsuiker
40 g boter
1½ tl instantgist
50 g zongedroogde tomaten in olijfolie, uitgelekt

VOOR 1 BROOD

1 Leg de paddestoelen in een kommetje, overschenk ze met warm water en laat ze ca. 30 minuten weken. Laat ze dan goed uitlekken in een zeef en vang het weekvocht op. Zet de paddestoelen weg en leng het weekvocht met water aan tot 200, 300 of 400 ml, afhankelijk van de grootte van het brood.

2 Schenk het vocht in de broodvorm. Draai zo nodig de volgorde om waarin u vaste en vloeibare ingrediënten toevoegt.

3 Strooi de bloem zo over het water dat hij dit volledig bedekt. Doe zout, suiker en boter in aparte hoeken van de broodvorm.

TIP VAN DE KOK
Voeg 1 of 2 el extra bloem toe als het deeg door toevoeging van de paddestoelen en tomaten te zacht wordt.

4 Maak een kuiltje in de bloem en strooi daar de gist in. Zet de machine op de deegstand, waar mogelijk op de stand vruchten en noten. Druk op Start.

5 Hak paddestoelen en zongedroogde tomaten fijn. Voeg ze na het signaal voor toevoegen of tijdens de laatste 5 minuten van de kneedcyclus aan het deeg toe.

6 Haal het brood aan het einde van de bakcyclus uit de machine en laat het op een rooster afkoelen.

GOUDEN POMPOENBROOD

Een brood dat zijn stralende kleur, zachte korst en satijnen kruim dankt aan pompoenpuree. Met zijn tegelijk zoete en hartige smaak smaakt het goed bij soepen en stoofschotels.

1 Prak het pompoenvruchtvlees en schep het in de broodvorm. Schenk karnemelk, water en olie erbij. Vereist uw machine dat u eerst de gist in de broodvorm strooit, draai dan de volgorde waarin u vaste en vloeibare ingrediënten toevoegt om.

2 Strooi bloem en maïsmeel er zo op dat ze de vloeistof volledig bedekken. Voeg zout en suikerstroop toe, elk in een eigen hoek van de vorm. Maak een kuiltje in het midden van het meel (maar niet tot aan de vloeistof) en strooi daar de gist in.

KLEIN

150 g gekookte pompoen, afgekoeld
90 ml karnemelk
4 el water
1 el extra vierge olijfolie
325 g bloem
50 g maïsmeel
1 el suikerstroop
1 tl zout
¾ tl instantgist
1 el pompoenpitten

MIDDELGROOT

200 g gekookte pompoen, afgekoeld
110 ml karnemelk
3 el water
2 el extra vierge olijfolie
425 g bloem
75 g maïsmeel
1½ el suikerstroop
1½ tl zout
1 tl instantgist
1½ el pompoenpitten

GROOT

250 g gekookte pompoen, afgekoeld
150 ml karnemelk
80 ml water
3 el extra vierge olijfolie
575 g bloem
100 g maïsmeel
2 el suikerstroop
2 tl zout
1½ tl instantgist
2 el pompoenpitten

VOOR 1 BROOD

3 Stel de machine in op de stand normaal (indien mogelijk op de stand vruchten en noten), medium korst. Druk op Start. Voeg na het piepsignaal of tijdens de laatste 5 minuten van het kneden de pompoen-pitten toe.

4 Haal het brood aan het einde van de bak-cyclus uit de machine en laat het op een rooster afkoelen.

AARDAPPELBROOD MET SAFFRAAN

Deeg met aardappel erin zorgt voor vochtig en veerkrachtig brood dat lang
goed blijft. De saffraan geeft aroma en kleur aan het brood.

1 grote aardappel, ca. 225 g, geschild
1 tl saffraandraadjes
1 ei
450 g bloem
2 el magere-melkpoeder
25 g boter
1 el vloeibare honing
1½ tl zout
1½ tl instantgist

VOOR 1 BROOD

TIP VAN DE KOK
Als u tijd hebt, kunt u de saffraan
beter 3-4 uur weken. Hoe langer hij
weekt, hoe beter voor kleur en smaak.

---

1 Leg de aardappel in een pan met kokend
water, draai het vuur lager en kook de
aardappel langzaam gaar. Schenk de aardappel af en vang 200 ml van het kookvocht
op in een kan. Leg de saffraandraadjes in
het hete water en laat ze 30 minuten trekken. Stamp de aardappel zonder melk of
boter fijn en laat hem afkoelen.

2 Schenk het saffraanwater in de broodvorm, voeg de aardappelpuree toe en
breek het ei boven de broodvorm. Draai zo
nodig de volgorde om waarin u de vaste en
vloeibare ingrediënten toevoegt.

3 Strooi de bloem zo over de ingrediënten
in de broodvorm dat hij ze geheel bedekt.
Strooi het melkpoeder erover en voeg
boter, honing en zout toe, elk in een eigen
hoek van de vorm. Maak een kuiltje in het
midden van de bloem (maar niet tot aan de
vloeistof) en strooi daar de gist in.

4 Zet de machine op de deegstand, waar
mogelijk op de stand basisdeeg. Druk op
Start. Bestuif een bakplaat met wat bloem.

5 Haal het deeg na het kneden uit de
machine en leg het op een licht met bloem
bestoven werkvlak. Doorkneed het voorzichtig.

6 Vorm de deegklomp tot een compacte
bal. Leg die op de bakplaat, bedek hem
met ingevet cellofaan en laat hem 30-45
minuten rijzen. Verwarm intussen de oven
voor op 200 °C.

7 Trek drie parallelle lijnen boven op het
brood, draai het een kwartslag en trek nog
drie lijnen, loodrecht op de vorige.

8 Bak het brood 35-40 minuten of tot het
hol klinkt als u op de onderkant klopt. Laat
het brood op een rooster afkoelen.

BROOD MET GEKARAMELISEERDE UIEN

De onmiskenbare geur van goudgebakken uien die dit geruite brood
verspreidt, doet iedereen watertanden. Lekker bij soep of een salade.

50 g boter
2 uien, gesnipperd
280 ml water
1 el vloeibare honing
450 g bloem
1½ tl zout
1½ tl versgemalen zwarte peper
1½ tl instantgist

VOOR 1 BROOD

1 Smelt de boter in een braadpan en fruit
de uien op laag vuur lichtbruin. Haal de
pan van het vuur en laat de uien wat
afkoelen. Hang een zeef boven de broodvorm, schep de uien hierin en vang het
vocht op in de broodvorm. Zet de uitgelekte uien koud weg.

2 Schenk het water en de honing in de
broodvorm. Draai, indien vereist, de volgorde om waarin u vaste en vloeibare ingrediënten toevoegt. Strooi de bloem er zo op
dat hij de vloeistof volledig bedekt. Voeg
zout en peper toe, elk in een eigen hoek
van de vorm. Maak een kuiltje in het midden van de bloem en strooi daar de gist in.

3 Zet de machine op 'deeg', indien aanwezig op 'vruchten en noten'. Druk op Start.
Voeg na het piepsignaal of tijdens de laatste 5 minuten van het kneden de uien toe.
Bestuif een bakplaat met wat bloem.

4 Haal het deeg na het kneden uit de
machine en leg het op een licht met bloem
bestoven werkvlak.

5 Doorkneed het deeg voorzichtig en vorm
het tot een bal. Leg die op de bakplaat,
onder ingevet cellofaan, en laat het deeg
45 minuten rijzen. Verwarm de oven voor
op 200 °C. Kerf een 1 cm diep kruis in het
brood en bak het 35-40 minuten. Laat het
op een rooster afkoelen.

BROODJES EN LUXEBROODJES

Hier vindt de thuisbakker met creatieve inslag alles van zijn gading: ham-kaascroissants, Zweedse vlechtbeignets met saffraan en Deens fruitgebak. Voor de thee bieden we natuurlijk klassieke Engelse recepten, zoals Chelsea buns, Yorkshire teacakes en pikelets. Uit Amerika komen de parker house rolls en donuts. Tot slot een greep uit de afdeling 'klein en hartig': meergranen-uienbroodjes, kruidige ricotta-vlechtbroodjes en cashew-olijvenkrullen.

CALAS

Een gulle lekkernij van Creoolse origine, gemaakt van een gistdeeg op rijstbasis, dat vervolgens wordt gefrituurd. Warm zijn ze het lekkerst, met een kop koffie of bij een zondags ontbijt.

50 g kleefrijst
280 ml melk
140 ml water
2 eieren
125 g bloem
1 tl geraspte citroenschil
½ tl gemberpoeder
½ tl versgeraspte nootmuskaat
50 g poedersuiker
¼ tl zout
1 tl instantgist
frituurolie
poedersuiker, voor de afwerking

VOOR CIRCA 25 BEIGNETS

1 Breng rijst, melk en water in een steelpan langzaam aan de kook. Zet het vuur laag, dek de pan af en houd alles onder af en toe roeren zo'n 20 minuten tegen de kook aan, tot de rijst zacht is en alle vloeistof heeft opgezogen. Koud wegzetten.

2 Breek de eieren boven de broodvorm. Draai, indien voorgeschreven, de volgorde om waarin u vaste en vloeibare ingrediënten toevoegt.

3 Schep de rijst in de broodvorm en strooi bloem, citroenrasp, gemberpoeder en nootmuskaat erover. Voeg het zout en de suiker toe, elk in een eigen hoek van de broodvorm. Maak vervolgens een kuiltje in het midden van de bloem en strooi daar de gist in.

4 Zet de machine op de deegstand, waar mogelijk op de stand basisdeeg. Druk op Start. Til de broodvorm met het beslag aan het einde van het kneden uit de broodmachine.

5 Verwarm de oven voor op 140 °C. Verhit de frituurolie tot 180 °C, of zover als nodig om er een stukje droog brood in 45 seconden in bruin te laten worden. Voeg het beslag toe, telkens met een paar eetlepels tegelijk. Frituur de calas onder af en toe keren in 3-4 minuten goudbruin.

6 Schep de calas met een schuimspaan uit de olie en laat ze op keukenpapier uitlekken. Houd ze warm in de oven terwijl u de rest frituurt. Bestrooi alle calas tot slot met poedersuiker en serveer ze warm.

TIP VAN DE KOK
Als u een grote broodmachine hebt, is het raadzaam een dubbele hoeveelheid beslag te maken. Gebruikt u de aangegeven hoeveelheden, dan moet u controleren of de bloem wel helemaal met de vloeistof is vermengd.

AMERIKAANSE ONTBIJTFLENSJES

Deze dikke, malse flensjes geven Amerikanen vaak met een saus van inheemse, wilde veenbessen (ligonberry's), maar met ahornsiroop en spekreepjes zijn ze ook erg lekker.

2 eieren
280 ml melk
225 g bloem
1 tl zout
1 el poedersuiker
1 el gesmolten boter
1 tl instantgist
ahornsiroop of cranberrysaus, om erbij te geven

VOOR CIRCA 15 FLENSJES

1 Splits 1 ei en zet het eiwit weg. Doe de dooier in de broodvorm en voeg het andere ei en de melk toe. Vereist uw machine dat u eerst de gist in de broodvorm strooit, draai dan de volgorde waarin u vaste en vloeibare ingrediënten toevoegt om.

2 Strooi de bloem er zo op dat hij de vloeistof volledig bedekt. Voeg zout, suiker en boter toe, elk in een eigen hoek van de broodvorm. Maak een kuiltje in het midden van de bloem (niet tot aan de vloeistof) en strooi daar de gist in.

3 Zet de machine op de deegstand, waar mogelijk op de stand basisdeeg. Druk op Start.

4 Schenk het beslag aan het einde van de cyclus in een grote maatbeker. Klop het achtergehouden eiwit stijf en schep het door het beslag. Verwarm de oven voor op 140 °C.

5 Bestrijk een grote koekenpan met zware bodem met olie en zet hem op matig vuur. Schep 3 el beslag in de pan en laat het uitlopen tot een flensje van zo'n 10 cm in doorsnee. Bij voldoende ruimte kunt u een tweede flensje meebakken.

6 Bak elk flensje tot het bovenop droog wordt. Keer het om met een spatel of paletmes en bak de andere kant in 1 minuut goudbruin.

7 Stapel de flensjes met bakpapier ertussen op een warm bord en houd ze warm in de oven terwijl u de rest bakt. Serveer de flensjes met cranberrysaus of ahornsiroop.

ENGELSE VOLKORENMUFFINS

350 ml melk
225 g bloem
225 g volkorenmeel
1 tl poedersuiker
1½ tl zout
15 g boter
1½ tl instantgist
rijstmeel of griesmeel, voor de
afwerking

VOOR 9 MUFFINS

TIP VAN DE KOK
Gebruik een koekenpan met dikke
bodem, want het is belangrijk dat de
muffins langzaam gaar worden.

---

*Na een lange wandeling op een winterse dag eten Engelsen niets liever dan
warme muffins, die opengebroken en met een laag boter besmeerd zijn.*

1 Schenk de melk in de broodvorm. Staat
in de handleiding van uw machine dat u
eerst de gist in de broodvorm strooit, draai
dan de volgorde waarin u vaste en vloeibare ingrediënten toevoegt om.

2 Strooi achtereenvolgens beide meelsoorten zodanig in de broodvorm dat de melk
er volledig mee wordt bedekt. Voeg poedersuiker, zout en boter toe in afzonderlijke hoeken van de broodvorm. Maak een
kuiltje in het midden van het meel (maar
niet tot aan de vloeistof) en strooi daar de
gist in.

3 Zet de machine op de deegstand, waar
mogelijk op de stand basisdeeg. Druk op
Start. Bestrooi een bakplaat met rijst- of
griesmeel.

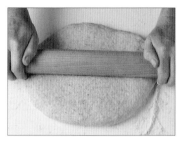

4 Leg het deeg na het kneden op een met
bloem bestoven werkvlak. Sla het deeg
voorzichtig door en rol het uit tot 1 cm
dikte.

5 Steek met een groot formaat koekjesvorm (7,5 cm) negen muffins uit het deeg.
Als u wilt, kunt u van het resterende deeg
weer een bal kneden, die een paar minuten
laten rusten, dan uitrollen en er één of
twee extra muffins uit steken.

6 Leg de muffins op de bakplaat en strooi
er rijst- of griesmeel over. Bedek ze met
ingevet cellofaan en laat ze op een warme
plaats ca. 20 minuten rijzen, tot ze bijna in
omvang zijn verdubbeld.

7 Verhit een koekenpan boven matig vuur.
Hebt u een schenkijzeren pan die u vaak
gebruikt, dan hebt u geen vet nodig. Voeg
anders een paar drupjes olie toe. Bak de
muffins voorzichtig met drie tegelijk aan
beide kanten 7 minuten, tot ze bruin zijn.

PIKELETS

Pikelets zijn te herkennen aan de kenmerkende gaatjes bovenop. Serveer de pikelets warm, met boter en jam. Ze zijn ook erg lekker met roomkaas en gerookte zalm.

140 ml water
140 ml melk
1 el zonnebloemolie
225 g bloem
1 tl zout
1 tl poedersuiker
1½ tl instantgist
¼ tl zuiveringszout
4 el water
1 eiwit

VOOR CIRCA 20 PIKELETS

5 Los het zuiveringszout op in wat water en roer het door het beslag. Klop het eiwit in een vetvrije kom tot zachte pieken en schep het dan door het beslag.

6 Dek het beslag af met ingevet cellofaan en laat het 30 minuten rijzen. Verwarm de oven voor op 140 °C.

7 Bestrijk de bodem van een koekenpan met wat olie en verwarm de pan op laag vuur. Schep flinke eetlepels beslag in de hete pan. Houd voldoende tussenruimte zodat het beslag kan uitlopen. Bak de pikelets tot ze er bovenop niet langer nat uitzien en zich daar veel kleine gaatjes vertonen.

8 Keer ze met een spatel of paletmes om als de onderkant goudbruin is en bak ze lichtbruin.

9 Vouw de gare pikelets in een theedoek. Houd ze warm in de oven terwijl u de rest van het beslag bakt. Serveer de pikelets meteen.

2 Strooi de bloem er zo op dat de vloeistof volledig wordt bedekt. Voeg zout en poedersuiker toe, elk in een eigen hoek van de broodvorm. Maak een kuiltje in het midden van de bloem (maar niet tot aan de vloeistof) en strooi daar de gist in.

3 Zet de machine op de deegstand, waar mogelijk op de stand basisdeeg. Druk op Start. Bestrijk twee bakplaten met wat olie.

4 Til de broodvorm aan het einde van de kneedcyclus voorzichtig uit de broodmachine en schenk het beslag in een grote beslagkom.

1 Schenk eerst het water in de broodvorm, dan de melk en dan de zonnebloemolie. Als in de gebruiksaanwijzing van uw machine staat dat u eerst de gist in de broodvorm moet doen, draait u de volgorde waarin u de vaste en vloeibare ingrediënten toevoegt om.

PETIT PAIN AU CHOCOLAT

125 ml water
250 g bloem
2 el magere-melkpoeder
1 el poedersuiker
½ tl zout
140 g zachte boter
1½ tl instantgist
225 g pure chocolade, verbrokkeld

VOOR HET GLAZUUR
1 eierdooier
1 el melk

VOOR 9 STUKS

Een versgebakken petit pain au chocolat is gewoonweg onweerstaanbaar door de boterglans van zijn korstdeeg dat een heerlijke chocoladevulling in zich bergt. Om ze extra feestelijk te maken kunt u de afgebakken petits pains besprenkelen met gesmolten chocolade.

1 Schenk het water in de broodvorm. Vereist uw machine dat u eerst de gist in de broodvorm strooit, draai dan de volgorde waarin u vaste en vloeibare ingrediënten toevoegt gewoon om.

2 Strooi eerst de bloem en dan het melkpoeder zo in de broodvorm dat het water volledig wordt bedekt.

3 Voeg de poedersuiker, het zout en 2 el van de zachte boter toe, in aparte hoeken van de broodvorm. Maak een kuiltje in het midden van de bloem (maar niet tot aan de vloeistof) en strooi daar de gist in.

4 Zet de machine op de deegstand, waar mogelijk op de stand basisdeeg. Druk op Start. Vorm intussen de resterende boter tot een langwerpig blok van 2 cm dik.

5 Vet twee bakplaten in met wat boter of olie. Leg het deeg na het kneden op een

met bloem bestoven werkvlak. Sla het voorzichtig door en vorm het tot een bal. Kerf tot halverwege de dikte van de bal een kruis in.

6 Rol de vier 'armen' uit en laat in het midden een verheffing over, waar u de boter op legt. Vouw de 'armen' boven op de boter samen en druk de randen dicht.

7 Rol het deeg nu uit tot een rechthoek die 2 cm dik en twee keer zo lang als breed is. Verdeel de lap in drie denkbeeldige, gelijke delen en vouw de buitenste twee tot op het midden van de lap terug. Rol de naden dicht. Leg het deeg omwikkeld met ingevet cellofaan 20 minuten in de koelkast.

8 Herhaal stap 7 nog twee keer en laat het deeg nog eens 30 minuten afkoelen.

9 Rol het deeg uit tot een rechthoek van 53 x 30 cm. Verdeel het met een scherp mes eerst overlangs, dan overdwars in drie gelijke repen, waarna u negen plakken van 18 x 10 cm hebt.

10 Verdeel de chocolade over de negen plakken, overdwars aan een van de korte kanten.

11 Klop voor het glazuur de eierdooier met de melk en bestrijk daarmee de randen van het deeg.

12 Rol de deegplakken zo op dat de chocolade helemaal ingesloten is en druk dan de randen aan.

13 Leg de broodjes met de naad naar beneden op de bakplaten. Bedek ze met ingevet cellofaan en laat ze op een warme plaats in ongeveer 30 minuten tot dubbele omvang rijzen.

14 Verwarm intussen de oven voor op 200 °C. Bestrijk de petits pains met het resterende glazuur en bak ze in ca. 15 minuten goudbruin. Laat ze iets afkoelen op een rooster en serveer ze warm.

VARIATIE
Dit korstdeeggebak is geschikt voor allerlei zoete en hartige vullingen. Probeer het eens met gehakte noten, afgemaakt met wat rietsuiker en kaneel, of –hartig– met dunne reepjes kaas, in ham of ontbijtspek gewikkeld.

50 g boter
1 grote ui, fijngesnipperd
280 ml water
280 g bloem
115 g grofgemalen volkorenmeel
25 g haverzemelen
2 tl zout
2 tl vloeibare honing
1½ tl instantgist
maïsmeel, voor het bestuiven
2 el gierst
1 el havermout
1 el zonnebloempitten

VOOR 12 BROODJES

1 Smelt de helft van de boter in een koe-kenpan, voeg de uisnippers toe en fruit die in 8-10 minuten zacht en lichtbruin. Zet ze koud weg.

2 Schenk het water in de broodvorm. Vereist uw machine dat u eerst de gist in de broodvorm strooit, draai dan de volg-orde waarin u vaste en vloeibare ingrediën-ten toevoegt om.

3 Strooi de bloem, het volkorenmeel en de haverzemelen zo in de broodvorm dat het water er volledig mee wordt bedekt. Voeg zout, honing en de resterende boter toe, in aparte hoeken van de broodvorm. Maak een kuiltje in het midden van het meel (maar niet tot aan de vloeistof) en strooi daar de gist in.

4 Zet de machine op de deegstand, indien aanwezig op de stand vruchten en noten. Druk op Start. Bestrijk twee bakplaten met wat olie en strooi het maïsmeel erover.

MEERGRANEN-UIENBROODJES

Deze knapperige broodjes, op smaak gebracht met gefruite ui, zijn het perfecte tussendoortje, maar u kunt ze ook beleggen of bij de soep geven.

5 Voeg na het signaal voor toevoegen de gierst, havermout, zonnebloempitten en gefruite ui toe, of doe dit tijdens de laatste 5 minuten van de kneedcyclus als uw machine de signaalfunctie mist.

6 Haal het deeg na het kneden uit de machine en leg het op een licht met bloem bestoven werkvlak. Sla het deeg voorzich-tig door en verdeel het in twaalf gelijke porties.

7 Draai elk van de porties tot een bal met een mooi egaal oppervlak. Plet de ballen lichtjes met de palm van uw hand of een deegroller. Leg de bolletjes op de geprepa-reerde bakplaten en bestrooi ze met maïs-meel.

8 Dek de broodjes af met ingevet cellofaan en laat ze in 30-45 minuten op een warme plaats tot dubbele omvang rijzen. Verwarm intussen de oven voor op 200 °C.

9 Knip de randen van de broodjes met een met bloem bestoven schaar op vijf plaatsen vrij diep en ver in. Bak de broodjes in 18-20 minuten goudbruin en laat ze op een rooster afkoelen.

PARKER HOUSE ROLLS

Deze stijlvolle puntjes danken hun naam aan het Bostonse hotel waar ze voor het eerst werden gebakken. Warm smaken ze het best.

180 ml melk
1 ei
450 g bloem
2 tl poedersuiker
1½ tl zout
75 g boter, gesmolten
1 tl instantgist

VOOR 10 PUNTJES

1 Schenk de melk in de broodvorm en breek het ei erboven. Vereist uw machine dat u eerst de gist in de broodvorm strooit, draai dan de volgorde waarin u vaste en vloeibare ingrediënten toevoegt om.

2 Strooi de bloem er zo op dat hij de vloeistof volledig bedekt. Voeg suiker, zout en 2 el van de gesmolten boter toe, elk in een eigen hoek van de broodvorm. Maak een kuiltje in de bloem (maar niet tot aan de vloeistof) en strooi daar de gist in.

3 Zet de machine op de deegstand, indien aanwezig op de stand basisdeeg. Druk op Start. Bestrijk twee bakplaten met wat olie.

4 Haal het deeg na het kneden uit de machine, leg het op een licht met bloem bestoven werkvlak en sla het voorzichtig door.

TIP VAN DE KOK

Als u geen kleine deegroller hebt (of uit een kinderkooksetje kunt lenen), neem dan een schoon flesje of het ronde heft van een mes om de puntjes te vormen.

5 Rol het uit tot een dikte van 1 cm en steek er met een koekjesvorm van 7,5 cm tien schijfjes uit. Druk of rol met een kleine deegroller (Zie Tip) midden op elk schijfje een geul van 5 mm diep.

6 Bestrijk de schijfjes tot op 1 cm van de rand met wat van de resterende gesmolten boter. Vouw ze zo dicht dat de bovenkant iets uitsteekt over de onderkant. Druk de vouw voorzichtig aan.

7 Leg de broodjes tegen elkaar aan op de bakplaten. Bestrijk ze nogmaals met gesmolten boter en bedek ze met ingevet cellofaan. Laat ze op een warme plaats zo'n 30 minuten tot dubbele omvang rijzen.

8 Verwarm de oven voor op 200 °C. Bak de puntjes in 15-18 minuten goudbruin. Bestrijk de hete broodjes met de laatste gesmolten boter en laat ze afkoelen op een rooster.

1 ei
100 ml melk
225 g bloem
1 tl zout
½ tl poedersuiker
50 g boter
1 tl instantgist
2 el melk, voor het glazuur (naar keuze)

VOOR 12 PUNTJES

TIP VAN DE KOK

Maak een dubbele hoeveelheid en vries het teveel in. U kunt daarbij toe met dezelfde hoeveelheid gist.

1 Schenk het water in de broodvorm en breek het ei erboven. Als uw machine dat vereist, voegt u eerst de vaste ingrediënten en dan de vloeibare toe.

PUNTJES

Fluweelzachte puntjes met de smaak van melk en ei.
Gebruik ze voor canapés of geef ze bij de soep.

2 Strooi de bloem zo over de vloeistof dat hij deze volledig bedekt. Voeg zout, suiker en boter toe in afzonderlijke hoeken van de broodvorm. Maak dan een kuiltje in het midden van de bloem (maar niet tot aan de vloeistof) en strooi daar de gist in.

3 Zet de machine op de deegstand, waar mogelijk op de stand basisdeeg. Druk op Start. Bestrijk twee bakplaten met wat olie.

4 Haal het deeg na het kneden uit de machine en leg het op een licht met bloem bestoven werkvlak. Sla het voorzichtig door en verdeel het in twaalf gelijke delen. Bedek die met ingevet cellofaan.

5 Haal de stukken een voor een onder het cellofaan vandaan en geef ze een langwerpige, taps toelopende vorm.

6 Leg op elke bakplaat zes puntjes tamelijk dicht bij elkaar in een rijtje en bedek ze met ingevet cellofaan. Laat ze in ca. 30 minuten op een warme plaats tot dubbele omvang rijzen, zodat ze elkaar raken. Verwarm de oven intussen voor op 220 °C.

7 Bestrijk de puntjes eventueel met melk en bak ze in 15-18 minuten lichtbruin. Laat beide strengen op een rooster afkoelen en snijd de puntjes dan los.

VOLKORENBROODJES

Geen zoeter ontwaken dan met de geur van versgebakken brood! Het
volkorenmeel geeft deze zachte ontbijtbroodjes extra smaak.

140 ml melk
140 ml water
225 g volkorenmeel, plus extra voor het bestuiven
225 g bloem
1½ tl zout
2 tl poedersuiker
1 tl instantgist
melk, voor het glazuren

VOOR 10 BROODJES

1 Schenk melk en water in de broodvorm. Draai zo nodig de volgorde waarin u vaste en vloeibare ingrediënten toevoegt om.

2 Strooi beide meelsoorten er zo op dat ze de vloeistof bedekken. Voeg suiker en zout toe in aparte hoeken van de broodvorm. Maak een kuiltje in het meel en strooi daar de gist in. Zet de machine op de deegstand, waar mogelijk op de stand basisdeeg. Druk op Start.

3 Haal het deeg na het kneden uit de machine en leg het op een licht met bloem bestoven werkvlak. Sla het voorzichtig door, verdeel het in tien gelijke delen en bedek die met ingevet cellofaan.

4 Haal een van de deegklompjes onder het cellofaan vandaan, omvat het met holle handen en vorm het zo tot een balletje. Leg de deegbal op het werkvlak en rol hem uit tot een plat ovaal van 10 x 7,5 cm.

5 Herhaal dit met de overige deegklompjes. Bestrijk twee bakplaten met wat olie.

6 Leg de broodjes op de bakplaten, bedek ze met ingevet cellofaan en laat ze op een warme plaats in ca. 30 minuten tot bijna dubbele omvang rijzen. Verwarm de oven intussen voor op 200 °C.

7 Druk met wijs-, middel- en ringvinger het midden van de broodjes aan om eventuele grote luchtbellen te verspreiden. Bestrijk de broodjes met melk en bestrooi ze met volkorenmeel.

8 Bak ze in 15-20 minuten goudbruin. Stort de broodjes op een rooster en serveer ze warm.

KRUIDIGE RICOTTAVLECHTBROODJES

De ricotta houdt deze sierlijke broodjes heerlijk vochtig. Serveer ze nog enigszins warm om de smaak van oregano en de boterlucht optimaal uit te laten komen.

4 el ricotta
225 ml water
450 g bloem
3 el magere-melkpoeder
2 tl gedroogde oregano
1 tl zout
2 tl poedersuiker
25 g boter
1 tl instantgist

VOOR DE AFWERKING
1 eierdooier
1 el water
versgemalen zwarte peper

VOOR 12 VLECHTBROODJES

1 Schep de ricotta in de broodvorm en schenk het water erover. Vereist uw machine dat u eerst de gist in de broodvorm strooit, draai dan gewoon de volgorde waarin u de vaste en vloeibare ingrediënten toevoegt om.

2 Strooi de bloem zo in de broodvorm dat het water en de kaas er volledig mee worden bedekt. Voeg het melkpoeder en de oregano toe. Voeg zout, suiker en boter toe in aparte hoeken van de broodvorm. Maak een kuiltje in het midden van de bloem (maar niet tot aan de vloeistof) en strooi daar de gist in.

3 Zet de machine op de deegstand, waar mogelijk op de stand basisdeeg. Druk op Start. Bestrijk twee bakplaten met wat olie.

4 Haal het deeg na het kneden uit de machine en leg het op een licht met bloem bestoven werkvlak.

5 Sla het deeg voorzichtig door, verdeel het in twaalven en dek het af met ingevet cellofaan.

6 Haal een van de deegklompjes onder het cellofaan vandaan en rol het op het werkvlak uit tot een sliert van zo'n 25 cm. Maak een lus door het ene uiteinde over het andere te leggen. Maak een gesloten knoop door het andere uiteinde weer door de lus te halen.

7 De hetzelfde met de overige deegklompjes. Leg de vlechtbroodjes op de geprepareerde bakplaten, bedek ze met ingevet cellofaan en laat ze op een warme plaats in ca. 30 minuten tot dubbele omvang rijzen. Verwarm intussen de oven voor op 220 °C.

8 Roer voor de afwerking de eierdooier in een kommetje aan met het water. Bestrijk de broodjes met het mengsel. Maal de peper boven een aantal broodjes en de laat de overige ongekruid.

9 Bak de vlechtbroodjes in 15-18 minuten goudbruin en laat ze afkoelen op een rooster.

VOLKOREN-ROGGEPISTOLETS

Een gezonde variant op de bekende Belgisch-Franse specialiteit. Mocht uw broodmachine geen volkorenstand hebben, dan moet u het deeg twee keer laten rijzen. Dat loont zeker de moeite, want zo krijgt uw brood een lichtere kruimel met meer smaak.

290 ml water
280 g volkorenmeel
50 g bloem, puls extra voor het bestuiven
115 g roggemeel
2 el magere-melkpoeder
2 tl zout
2 tl kristalsuiker
25 g boter
1 tl instantgist

VOOR HET GLAZUUR
1 tl zout
1 el water

VOOR 12 PISTOLETS

5 Haal een deegklompje onder het cellofaan vandaan en kneed het tot een bal. Rol die op het bestoven werkvlak uit tot een ovaal. Doe hetzelfde met de overige klompjes.

6 Leg de pistoletjes op de geprepareerde bakplaten, leg er ingevet cellofaan overheen en laat ze op een warme plaats 30-45 minuten tot bijna dubbele omvang rijzen. Verwarm intussen de oven voor op 220 °C.

7 Roer voor het glazuur het zout door het water. Bestrijk de pistoletjes met dit mengsel en bestuif ze met bloem.

8 Bestrijk de pollepelsteel met olie en druk hiermee de broodjes overlangs bijna doormidden. Leg het cellofaan weer over de broodjes en laat ze 10 minuten rusten.

9 Bak de pistoletjes 15-20 minuten, tot ze hol klinken als u op de onderkant klopt. Laat ze afkoelen op een rooster.

1 Schenk het water in de broodvorm. Vereist uw machine dat u eerst de gist in de broodvorm strooit, draai dan de volgorde waarin u vaste en vloeibare ingrediënten toevoegt om.

2 Strooi de drie meelsoorten zo in de broodvorm dat ze het water volledig bedekken en voeg dan het melkpoeder toe. Voeg zout, suiker en boter toe in afzonderlijke hoeken van de broodvorm. Maak een kuiltje in het midden van het meel (maar niet tot aan de vloeistof) en strooi daar de gist in.

3 Zet de machine op 'deeg', waar mogelijk op 'volkoren'. Druk op Start. Beschikt de machine alleen over een stand voor basisdeeg, dan moet u deze stap misschien herhalen om het zwaardere deeg genoeg tijd te geven om te rijzen. Bestrijk twee bakplaten met wat olie.

4 Haal het deeg aan het einde van de kneedcyclus uit de machine en leg het op een licht met bloem bestoven werkvlak. Sla het voorzichtig door, verdeel het in twaalf gelijke stukken en dek die af met ingevet cellofaan.

HAM-KAASCROISSANTS

Wie door de knapperige laagjes gistdeeg heenbijt, wacht een verrassende ham-kaasvulling. Serveer de croissants als ze nog warm van de oven zijn.

115 ml melk
2 el water
1 ei
280 g bloem
50 g fijne, Franse bloem zonder bakpoeder
1 tl zout
1 el poedersuiker
25 g boter, plus
175 g zachte boter
1½ tl instantgist

VOOR DE VULLING
175 g emmentaler of gruyère, in dunne reepjes
70 g dunne plakjes gezouten en gedroogde ham, uit elkaar geplukt
1 tl paprikapoeder

VOOR HET GLAZUUR
1 eierdooier
1 el melk

VOOR 12 CROISSANTS

1 Schenk melk en water in de vorm en breek het ei erboven. Draai zo nodig de volgorde om waarin u de ingrediënten toevoegt.

2 Strooi de meelsoorten in de broodvorm en voeg zout, suiker en 25 g boter toe in aparte hoeken van de broodvorm. Strooi de gist in een kuiltje in het meel. Zet de machine op 'deeg', waar mogelijk op 'basisdeeg'. Druk op Start. Vorm de boter tot een langwerpig blok van 2 cm dik.

3 Leg het deeg na het kneden op een met bloem bestoven werkvlak en sla het voorzichtig door. Rol het deeg uit tot een rechthoek met een breedte die iets groter is dan de lengte van het boterblok en een lengte van twee keer het boterblok. Leg de boter op de ene helft van het deeg en vouw de andere daar overheen. Sluit de naden met de deegroller.

4 Rol het deeg weer uit, tot een 2 cm dikke lap die twee keer zo lang als breed is. Verdeel de lap in drie denkbeeldige, gelijke delen en vouw de buitenste twee ervan tot op het midden van de lap terug. Druk de naden aan, pak het geheel in cellofaan en leg het 15 minuten in de koeling. Herhaal

deze stap twee keer (draai het deeg telkens wel een kwartslag), maar laat het deeg de laatste keer 30 minuten in de koelkast.

5 Bestrijk twee bakplaten met wat olie, rol het deeg uit tot een rechte plak van 53 x 30 cm en snijd die in twee repen van 15 cm. Zet bij een ervan aan de ene lange zijde 15 cm en aan de tegenoverliggende 7,5 cm uit. Trek met een scherp mes, uitgaande van de 15 cm als basis voor uw eerste driehoek, twee diagonale lijnen naar het 7,5 cm-punt ertegenover. Werk zo de hele reep af, tot u zes driehoeken (en twee

restjes van beide uiteinden van de reep) hebt. Doe met de andere reep hetzelfde.

6 Leg een deegdriehoek met de punt naar u toe op het werkvlak. Verdeel de kaas en ham in twaalf porties; leg een daarvan bij de verste zijde van de driehoek. Rek die zijde vanaf de uiteinden wat uit en rol de driehoek dan met een hand vanaf de vullingkant op, terwijl u met uw andere hand de dichtstbijzijnde punt zachtjes naar u toe trekt.

7 Buig de uiteinden van de opgerolde driehoek tot een maanvorm en leg die, met de punt omlaag, op een van de bakplaten. Vul en rol de overige croissants, bedek ze met ingevet cellofaan en laat ze in 30 minuten tot bijna dubbele omvang rijzen. Verhit de oven voor op 200 °C.

8 Roer de eierdooier door de melk en glazuur de croissants daarmee. Bak ze in 15-20 minuten goudbruin en stort ze op een rooster. Warm serveren.

VLECHTBEIGNETS MET SAFFRAAN

*Dit gevlochten frituurgebak met zijn delicate aroma en de kleur van saffraan
is niet weg te denken van de Scandinavische koffietafel.*

*200 ml melk
¾ tl saffraandraadjes
2 eieren
450 g bloem
½ tl zout
50 g poedersuiker
50 g boter
1 tl instantgist
zonnebloemolie, voor het frituren
poedersuiker, voor de afwerking*

VOOR 8 STUKS

1 Breng de melk net niet aan de kook en schenk hem over de in een kom gelegde saffraan; laat alles in 45 minuten afkoelen.

2 Schenk de saffraanmelk in de broodvorm en breek de eieren erboven. Vereist uw machine dat u eerst de gist in de broodvorm strooit, draai dan de volgorde waarin u vaste en vloeibare ingrediënten toevoegt om.

3 Strooi de bloem zo in de broodvorm dat hij de melk volledig bedekt. Voeg zout, suiker en boter toe in aparte hoeken van de broodvorm. Maak een kuiltje in het midden van de bloem (maar niet tot aan de vloeistof) en strooi daar de gist in.

4 Zet de machine op 'deeg', waar mogelijk op 'basisdeeg'. Druk op Start. Bestrijk twee bakplaten met wat olie.

5 Haal het deeg na het kneden uit de machine en leg het op een licht met bloem bestoven werkvlak. Sla het voorzichtig door en verdeel het in acht gelijke delen. Bedek deze met ingevet cellofaan.

6 Haal een van de stukken onder het cellofaan vandaan en verdeel het met een scherp mes in drieën. Rol elk stukje uit tot een sliert van 20 cm.

7 Leg de slierten naast elkaar, knijp de uiteinden aan één kant samen en vlecht ze. Knijp de andere uiteinden samen en vouw ze om.

8 Herhaal dit met de andere stukken. Leg de vlechten op de bakplaten, bedek ze met ingevet cellofaan en laat ze op een warme plaats in 30-45 minuten tot bijna dubbele omvang rijzen.

9 Verhit de frituurolie tot 180 °C (of tot het punt waarop een stukje droog brood dat u erin gooit in 30-60 seconden goudbruin is).

10 Frituur steeds twee vlechten tegelijk in 4-5 minuten, tot ze uitzetten en goudbruin worden. Laat ze op keukenpapier uitlekken en bestrooi ze met poedersuiker. Warm serveren.

CHINESE KIPBROODJES

Deze verleidelijke, met sesam bestrooide bolletjes, vol kip die naar gember en sojasaus geurt, zijn geknipt voor een picknick.

140 ml halfvolle melk
225 g bloem
½ tl zout
½ tl kristalsuiker
15 g boter
1 tl instantgist

VOOR DE VULLING
2 el zonnebloemolie
stukje verse gember van 5 cm, geraspt
2 el sojasaus
1 el vloeibare honing
225 g kipfilet, in stukjes
3 lente-uitjes, fijngehakt
1 el gehakte verse koriander
versgemalen zwarte peper en zout

VOOR DE AFWERKING
1 eierdooier
1 el water
sesamzaadjes

VOOR 8 BROODJES

1 Schenk de melk in de broodvorm. Als in de handleiding staat dat u eerst de gist in de broodvorm strooit, draait u de volgorde waarin u vaste en vloeibare ingrediënten toevoegt om.

2 Strooi de bloem zo in de broodvorm dat hij de melk volledig bedekt. Voeg zout, suiker en boter toe in afzonderlijke hoeken van de broodvorm. Maak een kuiltje in het midden van de bloem (maar niet tot aan de vloeistof) en strooi daar de gist in.

3 Zet de machine op de deegstand, waar mogelijk op de stand basisdeeg. Druk op Start. Bestrijk een bakplaat met wat olie.

4 Meng voor de vulling de helft van de olie met de gember, sojasaus en honing. Schep de stukjes kip goed door deze saus en laat ze afgedekt 30 minuten marineren.

5 Verhit een wok of koekenpan en schenk de resterende olie erin. Roerbak de kip met marinade 5-6 minuten op matig vuur in de hete olie. Voeg de lente-uitjes toe en bak ze 2 minuten mee, of tot de kip gaar is. Schep koriander en kruiderij erdoor en zet het geheel koud weg.

6 Haal het deeg aan het einde van de deegcyclus uit de machine en leg het op een licht met bloem bestoven werkvlak. Sla het voorzichtig door en verdeel het vervolgens in achten.

7 Rol elk van de deegklompjes uit tot een schijf van 13 cm. Verdeel de kipvulling over het midden van de schijfjes.

8 Sla de eierdooier met het water in een kommetje los en bestrijk hiermee de randen van de deegschijfjes.

9 Vouw de randen van de schijfjes omhoog zodat ze de vulling bedekken en druk ze dicht. Leg de broodjes met de naad omlaag op de bakplaat.

10 Bedek de broodjes met ingevet cellofaan en laat ze op een warme plaats in ca. 30 minuten tot bijna dubbele omvang rijzen. Verwarm intussen de oven voor op 200 °C.

11 Bestrijk de broodjes bovenop met de rest van het glazuur en bestrooi dat met sesam. Bak de broodjes in ca. 18-20 minuten goudbruin. Laat ze op een rooster licht afkoelen. Serveer ze warm.

VARIATIE
In plaats van kip kunt u restjes geroerbakte groente als vulling gebruiken. Voor een andere vegetarische variatie snijdt u 225 g gemengde groente in reepjes of blokjes en marineert die als de kip in stap 4. Gebruik bijvoorbeeld wortel, broccoli, prei, taugé en pepertjes.

SPAANSE PICOS

In Spanje eten ze deze met zout en sesam bespikkelde minibroodjes vaak tijdens de borrel voor het eten, maar de picos passen ook goed bij een voorafje of soep.

200 ml water
3 el extra vierge olijfolie
350 g bloem
1 tl zout
½ tl kristalsuiker
1 tl instantgist

VOOR DE AFWERKING
2 el water
1 el zeezout
1 el sesamzaadjes

VOOR CIRCA 70 PICOS

TIP VAN DE KOK
U kunt deze zoutjes tot een dag van tevoren maken. Warm ze dan in een matig warme oven weer op.

---

1 Schenk water en olie in de broodvorm. Draai zo nodig de volgorde waarin u vaste en vloeibare ingrediënten toevoegt om.

2 Strooi de bloem er zo op dat hij de vloeistof volledig bedekt. Schep zout en suiker in afzonderlijke hoeken van de broodvorm. Maak een kuiltje in het midden van de bloem (maar niet tot aan de vloeistof) en strooi daar de gist in.

3 Zet de machine op de deegstand, waar mogelijk op de stand basisdeeg. Druk op Start. Bestrijk twee bakplaten met wat olie.

4 Haal het deeg na het beëindigen van de kneedcyclus uit de broodmachine en leg het op een licht met bloem bestoven werkvlak. Sla het voorzichtig door en rol het dan uit tot een rechthoek van 30 x 23 cm. Snijd deze overlangs in drie stukken en deze stukken zelf weer in 2,5 cm brede slierten.

5 Verwarm de oven voor op 200 °C. Leg elke sliert in een losse knoop. Leg de knopen met voldoende tussenruimte op de bakplaten. Bedek ze met ingevet cellofaan en laat ze op een warme plaats 10-15 minuten rijzen. U kunt de picos onversierd laten of ze met water bestrijken en dan met zout of sesamzaadjes bestrooien. Bak ze in 10-15 minuten goudbruin.

CASHEW-OLIJVENKRULLEN

Deze leuk gevormde broodjes zijn lekker knapperig en zitten door de olijven en verse kruiden vol smaak.

140 ml melk
120 ml water
2 el extra vierge olijfolie
450 g bloem
1 tl zout
½ tl poedersuiker
1½ tl instantgist
1 tl fijngehakte verse rozemarijn of tijm
50 g gezouten cashewnoten, fijngehakt
50 g ontpitte groene olijven, fijngehakt
3 el versgeraspte parmezaanse kaas kaas, vor het bestrooien

VOOR 12 KRULLEN

1 Schenk melk, water en olie in de broodvorm. Vereist uw machine dat u eerst de gist in de broodvorm strooit, draai dan de volgorde waarin u vaste en vloeibare ingrediënten toevoegt om.

2 Strooi de bloem er zo op dat hij de vloeistof volledig bedekt. Schep zout en suiker in afzonderlijke hoeken van de broodvorm. Maak een kuiltje in het midden van de bloem (maar niet tot aan de vloeistof) en strooi daar de gist in.

3 Zet de machine op de deegstand, waar mogelijk op de stand vruchten en noten. Druk op Start. Voeg kruiden, cashewnoten en olijven toe na het signaal voor toevoegen. Als uw machine deze mogelijkheid niet biedt, voegt u deze ingrediënten 5 minuten voor het beëindigen van het kneden toe. Bestrijk twee bakplaten met wat olie.

4 Haal het deeg na het kneden uit de machine en leg het op een licht met bloem bestoven werkvlak. Sla het voorzichtig door.

5 Verdeel het deeg in twaalf gelijke stukken en bedek die met ingevet cellofaan. Haal een stuk onder het cellofaan vandaan en rol het uit tot een sliert van 23 cm met gepunte uiteinden. Breng de sliert, uitgaande van het midden, in een S-vorm en druk de uiteinden naar binnen, zodat een spiraal ontstaat.

6 Leg de spiraal op een van de geprepareerde bakplaten en maak op dezelfde manier nog elf krullen. Bedek ze allemaal opnieuw met ingevet cellofaan en laat ze op een warme plaats in ca. 30 minuten tot dubbele omvang rijzen.

7 Verwarm intussen de oven voor op 200 °C. Bestrooi de broodjes met parmezaanse kaas en bak ze 18-20 minuten, tot ze goudbruin en uitgerezen zijn. Laat ze op een rooster afkoelen.

PITTIGE PAASBROODJES

Het kruis op deze paasbroodjes dateert al van het begin van onze beschaving en symboliseert waarschijnlijk de vier jaargetijden. Pas later diende het als verwijzing naar Goede Vrijdag en de kruisiging.

210 ml melk
1 ei
450 g bloem
1½ tl vijfkruidenpoeder
½ tl kaneel
½ tl zout
50 g poedersuiker
50 g boter
1½ tl instantgist
75 g krenten
25 g rozijnen
25 g sukade

VOOR DE DEEGKRUISEN
50 g tarwemeel
25 g margarine

VOOR HET GLAZUUR
2 el melk
25 g poedersuiker

VOOR 12 BROODJES

1 Schenk de melk in de broodvorm breek het ei erboven. Vereist uw machine dat u eerst de gist in de broodvorm strooit, draai dan de volgorde waarin u vaste en vloeibare ingrediënten toevoegt om.

2 Strooi de bloem er zo op dat hij de vloeistof volledig bedekt. Strooi het vijfkruidenpoeder en de kaneel erover. Voeg zout, suiker en boter toe in aparte hoeken van de broodvorm. Maak een kuiltje in het midden van de bloem en strooi daar de gist in.

TIP VAN DE KOK
U kunt de kruisen ook van kruimeldeeg maken, waarvan u 50 g uitrolt en in dunne repen snijdt. Plak die met water op de broodjes.

3 Zet de machine op de deegstand, waar mogelijk op de stand vruchten en noten. Druk op Start. Bestrijk twee bakplaten met wat olie.

4 Voeg als de machine een piepsignaal geeft of 5 minuten voor het beëindigen van de kneedcyclus zuidvruchten en sukade toe.

5 Haal het deeg na het kneden uit de machine en legt het op een licht met bloem bestoven werkvlak. Sla het voorzichtig door en verdeel het dan in twaalven. Omvat elk stuk met holle handen en rol het tot een bal. Leg de deegballen op de geprepareerde bakplaten, bedek ze met ingevet cellofaan en laat ze in 30-45 minuten tot bijna dubbele omvang rijzen.

6 Verwarm de oven intussen voor op 200 °C en maak het deeg voor de kruisen: wrijf het tarwemeel en de margarine in een kom tot een kruimige massa. Bind het geheel met genoeg water om een deeg te krijgen dat zacht genoeg is voor een spuitzak.

7 Schep het deeg in een spuitzak met gewoon mondstuk en spuit op elk broodje een kruis. Bak de broodjes in 15-18 minuten goudbruin.

8 Verhit intussen de melk en suiker voor het glazuur in een kleine steelpan. Roer goed, tot de suiker volledig is opgelost. Bestrijk de hete broodjes met dit glazuur, stort ze op een rooster en serveer ze warm of koud.

HAMANTASCHEL

Deze tere, driehoekige gebakjes worden traditioneel tijdens het joodse poerimfeest gegeten. Ze kunnen met zuidvruchten of maanzaad worden gevuld.

1 Schenk de melk in de broodvorm en breek het ei erboven. Als in de gebruiksaanwijzing van uw machine staat dat u eerst de gist in de broodvorm moet doen, draait u de volgorde waarin u vaste en vloeibare ingrediënten toevoegt om.

2 Strooi de bloem er zo op dat de vloeistof volledig wordt bedekt. Voeg suiker, zout en boter toe, elk in een eigen hoek van de broodvorm. Maak een kuiltje in het midden van de bloem (maar niet tot aan de vloeistof) en strooi daar de gist in.

3 Zet de machine op de deegstand, waar mogelijk op de stand basisdeeg. Druk op Start. Bestrijk twee bakplaten met wat olie.

4 Strooi voor de vulling het maanzaad in een vuurvaste kom, overschenk het met ruim kokend water en laat het afkoelen. Laat het maanzaad goed uitlekken in een fijnmazige zeef. Smelt 1 el van de boter in een pannetje en fruit hierin al roerend het maanzaad 1-2 minuten. Voeg er van het vuur af amandelschaafsel, honing, sukade en rozijnen aan toe. Zet koud weg.

5 Leg het deeg na het kneden op een licht met bloem bestoven werkvlak. Sla het voorzichtig door en vorm het tot een bal.

6 Rol de bal uit tot een plak van zo'n 5 mm dik en steek er met een koekjesvorm rondjes van 10 cm uit. Rol zo nodig de restjes uit tot een nieuwe plak. Smelt dan de resterende boter.

100 ml melk
1 ei
250 g bloem
25 g poedersuiker
½ tl zout
25 g boter, gesmolten
1 tl instantgist
1 losgekopt ei, voor het glazuur

VOOR DE VULLING
50 g maanzaad
40 g boter
15 g amandelschaafsel
1 el vloeibare honing
1 el sukade
1 el fijngehakte rozijnen

VOOR 10-12 STUKS

7 Bestrijk elk deegschijfje met gesmolten boter en schep er in het midden een lepel vulling op. Vouw de randen zo omhoog dat driehoeken ontstaan die nog een deel van de vulling vrijlaten. Zet de hamantaschel op de bakplaten, bedek ze met ingevet cellofaan en laat ze in ca. 30 minuten tot dubbele omvang rijzen.

8 Verwarm de oven voor op 190 °C. Bestrijk de hamantaschel met het losgeklopte ei en bak ze in ca. 15 minuten goudbruin. Laat ze afkoelen op een rooster.

VARIATIE
U kunt het maanzaad voor de vulling vervangen door gehakte gedroogde pruimen of door een mengsel van fijngehakte krenten en rozijnen.

CHELSEA BUNS

225 ml melk
1 ei
500 g bloem
½ tl zout
75 g poedersuiker
50 g zachte boter
1 tl instantgist

VOOR DE VULLING
2 el gesmolten boter
115 g rozijnen
3 el sukade
2 el krenten
2 el bruine suiker
1 tl vijfkruidenpoeder

VOOR HET GLAZUUR
50 g poedersuiker
4 el water
1 el oranjebloesemwater

VOOR 12 BROODJES

Chelsea buns schijnen aan het eind van de 17e eeuw uitgevonden te zijn door de eigenaar van het Londense Chelsea Bun House. Ze zijn een perfecte aanvulling op een kopje thee of koffie. En ze smaken zo goed dat menigeen het niet bij één stuk zal kunnen laten!

4 Beboter een bakblik van 23 x 23 cm. Haal het deeg na het kneden uit de machine en leeg het op een licht met bloem bestoven werkvlak.

5 Sla het deeg voorzichtig door en rol het vervolgens uit tot een vierkant van circa 30 x 30 cm.

6 Bestrijk het deeg met de gesmolten boter voor de vulling en bestrooi het met de rozijnen, krenten, sukade, bruine suiker en vijfkruidenpoeder; laat daarbij aan één kant een strook van 1 cm vrij.

7 Rol de plak vanaf een bedekte zijde op als een koninginnenbrood en druk het aan de randen dicht. Snijd de rol in twaalf plakken en leg die met het snijvlak omhoog in het ingevette bakblik.

1 Schenk de melk in de broodvorm en breek het ei erboven. Vereist uw machine dat u eerst de gist in de broodvorm strooit, draai dan de volgorde waarin u vaste en vloeibare ingrediënten toevoegt om.

2 Strooi de bloem zo in de broodvorm dat hij melk en ei geheel bedekt. Voeg zout, suiker en boter toe, elk in een eigen hoek van de broodvorm. Maak een kuiltje in het midden van de bloem (maar niet tot aan de vloeistof) en strooi daar de gist in.

3 Zet de machine op de deegstand, waar mogelijk op de stand basisdeeg. Druk op Start.

8 Dek het blik af met ingevet cellofaan en laat het deeg op een warme plaats 30-45 minuten rijzen, of tot de plakken in omvang zijn verdubbeld. Verwarm de oven intussen voor op 200 °C.

9 Bak de broodjes 15-20 minuten, tot ze goudbruin en uitgerezen zijn. Laat ze na het bakken eerst wat in het bakblik afkoelen en laat ze dan op een rooster verder koud worden.

10 Roer de poedersuiker in een steelpan door het water en verhit het mengsel onder af en toe roeren, tot alle suiker is opgelost. Kook het mengsel daarna 1-2 minuten zonder roeren op hoog vuur, tot het stroperig wordt.

11 Roer het glazuur door het oranjebloesemwater en bestrijk de warme broodjes met dit mengsel. Serveer ze enigszins warm.

TIP VAN DE KOK
Ga eens op zoek naar speciale glazuursuiker. Daarmee kunt u een nog dunner glazuur maken.

YORKSHIRE TEACAKES

280 ml melk
450 g bloem
1 tl zout
3 el poedersuiker
3 el reuzel of boter
1 tl instantgist
50 g krenten
50 g rozijnen
melk, voor het glazuur

VOOR 8-10 BOLLETJES

TIP VAN DE KOK
Als u bent vergeten de zuidvruchten tijdens het kneden toe te voegen, werkt u ze gewoon door het deeg als u dat doorslaat na de eerste rijs.

Aangenomen wordt dat dit fruitige theegebak een verfijning is van de middeleeuwse 'manchet', een handgevormd bolletje. De Engelsen eten hun Yorkshire teacakes ovenwarm of geroosterd. Ze snijden ze doormidden en besmeren ze met boter.

1 Schenk de melk in de broodvorm. Als uw machine voorschrijft dat u eerst de gist in de broodvorm strooit, draai dan de volgorde waarin u vaste en vloeibare ingrediënten toevoegt om.

2 Strooi de bloem zo in de broodvorm dat hij de melk volledig bedekt. Voeg zout, suiker, reuzel (of boter) toe, elk in een eigen hoek van de broodvorm. Maak een kuiltje in het midden van de bloem (maar niet tot aan de vloeistof eronder) en strooi de gist daar in.

3 Zet de machine op de deegstand, waar mogelijk op de stand vruchten en noten. Druk op Start. Voeg de krenten en rozijnen toe na het signaal voor toevoegen. Als uw broodmachine deze mogelijkheid niet biedt, kunt u deze ingrediënten 5 minuten voor het beëindigen van de kneedfase toevoegen.

4 Bestrijk twee bakplaten met wat olie. Haal het deeg na het kneden uit de machine en leg het op een licht met bloem bestoven werkvlak. Sla het voorzichtig door.

5 Verdeel het deeg in acht tot tien porties, afhankelijk van de gewenste grootte, en vorm er ballen van. Plet elke bal tot een schijf van ca. 1 cm dik.

6 Leg de schijven zo'n 2,5 cm uit elkaar op de geprepareerde bakplaten, dek ze af met ingevet cellofaan en laat ze op een warme plaats in 30-45 minuten tot ongeveer dubbele omvang rijzen. Verwarm de oven intussen voor op 200 °C.

7 Bestrijk de bolletjes bovenop met melk en bak ze in 15-18 minuten goudbruin. Laat ze op een rooster iets afkoelen.

8 Snijd ze open als ze nog warm zijn en besmeer ze royaal met boter. U kunt ze ook helemaal af laten koelen, de helften roosteren en dan met boter besmeren.

DEVONSHIRE SPLITS

Vorstelijk theegebak voor op een warme zomermiddag – geen wonder dat deze luxebroodjes een vast bestanddeel van de Engelse eetcultuur zijn geworden.

*140 ml melk
225 g bloem
2 el poedersuiker
½ tl zout
1 tl instantgist
poedersuiker, voor de afwerking*

*VOOR DE VULLING
stijfgeslagen slagroom
frambozen- of aardbeienjam*

VOOR 8 STUKS

5 Haal het deeg na het kneden uit de machine en leg het op een licht met bloem bestoven werkvlak. Sla het voorzichtig door en verdeel het dan in acht gelijke porties.

6 Vorm alle deegklompjes met holle handen tot ballen. Leg die op de geprepareerde bakplaten, plet ze licht en dek ze toe met cellofaan. Laat ze 30-45 minuten op een warme plaats tot dubbele omvang rijzen.

7 Verwarm de oven intussen voor op 220 °C. Bak de bolletjes in 15-18 minuten lichtbruin en laat ze afkoelen op een rooster.

8 Snijd ze overdwars doormidden en vul ze met room en jam. Strooi er vlak voor het opdienen poedersuiker over.

1 Schenk de melk in de broodvorm. Als uw machine dat vereist, draait u de volgorde waarin u vaste en vloeibare ingrediënten toevoegt om.

2 Strooi de bloem zo in de broodvorm dat de melk volledig wordt bedekt. Voeg poedersuiker en zout toe, elk in een eigen hoek van de broodvorm.

3 Maak een kuiltje in het midden van de bloem (maar niet tot op de melk eronder) en strooi daar de gist in.

4 Zet de machine op de deegstand, indien aanwezig op de stand basisdeeg. Druk op Start. Bestrijk twee bakplaten met wat olie.

DONUTS

---

90 ml water
140 ml melk
1 ei
450 g bloem
50 g poedersuiker
1 tl zout
50 g boter
1½ tl instantgist
frituurvet
poedersuiker, voor de afwerking
kaneel, voor de afwerking

VOOR DE VULLING
3 el rode jam
1 tl citroensap

VOOR CIRCA 16 DONUTS

Wat aan donuts het meest opvalt, is de snelheid waarmee ze verdwijnen. Maak dus ruim voldoende van beide varianten, de kaneelringen en de aardbeienbollen.

5 Sla het deeg behoedzaam door en verdeel het in tweeën. Bedek de ene helft met ingevet cellofaan en verdeel de andere in acht gelijke porties.

6 Rol de acht klompjes een voor een tussen uw handen tot een egale bal. Bestrijk twee bakplaten met wat olie.

7 Leg de acht deegballen op een van de bakplaten, dek ze af met ingevet cellofaan en laat ze op een warme plaats in ca. 30 minuten tot dubbele omvang rijzen.

VARIATIE

Maak langwerpige donuts en snijd ze na het afkoelen overlangs bijna door. Vul ze met slagroom en uw lievelingsjam.

12 Wentel de bolle donuts door de poedersuiker en de ringen door een mengsel van poedersuiker en kaneel. Zet ze koud weg.

13 Roer jam en citroensap in een pannetje op laag vuur door elkaar tot een egale massa. Zet die koud weg en schep hem vervolgens in een spuitzak met een klein, ongekarteld mondstuk.

1 Schenk water en melk in de broodvorm en breek het ei erboven. Vereist uw machine dat u eerst de gist in de broodvorm strooit, draai dan de volgorde waarin u vaste en vloeibare ingrediënten toevoegt gewoon om.

2 Strooi de bloem er zo op dat hij de vloeistof volledig bedekt. Voeg suiker, zout en boter toe, elk in een eigen hoek van de broodvorm. Maak een kuiltje in het midden van de bloem (maar niet tot aan de vloeistof) en strooi daar de gist in.

3 Zet de machine op de deegstand, waar mogelijk op de stand basisdeeg. Druk op Start.

4 Haal het deeg na het kneden uit de machine en leg het op een licht met bloem bestoven werkvlak.

8 Rol de andere helft van het deeg uit tot een plak van 2 cm dikte. Steek er met een ongekartelde koekjesvorm van 7,5 cm schijfjes uit en verander ze in ringen door het midden er met een vorm van 4 cm uit te steken.

9 Leg de ringen op de tweede bakplaat, dek ze af met ingevet cellofaan en laat ze op een warme plaats in ca. 30 minuten tot dubbele omvang rijzen.

10 Verhit het frituurvet tot 180 °C (of tot het punt waarop een stukje droog brood dat u erin gooit in 30-60 seconden goudbruin wordt) en laat er drie tot vier donuts tegelijk in glijden.

11 Frituur de donuts in 4-5 minuten goudbruin. Schep ze met een schuimspaan uit het vet en laat ze uitlekken op keukenpapier.

14 Maak met een vleespin een opening in de afgekoelde bolle donuts. Steek het mondstuk van de spuitzak daarin en druk daardoor wat van het jammengsel naar binnen.

MARSEPEIN-AMANDELSTRIKJES

*Amandelliefhebbers opgelet! Likeur, marsepein en amandelschaafsel zorgen
voor een driedubbele traktatie.*

90 ml water
4 el Amaretto
350 g bloem
2 el magere-melkpoeder
3 el poedersuiker
½ tl zout
50 g boter, gesmolten
1½ tl instantgist

VOOR DE VULLING EN AFWERKING
115 g amandelschaafsel
50 g poedersuiker
2-3 druppels amandelessence
1 ei, gesplitst
5 tl water
2 tl melk
amandelschaafsel, ter decoratie

VOOR 9 STRIKJES

1 Schenk water, ei en Amaretto in de
broodvorm. Vereist uw machine dat u eerst
de gist in de broodvorm strooit, draai dan
de volgorde waarin u vaste en vloeibare
ingrediënten toevoegt om.

2 Strooi de bloem er zo op dat de vloeistof
volledig wordt bedekt. Strooi het melkpoeder erover en voeg suiker, zout en boter
toe, elk in een eigen hoek van de broodvorm. Maak een kuiltje in het midden van
de bloem (maar niet tot aan de vloeistof)
en strooi daar de gist in.

3 Zet de machine op de deegstand, waar
mogelijk op de stand basisdeeg. Druk op
Start. Bestrijk twee bakplaten met wat olie
en zet ze weg.

4 Roer voor de marsepeinvulling in een
kom het amandelschaafsel, de poedersuiker, de amandelessence, het eiwit en
3 tl van het water door elkaar en zet het
mengsel weg. Klop in een andere kom de
eierdooier los met de resterende 2 tl
water.

5 Haal het deeg na het kneden uit de
machine en leg het op een licht met bloem
bestoven werkvlak. Sla het behoedzaam
door en rol het uit tot een rechthoek van
46 x 23 cm. Snijd die in twee vierkanten
van 23 x 23 cm.

6 Bedek een van de vierkanten volledig
met de vulling. Bestrijk de andere plak met
wat losgeklopte eierdooier en leg die met
de natte kant naar beneden op de marsepeinvulling.

7 Snijd de dubbele plak tot negen repen
van 2,5 cm breedte. Maak in een van de
repen een verticale snee tot bijna het uiteinde. Kronkel de reep, beginnend bij het
niet-doorgesneden einde, en haal het
einde dan door de snede. Bestrijk het uiteinde met wat eiermengsel en druk het
dicht. Doe hetzelfde met de overige repen.

8 Leg de strikjes op de voorbereide bakplaten en dek ze af met ingevet cellofaan.
Laat ze op een warme plaats in ca. 30
minuten tot dubbele omvang rijzen.

9 Verwarm de oven ondertussen voor op
200 °C. Roer het restje losgeklopte eierdooier door de melk en glaceer daarmee
de strikjes. Bestrooi ze met amandelschaafsel en bak ze in 12-15 minuten goudbruin. Laat ze afkoelen op een rooster.

KOKOSBOLUSSEN

Gedraaide bolletjes met een vleugje kokos. Serveer ze warm of koud met boter en confiture.

1 Schenk kokosmelk, melk en vanille-essence in de broodvorm en breek het ei erboven. Vereist uw machine dat u eerst de gist in de broodvorm strooit, draai dan de volgorde waarin u vaste en vloeibare ingrediënten toevoegt om.

2 Strooi eerst de bloem en dan het kokos er zo op dat ze de vloeistof volledig bedekken. Voeg zout, poedersuiker en boter toe, elk in een eigen hoek van de broodvorm. Maak een kuiltje in het midden van de bloem (maar niet tot aan de vloeistof) en strooi daar de gist in.

3 Zet de machine op de deegstand, waar mogelijk op de stand basisdeeg. Druk op Start. Bestrijk twee bakplaten met wat olie.

4 Haal het deeg na het kneden uit de machine en leg het op een licht met bloem bestoven werkvlak. Sla het behoedzaam door en verdeel het dan in twaalf gelijke porties. Bedek die met ingevet cellofaan.

5 Haal een deegklompje onder het cellofaan vandaan en rol het uit tot een sliert van zo'n 38 cm lang.

115 ml kokosmelk
115 ml melk
1 ei
½ tl vanille-essence
450 g bloem
25 g kokosschaafsel
½ tl zout
50 g poedersuiker
40 g boter
1 tl instantgist

VOOR DE AFWERKING
50 g boter, gesmolten
2 el rietsuiker

VOOR 12 STUKS

6 Leg de sliert op een van de bakplaten en rol hem op tot een losse spiraal. Druk het uiteinde vast tegen de onderkant van de deegbolus. Doe hetzelfde met de andere slierten en leg ze op voldoende afstand van elkaar.

7 Dek de bolussen af met ingevet cellofaan en laat ze op een warme plaats in 30 minuten tot dubbele omvang rijzen. Verwarm de oven voor op 220 °C.

8 Bestrijk de bolussen met gesmolten boter en bestrooi ze met rietsuiker. Bak ze in 12-15 minuten goudbruin en laat ze op een rooster afkoelen.

VOOR HET FEUILLETÉDEEG
1 ei
5 el melk
225 g bloem
1 el poedersuiker
½ tl zout
140 g zachte boter
1½ tl instantgist

VOOR DE VULLING
25 g boter
250 g moesappels, in blokjes
1 el maïsmeel
2 el poedersuiker
2 el water
1 tl citroensap
3 el rozijnen

VOOR DE AFWERKING
1 ei, gesplitst
amandelschaafsel, ter decoratie

VOOR 12 STUKS

DEENS FRUITGEBAK

Goudglanzend, zacht korstgebak met fruitvulling.

1 Schenk de melk in de broodvorm en breek het ei erboven. Draai zo nodig de volgorde waarin u vaste en vloeibare ingrediënten toevoegt om. Strooi de bloem er zo op dat hij de vloeistof volledig bedekt. Voeg suiker, zout en 2 el van de boter toe, elk in een eigen hoek van de broodvorm.

2 Maak een kuiltje in het midden van de bloem en strooi daar de bloem in. Zet de machine op de deegstand, waar mogelijk op de stand basisdeeg. Druk op Start. Bestrijk twee bakplaten met wat olie.

3 Vorm de resterende boter tot een blok van 2 cm dikte. Leg het deeg na het kneden op een licht met bloem bestoven werkvlak. Sla het behoedzaam door en rol het dan uit tot een rechthoek met een breedte net iets groter dan de lengte van het boterblok en met net iets meer dan twee keer de lengte van het blok.

4 Leg de boter op de ene helft van de deegplak, vouw de andere helft eroverheen; rol de randen dicht. Rol het deeg weer uit tot een rechthoek van 2 cm dikte, maar nu twee keer zo lang als breed. Sla aan beide uiteinden eenderde om naar het midden; druk de randen dicht, leg de plak in cellofaan 15 minuten in de koelkast. Herhaal het uitrollen en vouwen twee keer, waarbij u het deeg telkens een kwartslag draait. Leg het in folie 20 minuten in de koelkast.

5 Smelt voor de vulling de boter in een pan. Schep appels, maïsmeel en suiker in een kom door elkaar. Schep dit mengsel door de boter.

6 Schenk water en citroensap in de pan en kook het mengsel al roerend 3-4 minuten op matig vuur. Roer de rozijnen erdoor.

7 Zet de vulling koud weg. Rol het deeg intussen uit tot een rechthoek van 40 x 30 cm, snijd het in vierkanten van 10 cm en verdeel de vulling daar zo over dat ze voor de helft bedekt zijn en beide helften samengevouwen uiteindelijk weer een rechthoek vormen.

8 Bestrijk de randen van de deegvierkanten met licht geklopt eiwit en vouw het deeg over de vulling om een rechthoek van 10 x 5 cm te krijgen; druk de randen stevig aan. Maak haaks op de lengterichting een aantal inkepingen in het gebak.

9 Laat het gebak afgedekt met ingevet cellofaan 30 minuten op de bakplaten rijzen.

10 Verwarm de oven voor op 200 °C. Roer 1 el water door de eierdooier en bestrijk het gebak daarmee. Bestrooi het met wat amandelschaafsel en bak het in 15 minuten goudbruin. Laat het afkoelen op een rooster.

ABRIKOZENSTERREN

Afhankelijk van het seizoen kunt u ook verse vruchten nemen.

Deens feuilletédeeg (dezelfde hoeveelheden als boven)

VOOR DE VULLING
50 g gemalen amandelen
50 g poedersuiker
1 ei, losgeklopt
12 abrikozenhelften uit blik, uitgelekt

VOOR HET GLAZUUR
1 eierdooier
2 el water
4 el abrikozenjam

VOOR 12 STUKS

1 Rol het deeg uit tot een rechthoek van 40 x 30 cm en snijd die in vierkanten van 10 x 10 cm. Kerf in elk daarvan vier diagonale sneden van 2,5 cm richting middelpunt. Meng de amandelen, poedersuiker en het ei en schep deze vulling midden op de deegvierkanten.

2 Klop voor het glazuur de eierdooier los met de helft van het water. Sla de punten van de vierkanten om naar het midden en zet ze vast met het glazuur. Bekroon elk vierkant met een abrikozenhelft (bolle kant omhoog).

3 Bestrijk twee bakplaten met wat olie. Zet het gebak erop en dek het af met ingevet cellofaan. Laat het in 30 minuten tot dubbele omvang rijzen. Verwarm de oven voor op 200 °C.

4 Bestrijk het gebak met de rest van het glazuur en bak het in ca. 15 minuten goudbruin. Verwarm tijdens het bakken de abrikozenjam met het resterende water in een steelpannetje. Stort het gebak op een rooster en bestrijk het voor het is afgekoeld met het warme abrikozenglazuur.

KERSENSLOFJES

Feuilletédeeg met een vulling van zoete kersen, opgepept met wat kirsch

VOOR HET FEUILLETÉDEEG

1 ei

75 ml water

225 g bloem

½ tl kaneel

1 el poedersuiker

½ tl zout

125 g zachte boter

1½ tl instantgist

VOOR DE VULLING EN AFWERKING

225 g ontpitte kersen op siroop,
uitgelekt, plus 1 el siroop uit glas of
blik

2 el poedersuiker

1 el maïsmeel

2 el kirsch

1 ei, gesplitst

2 el water

2 el abrikozenjam

VOOR 12 SLOFJES

1 Schenk het water in de broodvorm en breek het ei erboven. Draai zo nodig de volgorde waarin u vloeibare en vaste ingrediënten toevoegt om.

2 Strooi bloem en kaneel er zo op dat de vloeistof er volledig mee wordt bedekt. Voeg suiker en 2 el van de boter toe, elk in een eigen hoek van de broodvorm. Maak een kuiltje in de bloem en strooi daar de gist in. Zet de machine op de deegstand, waar mogelijk op de stand basisdeeg of pizzadeeg. Druk op Start. Leg het deeg na de kneedcyclus op een licht met bloem bestoven werkvlak. Sla het behoedzaam door en rol het dan uit tot een rechthoek van 1 cm dik.

3 Verdeel de rest van de boter in drie porties en verdeel een daarvan in vlokken over tweederde van het deeg (randen vrijlaten). Vouw het onbeboterde deel over de helft van het bebotere deel en vouw het resterende deel daar weer over. Druk de randen aan met de deegroller. Draai het deeg een kwartslag en herhaal het beboteren en vouwen. Leg het deeg, in cellofaan, 30 minuten in de koelkast. Herhaal het beboteren, vouwen en koelen met de laatste portie boter en herhaal het vouwen, nu zonder boteren. Wikkel het deeg nogmaals in cellofaan en koel het 30 minuten.

4 Schep voor de vulling kersen, kersensiroop, poedersuiker, maïsmeel en kirsch in een pan door elkaar. Verwarm alles al roerend 3-4 minuten boven matig vuur, tot het indikt. Zet het koud weg.

5 Rol het deeg uit tot een rechthoek van 40 x 30 cm en snijd die in vierkanten van 10 x 10 cm. Schep 1 el vulling midden op elk vierkant. Bestrijk een hoek van elk deegvierkant met losgeklopt eiwit en vouw de tegenoverliggende hoek er zo naartoe dat een deel van de vulling zichtbaar blijft; druk beide punten tegen elkaar vast.

6 Zet de slofjes op de ingevette bakplaten, bedek ze met ingevet cellofaan en laat ze 30 minuten rijzen. Verwarm de oven voor op 200 °C.

7 Roer de eierdooier aan met de helft van het water en bestrijk het deeg ermee. Bak de slofjes in 25 minuten goudbruin. Roer in een pan het resterende water door de jam en warm het mengsel geleidelijk op. Bestrijk de slofjes ermee en laat ze op een rooster afkoelen.

GEMBER-ROZIJNENHARTEN

Boterzachte deegharten met zuidvruchten en gekristalliseerde gember.

Deens feuilletédeeg (dezelfde
hoeveelheden als boven)

VOOR DE VULLING

3 el zachte boter

3 el poedersuiker

½ tl versgeraspte nootmuskaat

2 el gekristalliseerde gember

25 g oranjesnippers

75 g rozijnen

VOOR HET GLAZUUR

1 eierdooier, losgeklopt met 1 el water

2 el poedersuiker, gezeefd

1 el jus d'orange

VOOR 12 STUKS

1 Rol het deeg uit tot een rechthoek van 30 x 23 cm. Prak suiker en nootmuskaat door de boter; smeer hem over het deeg. Hak de gember en oranjesnippers fijn en verdeel ze met de rozijnen over het deeg. Bestrijk twee bakplaten met wat olie.

2 Rol het deeg uitgaande van een lange zijde strak tot aan het midden op. Doe vanaf de andere kant hetzelfde, zodat de randen in het midden in een krul samenkomen. Bestrijk het raakvlak met eierglazuur.

3 Snijd de rol in twaalf plakken en leg die met flinke tussenruimten op de ingevette bakplaten. Bedek ze met ingevet cellofaan en laat ze 30 minuten rijzen.

4 Verwarm de oven voor op 200 °C. Bestrijk de harten met eierglazuur en bak ze in 12-15 minuten goudbruin. Laat ze op een rooster afkoelen. Roer de poedersuiker aan met het sinaasappelsap en versier daarmee het gebak.

ZOETE BRODEN EN GISTCAKES

Het spectrum verloopt hier van geurige broden vol vers fruit tot stevige gistcakes gevuld met
noten, zuidvruchten of chocolade. Een broodmachine is een uitstekend hulpmiddel voor het
mengen en laten rijzen van de zware deegsoorten die voor allerlei Europese specialiteiten
worden gebruikt.

BOSBESSEN-HAVERBROOD

Van de bosbessen krijgt dit brood een fijne fruitsmaak, van het havermeel extra beet en een notensmaak. U kunt het het beste eten op de dag dat u het hebt gebakken, maar dat zal wel geen probleem zijn...

KLEIN
5 el water
5 el melk
1 ei
325 g bloem, plus 2 el om de
bosbessen mee te bedekken
25 g grofgemalen havermeel
1 tl vijfkruidenpoeder
3 el poedersuiker
½ tl zout
25 g boter
1 tl instantgist
50 g bosbessen

MIDDELGROOT
110 ml water
120 ml melk
1 ei
450 g bloem, plus 2 el om de
bosbessen mee te bedekken
50 g grofgemalen havermeel
1½ tl vijfkruidenpoeder
50 g poedersuiker
¾ tl zout
40 g boter
1½ tl instantgist
75 g bosbessen

GROOT
140 ml water
150 ml melk
2 eieren
625 g bloem, plus 2 el om de
bosbessen mee te bedekken
50 g grofgemalen havermeel
2 tl vijfkruidenpoeder
5 el poedersuiker
¾ tl zout
50 g boter
2 tl instantgist
100 g bosbessen

VOOR 1 BROOD

1 Schenk het water en de melk in de broodvorm en breek het ei erboven. Vereist uw machine dat u eerst de gist in de broodvorm strooit, draai dan de volgorde waarin u vaste en vloeibare ingrediënten toevoegt om.

2 Strooi de bloem er zo op dat hij de vloeistof volledig bedekt. Voeg havermeel en vijfkruidenpoeder toe. Doe suiker, zout en boter in aparte hoeken van de vorm. Maak een kuiltje in de bloem (maar niet tot aan de vloeistof) en strooi daar de gist in.

3 Zet de machine op normaal, medium korst, waar mogelijk in combinatie met 'vruchten en noten'. Druk op Start. Schud de bosbessen door de extra bloem in een kom tot ze er helemaal mee zijn bedekt. Voeg ze na het piepsignaal (of na de eerste kneedcyclus) toe aan het deeg.

4 Laat het brood aan het einde van de bakcyclus afkoelen op een rooster.

TIP VAN DE KOK
Stel de machine in op lichte korst als zoet brood in uw machine een harde, vrij donkere korst krijgt.

CRANBERRY-SINAASAPPELBROOD

De heel speciale geur van cranberry's komt nog beter uit als ze gedroogd zijn.
De sinaasappelschil en pecannoten passen er perfect bij.

1 Schenk water en sinaasappelsap in de broodvorm en breek het ei erboven. Vereist uw machine dat u eerst de gist in de brood- vorm strooit, draai dan de volgorde waarin u vaste en vloeibare ingrediënten toevoegt om.

2 Strooi de bloem er zo op dat hij de vloei- stof volledig bedekt. Strooi het melkpoeder erover en voeg suiker, zout en boter toe, elk in een eigen hoek van de broodvorm. Maak een kuiltje in het midden van de bloem (maar niet tot aan de vloeistof) en strooi daar de gist in.

3 Zet de machine op normaal, medium korst, waar mogelijk in combinatie met 'vruchten en noten'. Druk op Start. Voeg na het piepsignaal (of na de eerste kneed- cyclus) de sinaasappelrasp, cranberry's en pecannoten toe aan het deeg.

4 Stort het brood na het bakken op een rooster. Roer in een pannetje de poeder- suiker door het sinaasappelsap; verwarm dit al roerend tot de suiker is opgelost. Kook het mengsel in tot siroop en bestrijk daarmee het brood voor u het laat afkoe- len.

KLEIN
5 el water
80 ml sinaasappelsap
1 ei
375 g bloem
1 el magere-melkpoeder
3 el poedersuiker
½ tl zout
25 g boter
1 tl instantgist
2 tl geraspte sinaasappelschil
40 g gedroogde cranberry's
25 g gehakte pecannoten
voor het glazuur: 2 el vers sinaasappelsap en 2 el poedersuiker

MIDDELGROOT
120 ml water
120 ml sinaasappelsap
1 ei
500 g bloem
2 el magere-melkpoeder
50 g poedersuiker
¾ tl zout
40 g boter
1½ tl instantgist
1 el geraspte sinaasappelschil
50 g gedroogde cranberry's
40 g gehakte pecannoten
voor het glazuur: 2 el vers sinaasappelsap en 2 el poedersuiker

GROOT
140 ml water
150 ml sinaasappelsap
2 eieren
675 g bloem
3 el magere-melkpoeder
5 el poedersuiker
1 tl zout
50 g boter
1½ tl instantgist
4 tl geraspte sinaasappelschil
75 g gedroogde cranberry's
50 g gehakte pecannoten
voor het glazuur: 2 el vers sinaasappelsap en 2 el poedersuiker

VOOR 1 BROOD

CHOCOLADEBROOD

Het recept geeft drie specifieke chocoladesoorten, maar u kunt natuurlijk gewoon uw favoriete soorten nemen.

KLEIN

150 ml water

1 ei

375 g bloem

1 el poedersuiker

½ tl zout

20 g boter

1 tl instantgist

40 g pure chocolade met amandelen en rozijnen

40 g pure chocolade met gember

50 g melkchocolade

MIDDELGROOT

240 ml water

1 ei

500 g bloem

2 el poedersuiker

1 tl zout

25 g boter

1½ tl instantgist

50 g pure chocolade met amandelen en rozijnen

50 g pure chocolade met gember

75 g melkchocolade

GROOT

290 ml water

2 eieren

675 g bloem

3 el poedersuiker

1½ tl zout

40 g boter

1½ tl instantgist

75 g pure chocolade met amandelen en rozijnen

75 g pure chocolade met gember

115 g melkchocolade

VOOR 1 BROOD

1 Schenk het water in de broodvorm en breek het ei erboven. Draai, indien nodig, de volgorde waarin u vaste en vloeibare ingrediënten toevoegt om.

2 Strooi de bloem zo in de broodvorm dat hij het water volledig bedekt. Voeg suiker, zout en boter toe, elk in een eigen hoek van de broodvorm. Maak een kuiltje in midden van de bloem en strooi daar de gist in.

3 Zet de machine op de stand normaal, medium korst, waar mogelijk in combinatie met de stand vruchten en noten. Druk op Start. Hak alle chocolade grof (u hoeft de soorten niet apart te houden) en voeg die na het piepsignaal (of na de eerste kneedcyclus) toe aan het deeg (zie Tip van de kok).

4 Laat het brood na het doorlopen van de bakcyclus afkoelen op een rooster.

TIP VAN DE KOK

Voeg de chocolade beetje bij beetje toe aan het deeg en kijk voordat u meer toevoegt eerst of ze er wel goed mee mengt.

CITROEN-MACADAMIANOTENBROOD

Sinds de uit Australië afkomstige macadamianoot zo'n vijftig jaar geleden in California en Hawaii geïntroduceerd werd, is hij wereldwijd heel populair geworden. Zijn boterachtige smaak past prima bij de stevige accenten die citroen en yoghurt dit brood geven.

1 Schenk yoghurt en melk in de brood-vorm en breek het ei erboven. Draai zo nodig de volgorde waarin u vaste en vloei-bare ingrediënten toevoegt om.

2 Strooi de bloem er zo op dat hij de vloei-stof volledig bedekt. Doe suiker, zout en boter in aparte hoeken van de vorm. Maak een kuiltje in de bloem (niet tot aan de vloeistof); strooi daar de gist in.

3 Zet de machine op normaal, medium korst, waar mogelijk in combinatie met 'vruchten en noten'. Druk op Start. Voeg noten en citroenrasp na het piepsignaal (of na de eerste kneedcyclus) toe.

4 Stort het brood aan het einde van de bakcyclus op een rooster en laat het afkoe-len.

KLEIN

1 ei
125 ml citroenyoghurt
4 el melk
375 g bloem
3 el poedersuiker
½ tl zout
25 g boter
1 tl instantgist
25 g gehakte macadamianoten
2 tl geraspte citroenschil

MIDDELGROOT

1 ei
175 ml citroenyoghurt
115 ml melk
500 g bloem
50 g poedersuiker
¾ tl zout
40 g boter
1½ tl instantgist
40 g gehakte macadamianoten
1 el geraspte citroenschil

GROOT

2 eieren
200 ml citroenyoghurt
115 ml melk
675 g bloem
5 el poedersuiker
1 tl zout
50 g boter
1½ tl instantgist
50 g gehakte macadamianoten
4 tl geraspte citroenschil

VOOR 1 BROOD

TIP VAN DE KOK

Stel de machine in op lichte korst als zoet brood in uw machine een harde, vrij donkere korst krijgt.

RUM-ROZIJNENBROOD

Sappige, in rum geweekte rozijnen spelen de hoofdrol in dit brood-voor-bij-de-thee. Het kan het prima zonder aankleding stellen, maar voor de verandering kunt u het wel roosteren en met boter besmeren.

KLEIN
75 g rozijnen
1½ el bruine rum
1 ei
140 ml melk
350 g bloem
¼ tl gemberpoeder
2 el poedersuiker
½ tl zout
40 g boter
1 tl instantgist
2 tl vloeibare honing, warm

MIDDELGROOT
90 g rozijnen
2 el bruine rum
1 ei
240 ml melk
500 g bloem
½ tl gemberpoeder
3 el poedersuiker
¾ tl zout
50 g boter
1½ tl instantgist
1 el vloeibare honing, warm

GROOT
115 g rozijnen
3 el bruine rum
2 eieren, losgeklopt
290 ml melk
675 g bloem
1 tl gemberpoeder
50 g poedersuiker
1 tl zout
65 g boter
1½ tl instantgist
1 el vloeibare honing, warm

VOOR 1 BROOD

1 Laat de rozijnen 2 uur weken in de rum, liefst nog iets langer. Schenk de melk in de broodvorm en breek het ei erboven. Vereist uw machine dat u eerst de gist in de broodvorm strooit, draai dan de volgorde waarin u vaste en vloeibare ingrediënten toevoegt om.

2 Strooi de bloem er zo op dat hij de vloeistof volledig bedekt. Strooi het gemberpoeder erover en voeg poedersuiker, zout en boter toe, elk in een eigen hoek van de broodvorm. Maak een kuiltje in het midden van de bloem (maar niet tot aan de vloeistof) en strooi daar de gist in.

3 Zet de machine op normaal (waar mogelijk in combinatie met 'vruchten en noten'), medium korst. Druk op Start. Voeg de rozijnen toe na het signaal voor het toevoegen van extra ingrediënten toe (of na de eerste kneedcyclus).

4 Stort het brood aan het einde van de bakcyclus op een rooster, bestrijk het bovenop met honing en laat het afkoelen.

MANGO-BANANENBROOD

Een luchtig Caribisch aandoend brood, met sap van tropische vruchten, verse banaan en gedroogde mango.

1 Schenk het vruchtensap en de karnemelk in de broodvorm en voeg de geprakte banaan samen met de honing toe. Draai, indien uw machine dat vereist, de volgorde waarin u vaste en vloeibare ingrediënten toevoegt om.

2 Strooi de bloem er zo op dat hij de vloeistof volledig bedekt. Voeg zout en boter toe, elk in een eigen hoek van de broodvorm. Maak een kuiltje in het midden van de bloem en strooi daar de gist in.

3 Zet de machine op normaal (waar mogelijk in combinatie met 'vruchten en noten'), medium korst. Druk op Start.

4 Voeg na het signaal voor het toevoegen van extra ingrediënten (of 5 minuten voor het einde van de kneedcyclus) de mangostukjes toe.

5 Laat het brood aan het einde van de bakcyclus op een rooster afkoelen.

KLEIN
2 el sinaasappel-mangosap
150 ml karnemelk
150 g banaan, gepeld en geprakt
2 el vloeibare honing
350 g bloem
1 tl zout
25 g boter
1 tl instantgist
25 g gedroogde mango, in stukjes

MIDDELGROOT
60 ml sinaasappel-mangosap
200 ml karnemelk
175 g banaan, gepeld en geprakt
3 el vloeibare honing
500 g bloem
1 tl zout
40 g boter
1 tl instantgist
40 g gedroogde mango, in stukjes

GROOT
60 ml sinaasappel-mangosap
260 ml karnemelk
300 g banaan, gepeld en geprakt
4 el vloeibare honing
675 g bloem
1½ tl zout
50 g boter
1½ tl instantgist
50 g gedroogde mango, in stukjes

VOOR 1 BROOD

TIP VAN DE KOK
Kies als het even kan rijpe bananen: ze zijn zachter en makkelijker te prakken.

OOSTENRIJKSE KOFFIECAKE

Een heel aantrekkelijke cake, vol marsepein en verse kersen en met een vleugje kaneel en appel. Omdat hij vrij machtig is, past hij heel goed bij de koffie. Probeer hem ook eens warm, als toetje, en geef er dan slagroom, crème fraîche of yoghurt bij.

150 ml water
1 ei
75 g friszure handappel, geraspt
450 g bloem
2 el magere-melkpoeder
50 g poedersuiker
40 g boter, gesmolten
1½ tl instantgist

VOOR DE VULLING
225 g kersen, ontpit
225 g witte amandelspijs
1 tl kaneel

VOOR DE AFWERKING
geklopt eiwit
1 el rietsuiker
2 el amandelschaafsel

VOOR 1 CAKE

1 Schenk het water in de broodvorm en breek het ei erboven. Strooi de geraspte appel erover. Vereist uw machine dat u eerst de gist in de broodvorm strooit, draai de volgorde waarin u vaste en vloeibare ingrediënten toevoegt dan gewoon om.

2 Strooi de bloem zo in de broodvorm dat hij water, ei en appel volledig bedekt. Voeg eerst het melkpoeder toe, dan de suiker en boter, elk in een eigen hoek van de broodvorm.

3 Maak een kuiltje in het midden van de bloem (maar niet tot aan de vloeistof) en strooi daar de gist in.

4 Zet de machine op de deegstand, indien aanwezig op de stand basisdeeg. Druk op Start.

5 Haal het deeg na het kneden uit de machine en leg het op een licht met bloem bestoven werkvlak. Sla het voorzichtig door en rol het dan uit tot een vierkant van 40 x 40 cm.

6 Schik de kersen erop en verdeel de amandelspijs en de kaneel over de vruchten.

7 Rol de deegplak voorzichtig op als voor een koninginnenbrood en rol en rek de deegworst zachtjes uit tot een lengte van 55 cm. Draai de worst losjes tot een spiraal en leg die in een springvorm van 23 cm doorsnee met anti-aanbaklaag.

8 Dek de vorm af met ingevet cellofaan en laat het deeg op een warme plaats 30-45 minuten rijzen. Verwarm de oven intussen voor op 190 °C.

9 Bestrijk de bovenkant van het gerezen deeg met eiwit en bestrooi dat met rietsuiker en amandelschaafsel.

10 Bak de cake 30-35 minuten, tot hij goudbruin en mooi uitgerezen is. Laat hem een paar minuten in de springvorm afkoelen en stort hem dan op een rooster om verder af te koelen. Serveer de cake koud of warm, in punten gesneden.

TIP VAN DE KOK

Als het kersenseizoen voorbij is, kunt u de cake ook vullen met dikke plakken verse abrikoos of pruim.

ZWITSERSE PERENTAART

Een Zwitserse specialiteit die opvalt door zijn spectaculaire vulling van sappige peren en aalbessen in nootmuskaatvla.

85 ml melk
1 ei
225 g bloem
½ tl zout
2 el poedersuiker
25 g boter, gesmolten
1 tl instantgist
poedersuiker, voor het bestuiven

VOOR DE VULLING
120 ml slagroom
2 eieren
2 el poedersuiker
½ tl versgeraspte nootmuskaat
3 peren, geschild, gehalveerd en van klokhuis ontdaan
50 g aalbessen

VOOR 6-8 PERSONEN

1 Schenk de melk in de broodvorm en breek het ei erboven. Vereist uw machine dat u eerst de gist in de broodvorm strooit, draai dan de volgorde waarin u vaste en vloeibare ingrediënten toevoegt om.

2 Strooi de bloem er zo op dat hij de vloeistof volledig bedekt. Voeg zout, suiker en boter toe, elk in een eigen hoek van de broodvorm. Maak een kuiltje in het midden van de bloem (maar niet tot aan de vloeistof) en strooi daar de gist in.

3 Zet de machine op de deegstand, waar mogelijk op de stand basisdeeg. Druk op Start. Bestrijk een pizza- of ondiepe taartvorm van 25 cm met wat olie.

4 Leg het deeg na het kneden op een licht met bloem bestoven werkvlak. Sla het voorzichtig door.

5 Rol het deeg uit tot een cirkel van 28 cm en leg die in de ingevette vorm. Druk het deeg met uw vingers naar buiten en naar boven, zodat het de vorm tot aan de randen gelijkmatig bekleedt. Verwarm de oven voor op 190 °C.

6 Klop voor de vulling de eieren, suiker en nootmuskaat door de slagroom. Schenk dit mengsel in de met deeg beklede vorm en

verdeel de peren erover, met het snijvlak naar beneden. Houdt het midden vrij voor de aalbessen. Voeg de bessen toe.

7 Bak de taart 35-40 minuten, tot de vulling gestold en de korst goudbruin is. Laat de taart een paar minuten in de vorm afkoelen en strooi er dan poedersuiker over. Snijd de taart in punten en serveer die warm.

ABRIKOZEN-VANILLEVLAAI

Verse abrikozen genieten de voorkeur voor deze fruitvlaai, maar als die niet meer te krijgen zijn, neemt u gewoon goed uitgelekte vruchten uit blik.

115 ml water
225 g bloem
½ tl zout
2 el poedersuiker
25 g boter, gesmolten
1 tl instantgist

VOOR DE VULLING
3 el poedersuiker
1 el maïsmeel
140 g mascarpone
175 g kwark
2 eieren, losgeklopt
½ tl natuurlijke vanille-essence
2 el abrikozenjam
9 abrikozen, gehalveerd en ontpit

VOOR CIRCA 14 STUKKEN

VARIATIE
Deze taart is net zo lekker met verse nectarines. Vervang de abrikozenjam desgewenst door frambozenjam.

1 Schenk het water in de broodvorm. Vereist uw machine dat u eerst de gist in de broodvorm strooit, draai dan gewoon de volgorde waarin u vaste en vloeibare ingrediënten toevoegt om.

2 Strooi de bloem zo in de broodvorm dat hij het water volledig bedekt. Voeg zout, suiker en boter toe, elk in een eigen hoek van de broodvorm.

3 Maak een kuiltje in het midden van de bloem (maar niet tot aan de vloeistof eronder) en strooi daar de gist in.

4 Zet de machine op de deegstand, waar mogelijk op de stand basisdeeg. Druk op Start. Bestrijk een laag bakblik van 33 x 20 cm met wat olie.

5 Leg het deeg na het kneden op een licht met bloem bestoven werkvlak.

6 Sla het deeg voorzichtig door, rol het uit tot een rechthoek van 35 x 23 cm en leg die in het bakblik. Druk het deeg met uw vingers zij- en opwaarts, zodat het bodem en randen van het blik gelijkmatig bedekt. Bedek met ingevet cellofaan en zet weg.

7 Verwarm de oven voor op 200 °C en bereid de vulling: meng suiker en maïsmeel in een kom. Schep de mascarpone en kwark in een beslagkom en klop het suikermengsel erdoor, gevolgd door de eieren en de vanille-essence.

8 Smeer de abrikozenjam gelijkmatig uit over de deegbodem en verdeel het vanillemengsel daar weer over. Schik de abrikozenhelften met de bolle kant omhoog op de vulling.

9 Bak de vlaai 25-30 minuten, tot de vulling gestold en het deeg uitgerezen en goudbruin is. Laat de vlaai wat afkoelen en snijd hem dan in rechte stukken. Dien ze warm op.

100 ml melk
1 ei
250 g bloem
½ tl zout
3 el poedersuiker
25 g boter, gesmolten
1 tl instantgist
4 verse perziken, gehalveerd en
ontpit

VOOR DE AFWERKING
75 g tarwemeel
40 g gemalen amandelen
50 g zachte boter, in blokjes
4 el poedersuiker
1 tl kaneel

VOOR 8 PERSONEN

PERZIK-STREUSELKUCHEN

Dit Duitse gistgebak met perzikvulling is afgemaakt met een onweerstaanbaar, korrelig laagje van amandel en kaneel.

1 Schenk de melk in de broodvorm en breek het ei erboven. Vereist uw machine dat u eerst de gist in de broodvorm strooit, draai dan de volgorde waarin u vaste en vloeibare ingrediënten toevoegt om.

2 Strooi de bloem zo in de broodvorm dat hij melk en ei volledig bedekt. Voeg vervolgens zout, suiker en boter toe, elk in een eigen hoek van de broodvorm. Maak een kuiltje in het midden van de bloem (maar niet tot aan de vloeistof) en strooi daar de gist in.

3 Zet de machine op de deegstand, waar mogelijk op de stand basisdeeg. Druk op Start. Bestrijk een springvorm van 25 cm met wat olie.

4 Leg het deeg na het kneden op een licht met bloem bestoven werkvlak. Sla het behoedzaam door, rol het dan uit tot een cirkel en breng die voorzichtig aan in de springvorm.

5 Snijd de perziken in flinke parten en schik ze op het deeg. Maak dan de vulling; wrijf bloem, gemalen amandelen en boter tot vrij grote kruimels en schep de poedersuiker en kaneel hier doorheen. Verdeel het mengsel over de perziken.

6 Bedek het deeg met ingevet cellofaan en laat het op een warme plaats in 20-25 minuten licht rijzen. Verwarm de oven intussen voor op 190 °C.

7 Bak de taart in 25-30 minuten goudbruin. Laat hem een paar minuten in de springvorm afkoelen en serveer hem warm, of laat hem volledig afkoelen op een rooster.

Beiers pruimengebak

Tijdens het bakken doordrenkt het sap van de pruimen de bodem, zodat die in een heerlijk zachte, fruitige cake verandert. Geef het gebak bij de koffie, of als dessert, met crème fraîche of ijs.

90 ml melk
1 ei
225 g bloem
1 tl kaneelpoeder
½ tl zout
3 el poedersuiker
25 g boter, gesmolten
1 tl instantgist
675 g pruimen
poedersuiker, voor de afwerking

VOOR 8 PERSONEN

3 Maak een kuiltje in het midden van de bloem (maar niet tot aan de vloeistof) en strooi daar de gist in.

4 Zet de machine op de deegstand, waar mogelijk op de stand basisdeeg. Druk op Start. Bestrijk een bakblik van 27 x 18 cm en een rand van zo'n 4 cm hoog met wat olie.

5 Leg het deeg na het kneden op een licht met bloem bestoven werkvlak. Sla het behoedzaam door, rol het uit tot de maat van het bakblik en leg het daarin. Druk het met uw vingertoppen aan zodat het in het blik past.

6 Snijd de pruimen in vieren en verwijder de pit. Schik ze elkaar licht overlappend op het deeg. Bedek het geheel met ingevet cellofaan en laat de taart op een warme plaats 30-45 minuten rijzen. Verwarm de oven intussen voor op 190 °C.

7 Bak de taart 30-35 minuten, tot hij goudbruin en mooi uitgerezen is. Bestrooi hem met poedersuiker en serveer hem warm.

1 Schenk de melk in de broodvorm en breek het ei erboven. Vereist uw machine dat u eerst de gist in de broodvorm strooit, draai dan gewoon de volgorde om waarin u vaste en vloeibare ingrediënten toevoegt.

VARIATIE

Vervang de pruimen door appelpartjes of plakjes nectarine. Neem in het eerste geval wel handappels, want moesappels zijn te zuur. Afhankelijk van hun grootte hebt u er 4-5 nodig. Strooi er 5 minuten voor de taart gaar is rietsuiker over en bak hem dan af.

2 Strooi de bloem er zo op dat hij de vloeistof volledig bedekt. Voeg suiker, zout en boter in aparte hoeken van de broodvorm toe.

FINSE FEESTKRANS

1 tl saffraandraadjes
200 ml melk
2 eieren
500 g bloem
1 tl gemalen kardemom
½ tl zout
50 g poedersuiker
55 g boter, gesmolten
1 tl instantgist

VOOR HET GLAZUUR
1 eierdooier
1 el water

VOOR DE AFWERKING
3 el amandelschaafsel
3 el kristalsuiker
1 el rum
1 el sukade, fijngehakt (naar keuze)

VOOR 8-10 PERSONEN

VARIATIE
U kunt de krans ook met andere
ingrediënten dan sukade afwerken,
bijvoorbeeld met gekonfijte angelica
of oranjesnippers. Gekonfijte kersen
of perziken lenen zich hier ook
uitstekend voor, net als gedroogde
mango of peer.

1 Doe de saffraan in een kommetje en verwarm de helft van de melk in een steelpannetje. Schenk hem over de saffraan en laat
die intrekken tot de melk op kamertemperatuur is.

*Een traditioneel zoet brood, verrijkt met eieren en geurend naar saffraan
en kardemom. In zijn land van herkomst, Finland, heet het pulla. Het
komt daar bij feestelijke gelegenheden in de hier gepresenteerde luxe-
uitvoering op tafel.*

2 Schenk de saffraanmelk in de broodvorm, gevolgd door de overige melk. Breek
de eieren boven de broodvorm. Als de
handleiding van uw machine echter voorschrijft dat u eerst de gist in de broodvorm
strooit, draait u de volgorde waarin u vaste
en vloeibare ingrediënten toevoegt gewoon
om.

3 Strooi de bloem er zo op dat hij de vloeistof volledig bedekt en voeg de kardemom
toe.

4 Voeg zout, poedersuiker en boter toe, elk
in een eigen hoek van de broodvorm. Maak
een kuiltje in het midden van de bloem
(maar niet tot op de melk en eieren) en
strooi daar de gist in.

5 Zet de machine op de deegstand, waar
mogelijk op de stand basisdeeg. Druk op
Start. Bestrijk een bakplaat lichtjes met
wat olie.

6 Haal het deeg na het beëindigen van de
kneedcyclus uit de broodvorm en leg het
op een licht met bloem bestoven werkvlak.
Sla het deeg behoedzaam door en verdeel
het dan in drie gelijke stukken.

7 Rol elk stuk uit tot een sliert van zo'n
65 cm lang. Leg ze evenwijdig aan elkaar
om ze te kunnen vlechten.

8 Vervlecht de slierten, beginnend in het
midden, van links naar rechts en naar uzelf
toe. Draai het deeg een halve slag en
vlecht ook de andere helft. Breng de uiteinden naar elkaar, vorm een krans en
druk de verbindingsnaad aan.

9 Leg de krans op de ingevette bakplaat,
bedek hem met geolied cellofaan en laat
hem in 45-60 tot bijna dubbele omvang
rijzen.

10 Verwarm de oven intussen voor op
190 °C. Roer voor het glazuur de eierdooier in een kom aan met het water.
Meng voor de versiering de amandelen,
suiker, rum en sukade in een andere kom.
Bestrijk de krans met het glazuur en strooi
daar het amandelmengsel overheen.

11 Bak de krans 20 minuten, temper de
hitte dan tot 180 °C en bak de krans nog
10-15 minuten, tot hij goudbruin en mooi
uitgerezen is. Laat hem afkoelen op een
rooster.

MOCHA PANETTONE

2 el oploskoffie (poeder of korrels)
140 ml melk
1 ei, plus 2 eierdooiers
400 g bloem
1 el cacaopoeder
1 tl kaneel
½ tl zout
6 el poedersuiker
6 el zachte boter
1½ tl instantgist
115 g pure chocolade, in brokken
3 el pijnboompitten, licht geroosterd
gesmolten boter, voor het glazuur

VOOR 8-10 PERSONEN

Panettone is de naam voor een traditioneel kerstbrood uit Milaan. Het smalle, hoge brood is meestal gevuld met zuidvruchten, maar deze variatie met koffiesmaak, chocolade en pijnboompitten is het proberen zeker waard.

2 Zeef bloem en cacaopoeder samen in een kom en strooi dit mengsel zo op de vloeistof dat hij volledig wordt bedekt. Voeg de kaneel toe en daarna het zout, de suiker en boter, alledrie in een eigen hoek van de broodvorm. Maak een kuiltje in het midden van de bloem (maar niet tot aan de vloeistof) en strooi daar de gist in.

5 Vorm het deeg tot een gedrongen, rond brood met dezelfde doorsnee als die van het cakeblik of de soufflépan; doe het daarin over. Bedek het deeg met ingevet cellofaan en laat het op een niet te warme plaats 45-60 minuten rijzen, tot het bijna de rand van het bakpapier heeft bereikt.

TIP VAN DE KOK

Het deeg voor dit brood is tamelijk zwaar en vereist daardoor misschien een langere rijstijd dan uw machine biedt. Controleer het deeg aan het eind van de deegcyclus. Als het onvoldoende lijkt te zijn gerezen, laat u het in de broodvorm in de machine zitten: zet uw machine uit, laat het deksel dicht en laat het deeg zo nog 30 minuten of zo lang als nodig rijzen.

3 Zet de machine op de deegstand, waar mogelijk op de stand basisdeeg. Druk op Start. Bestrijk een 15 cm diep cakeblik of soufflépan met wat olie. Bekleed de binnenwand van blik of pan met een dubbel stuk bakpapier, dat 7,5 cm breder is dan blik of pan diep en dus als een boord boven de rand daarvan uitsteekt.

6 Verwarm intussen de oven voor op 200 °C. Bestrijk het brood bovenop met de gesmolten boter en trek er met een mes een diep kruis in. Bak het brood ca. 10 minuten.

7 Verlaag de oventemperatuur tot 180 °C en bak de panettone in 30-35 minuten egaal goudbruin. Het brood is gaar als een metalen vleespin die u in het midden van brood hebt gestoken er zonder aanklevend broodkruim weer uitkomt.

1 Los de oploskoffie in een kommetje met 2 el heet water op. Schenk de koffie in de broodvorm, gevolgd door de melk, het ei en de eierdooiers. Vereist uw machine dat u eerst de gist in de broodvorm strooit, draai dan gewoon de volgorde waarin u vaste en vloeibare ingrediënten toevoegt om.

4 Leg het deeg na het kneden op een licht met bloem bestoven werkvlak. Sla het behoedzaam door en kneed de chocolade-brokjes en pijnboompitten er voorzichtig doorheen. Vorm het deeg tot een bal, bedek die met ingevet cellofaan en laat hem 5 minuten rusten.

8 Laat de panettone in blik of pan 5-10 minuten afkoelen. Laat hem dan volledig afkoelen op een rooster voordat u hem aansnijdt.

100 ml melk
4 eieren
225 g bloem
3 el cacaopoeder
½ tl zout
2 el poedersuiker
100 g boter, gesmolten
1 tl instantgist
aardbeienblaadjes en Kaapse
kruisbessen, ter versiering

VOOR DE SIROOP
115 g kristalsuiker
75 ml witte wijn
3 el cognac

VOOR DE VULLING
150 ml slagroom, stijfgeslagen, of
crème fraîche
225 g aardbeien, gehalveerd
115 g frambozen

VOOR 6-8 PERSONEN

VARIATIE
U kunt de savarin ook vullen met
andere vruchten, zoals druiven, frambozen, krenten, perziken of zwarte
bessen. Een ander soort vulling
bestaat uit licht gezoete, stijfgeslagen
slagroom met vanille. Bestrooi deze
versie met gehakte noten.

CHOCOLADESAVARIN MET AARDBEIEN

*Deze lichte, wat sponzige cake wordt in een siroop van wijn en cognac
gedrenkt en gevuld met sappige, verse aardbeien – een exquis dessert!*

1 Schenk de melk in de broodvorm en
breek de eieren erboven. Draai indien
nodig de volgorde waarin u vaste en vloeibare ingrediënten toevoegt om.

2 Zeef bloem en cacaopoeder samen in
een kom en strooi dit mengsel zo op de
vloeistof dat hij volledig is bedekt. Voeg
zout, suiker en boter toe, elk in een eigen
hoek van de broodvorm. Maak een kuiltje
in het midden van de bloem en strooi daar
de gist in.

3 Zet de machine op de deegstand, indien
aanwezig op de stand basisdeeg. Druk op
Start. Bestrijk een savarin- of ringvorm van
1,5 liter met wat olie.

4 Laat de machine na het mengen van de
ingrediënten nog 20 minuten op de deegstand staan en schakel hem dan uit.
Schenk het beslag in de ingevette ringvorm en dek die af met ingevet cellofaan.
Laat het beslag op een warme plaats in
45-60 minuten tot bijna aan de rand van de
vorm rijzen.

5 Verwarm de oven intussen voor op
200 °C. Bak de savarin 25-30 minuten, tot
hij goudbruin en mooi uitgerezen is. Laat
hem afkoelen op een rooster met daaronder een bord.

6 Verwarm voor de siroop geleidelijk de
suiker, wijn en 75 ml water in een pan.
Roer tot de suiker is opgelost. Breng de
siroop aan de kook, zet het vuur laag en
laat de siroop 2 minuten sudderen. Roer er
van het vuur af de cognac door.

7 Schep de siroop lepel voor lepel over de
savarin en herhaal dat met siroop die op
het bord is beland. Zet de savarin op een
gebakschaal en laat hem afkoelen. Vul het
midden met de slagroom of crème fraîche
en schep daar de aardbeien en frambozen
op. Versier de savarin met Kaapse kruisbessen en aardbeienblaadjes.

BABA'S MET PERZIKBRANDEWIJN

Heerlijke lichte gebakjes van Moskovisch beslag, bevochtigd met een perzikbrandewijnsiroop en daarna gevuld met slagroom en fruit. U kunt de smaak van de siroop aanpassen door sinaasappel- of kokoslikeur dan wel bruine rum te gebruiken.

1 Schenk de melk in de broodvorm en breek de eieren erboven. Vereist uw machine dat u eerst de gist in de broodvorm strooit, draai dan de volgorde waarin u vaste en vloeibare ingrediënten toevoegt om.

2 Strooi de bloem er zo op dat hij de vloeistof volledig bedekt. Voeg de kaneel toe en dan de suiker en het zout, beide in aparte hoeken van de broodvorm. Maak een kuiltje in het midden van de bloem (maar niet tot aan de vloeistof) en strooi daar de gist in.

3 Zet de machine op de deegstand, waar mogelijk op de stand basisdeeg. Druk op Start. Bestrijk acht kleine ringvormen, elk van 10 cm doorsnee, met wat olie.

7 Verwarm voor de siroop geleidelijk, onder af en toe roeren, de kristalsuiker en het water in een steelpan, tot de suiker is opgelost. Breng de siroop aan de kook en laat hem 2 minuten zonder roeren op hoog vuur staan. Roer dan van het vuur af de perzikbrandewijn erdoor. Schep de siroop over de baba's. Haal met een spatel alle siroop van de bakplaat die van de baba's is afgedropen en schep die weer over het gebak. Ga door tot alle siroop is opgenomen.

8 Klop, als alle baba's afgekoeld zijn, de slagroom met de suiker en vanille-essence stijf. Vul de baba's met de room en versier ze met vers fruit naar keuze.

100 ml melk
4 eieren
225 g bloem
1 tl kaneel
½ tl zout
2 el poedersuiker
1 tl instantgist
100 g boter, gesmolten

VOOR DE SIROOP
115 g kristalsuiker
150 ml water
6 el perzikbrandewijn

VOOR DE AFWERKING
150 ml slagroom
1 el poedersuiker
3-4 druppels natuurlijke vanille-essence
verse vruchten, bijv. druiven, ster-vruchten en aalbessen, ter versiering

VOOR 8 BABA'S

4 Laat de machine na het mengen van de ingrediënten nog 15 minuten op de deegstand staan en schakel hem dan uit. Schenk het beslag in een grote maatbeker en sla de gesmolten boter er beetje voor beetje door.

5 Vul de ingevette ringvormpjes voor de helft met het beslag. Bedek ze met ingevet cellofaan en laat het beslag op een warme plaats rusten, tot het de rand van de vormpjes bereikt.

6 Verwarm intussen de oven voor op 190 °C en bak de baba's 20 minuten, tot ze goudbruin en mooi uitgerezen zijn. Laat ze afkoelen op een rooster met daaronder een bakplaat.

90 ml melk
1 ei
280 g bloem
1 tl vijfkruidenpoeder
½ tl zout
2 el poedersuiker
50 g boter, gesmolten
1 tl instantgist

VOOR DE VULLING
115 g sukade
50 g rozijnen
25 g walnoten, gehakt
25 g ingelegde gember, gehakt
3 el marmelade

VOOR HET GLAZUUR
1 eierdooier
1 el poedersuiker
1 el melk

VOOR 8 PERSONEN

SUKADEVLECHTBROOD

Een rijke citrusvulling met een vleugje gember zorgt voor een aangename verrassing in deze fraai gevlochten koffietafel-cake.

1 Schenk de melk in de broodvorm en breek het ei erboven. Draai, indien nodig, de volgorde waarin u vaste en vloeibare ingrediënten toevoegt om.

2 Strooi de bloem zo in de broodvorm dat hij melk en ei volledig bedekt. Voeg het vijfkruidenpoeder toe en dan zout, suiker en boter in afzonderlijke hoeken van de broodvorm. Maak een kuiltje in de bloem en strooi daar de gist in.

3 Zet de machine op de deegstand, waar mogelijk op de stand basisdeeg. Druk op Start. Bestrijk een bakplaat met wat olie.

4 Leg het deeg na het kneden op een licht met bloem bestoven werkvlak. Sla het voorzichtig door en rol het dan uit tot een rechthoek van 28 x 40 cm.

5 Schep voor de vulling de sukade, rozijnen, walnoten, gember en marmelade in een kom door elkaar. Verdeel de vulling over de lengte over het middelste derde deel van de deegplak en laat aan de uiteinden een strook van 2,5 cm vrij. Snijd met een scherp mes de deegstroken aan weerszijden van de vulling in 2 cm dikke repen, die schuin naar u toelopen.

6 Vouw het verste uiteinde van de deegplak naar binnen en vervlecht de deegrepen boven de vulling. Vouw ook het dichtstbijzijnde uiteinde naar binnen en druk het aan. Leg het vlechtbrood op de bakplaat, bedek het met ingevet cellofaan en laat het op een warme plaats 30-45 minuten rijzen.

7 Verwarm intussen de oven voor op 200 °C. Roer voor het glazuur de eierdooier en suiker door de melk en bestrijk het brood hiermee. Bak het brood 10 minuten en breng dan de oventemperatuur terug tot 190 °C. Bak het brood nog 10-15 minuten, tot het goudbruin en uitgerezen is. Laat het afkoelen op een rooster.

MARMERCAKE MET HAZELNOTEN

Zonder veel werk indruk maken. Dat kan met dit zoete brood van zwaar deeg, met lagen gemalen noten en een glazuur van ahornsiroop.

230 ml water
1 ei
450 g bloem
3 el magere-melkpoeder
geraspte schil van 1 onbespoten
sinaasappel
½ tl zout
50 g poedersuiker
75 g boter, gesmolten
1½ tl instantgist
amandelschaafsel of gehakte
hazelnoten, ter versiering

VOOR DE VULLING
115 g gemalen hazelnoten
100 g gemalen amandelen
100 g lichte moscovade
½ tl versgeraspte nootmuskaat
2 eiwitten
1 el cognac

VOOR DE AFWERKING
4 el poedersuiker
1 el heet water
2 el ahornsiroop

VOOR 6-8 PERSONEN

1 Schenk het water in de broodvorm en breek het ei erboven. Draai zo nodig de volgorde om waarin u vaste en vloeibare ingrediënten toevoegt.

2 Strooi de bloem er zo op dat hij de vloeistof volledig bedekt. Strooi melkpoeder en sinaasappelrasp over de bloem en voeg zout, suiker en boter toe, elk in een eigen hoek van de broodvorm. Maak een kuiltje in de bloem en strooi daar de gist in.

3 Zet de machine op de deegstand, waar mogelijk op de stand basisdeeg. Druk op Start. Bestrijk een springvorm met olie.

4 Leg het deeg na het kneden op een licht met bloem bestoven werkvlak. Sla voorzichtig door, rol uit tot een rechthoek van 65 x 45 cm en snijd overlangs in tweeën.

5 Meng alle vulling-ingrediënten in een kom. Verdeel de vulling in tweeën en spatel op elke deegplak de helft ervan, waarbij u op elke plak een strook van 1 cm langs een van de lange zijden onbedekt laat.

6 Rol beide plakken vanaf de besmeerde lange kant op als voor een koninginnenbrood. Leg beide rollen naast elkaar en vervlecht ze.

7 Bestrijk de uiteinden van de deegstreng met wat water, rol hem op langs de wanden van de ingevette springvorm en druk de uiteinden tegen elkaar aan.

8 Bedek de springvorm met ingevet cellofaan en laat het deeg op een warme plaats in 30-45 minuten mooi luchtig rijzen. Verwarm de oven voor op 200 °C.

9 Bak de cake in 30-35 minuten goudbruin en uitgerezen. Laat hem wat afkoelen en stort hem dan op een rooster.

10 Roer voor de afwerking de suiker door heet water en ahornsiroop. Bedruip de warme cake daarmee. Strooi er wat amandelschaafsel of gehakte hazelnoten over en laat hem volledig afkoelen voor u hem serveert.

MINIBRIOCHES

Een rijke, boterige smaak, maar toch niet machtig. Dat maakt deze opvallende 'duikelaartjes' geschikt voor zowel zoete als hartige toepassingen.

2 el melk
2 eieren
225 g bloem
½ tl zout
1 el poedersuiker
50 g boter, gesmolten
1½ tl instantgist

VOOR HET GLAZUUR
1 eierdooier
1 el melk

VOOR 12 STUKS

TIP VAN DE KOK

Dit is een zwaar deeg en heeft misschien meer dan de standaard-rijstijd nodig. Als het na het kneden nog niet erg gerezen is, kunt u het deeg nog 30 minuten met gesloten deksel in de –uitgeschakelde– machine laten.

1 Schenk de melk in de broodvorm en breek de eieren erboven. Vereist uw machine dat u eerst de gist in de brood-vorm strooit, draai dan gewoon de volg-orde om waarin u vaste en vloeibare ingrediënten toevoegt.

2 Strooi de bloem zo in de broodvorm dat hij melk en eieren volledig bedekt. Voeg vervolgens suiker, zout en boter toe, elk in een eigen hoek van de broodvorm. Maak een kuiltje in het midden van de bloem (niet tot aan de vloeistof) en strooi daar de gist in.

3 Zet de machine op de deegstand, waar mogelijk op de stand basisdeeg. Druk op Start. Bestrijk twaalf briochevormpjes met wat olie.

4 Leg het deeg na het kneden op een licht met bloem bestoven werkvlak. Sla het voorzichtig door. Snijd een kwart van de deegklomp, wikkel het in ingevet cellofaan en leg het weg. Verdeel de rest van het deeg in twaalf stukken.

5 Kneed alle deegklompjes tot bolletjes en leg die in de briochevormpjes. Verdeel het achtergehouden deeg in twaalf stukjes en kneed die peervormig.

6 Maak de minibrioches door een gaatje in de grote bolletjes te maken of er een kruis in te kerven en daar de kleinere peervorm-pjes met de punt omlaag in te drukken. Bedek ze met ingevet cellofaan en laat ze op een warme plaats in 30-45 minuten flink rijzen. Verwarm intussen de oven voor op 220 °C.

7 Roer voor het glazuur de eierdooier aan met de melk. Bestrijk de brioches hiermee en bak ze 15 minuten, tot ze goudbruin en uitgerezen zijn. Laat ze afkoelen op een rooster. Serveer warm of koud.

CITROEN-PISTACHESTRUDEL

Deze strudel is echt iets voor een bijzondere gelegenheid. Hij bestaat uit dunne deeglagen, gescheiden door een verrassend kwark-geitenkaasmengsel.

90 ml melk
1 ei
225 g bloem
½ tl zout
1 el poedersuiker
50 g boter
1 tl instantgist
poedersuiker, voor het bestuiven

VOOR DE VULLING
115 g montrachet of zachte geitenkaas
115 g kwark
2 eierdooiers
50 g poedersuiker
geraspte schil van 1 onbespoten citroen
½ tl natuurlijke vanille-essence
50 g rozijnen
50 g pistachenoten, gepeld
50 g gedroogde abrikozen, gehakt
50 g boter, gesmolten
50 g gemalen amandelen

VOOR 6-8 PERSONEN

1 Schenk de melk in de broodvorm en breek het ei erboven. Vereist uw machine dat u eerst de gist in de broodvorm strooit, draai dan de volgorde waarin u de vaste en vloeibare ingrediënten toevoegt gewoon om.

2 Strooi de bloem er zo op dat de vloeistof volledig wordt bedekt. Voeg zout, suiker en boter toe, in afzonderlijke hoeken van de broodvorm. Maak een kuiltje in het midden van de bloem (maar niet tot aan de vloeistof) en strooi daar de gist in.

3 Zet de machine op de deegstand, waar mogelijk op de stand basisdeeg. Druk op Start. Bestrijk een bakplaat met een beetje olie.

4 Meng voor de vulling kwark, kaas, eierdooiers, suiker, citroenrasp en vanille in een kom. Schep dan de rozijnen, pistachenoten en abrikozen door het mengsel.

5 Leg het deeg na het kneden op een licht met bloem bestoven werkvlak en sla het voorzichtig door. Rol het uit tot een rechthoek van 35 x 25 cm.

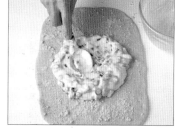

6 Bestrijk het deeg met gesmolten boter en verspreid de amandelen erover. Spatel het kaasmengsel daar weer over; laat overal een smalle rand vrij. Vouw de randen van beide lange zijden naar binnen.

7 Rol het deeg op, beginnend aan een korte zijde. Leg het brood met de naad omlaag op de bakplaat. Bedek het met ingevet cellofaan en laat het 30 minuten rijzen. Verwarm de oven voor op 190 °C.

8 Bak het brood in 25-30 minuten. Laat het op een rooster afkoelen. Bestuif het met poedersuiker en serveer het warm.

PAASKRANS

Deze paaskrans is te lekker om maar eens per jaar te maken en is dus ook een goed idee voor wie zich tijdens het weekend eens wil verwennen. Hij past net zo goed bij de koffie als bij de thee.

90 ml melk
1 ei
225 g bloem
½ tl zout
2 el poedersuiker
25 g boter
1 tl instantgist

VOOR DE VULLING
50 g gedroogde abrikozen
1 el boter
50 g lichte moscovade
1½ tl kaneel
½ tl piment
50 g rozijnen
melk, voor het glazuur

VOOR DE AFWERKING
3 el poedersuiker
1-2 el sinaasappellikeur of -sap
pecannoten
gekonfijte vruchten

VOOR 8-10 PERSONEN

1 Schenk de melk in de broodvorm en breek het ei erboven. Vereist uw machine dat u eerst de gist in de broodvorm strooit, draai dan de volgorde waarin u vaste en vloeibare ingrediënten toevoegt om.

2 Strooi de bloem er zo op dat hij de vloeistof volledig bedekt. Voeg zout, suiker en boter toe, in afzonderlijke hoeken van de broodvorm. Maak een kuiltje in het midden van de bloem (maar niet tot aan de vloeistof) en strooi daar de gist in.

3 Zet de machine op de deegstand, waar mogelijk op de stand basisdeeg. Druk op Start. Bestrijk een bakplaat met niet te veel olie.

4 Haal het deeg na het beëindigen van de kneedcyclus uit de broodvorm en leg dat op een licht met bloem bestoven werkvlak. Sla het voorzichtig door en rol het uit tot een rechthoek van 30 x 45 cm.

5 Hak de gedroogde abrikozen. Smelt de boter voor de vulling en bestrijk het deeg daarmee. Strooi de moscovade erover, gevolgd door kaneel, piment, rozijnen en gehakte abrikozen.

6 Rol de deegplak op als een koninginnenbrood, beginnend aan een van de lange zijden. Keer de rol met de naad naar beneden.

7 Buig de rol tot een ring. Bestrijk de uiteinden met wat melk en druk ze tegen elkaar. Leg de krans op de bakplaat.

8 Knip de krans om de 4 cm met een schaar over tweederde van de breedte in. Duw de zo ontstane segmenten in een schuine positie.

9 Bedek de krans met ingevet cellofaan en laat hem op een warme plaats in ca. 30 minuten mooi luchtig rijzen.

10 Verwarm de oven voor op 200 °C. Bak de krans in 20-25 minuten goudbruin en laat hem afkoelen op een rooster.

11 Maak terwijl de krans nog warm is de versiering door de poedersuiker door de likeur of het sap te roeren. Bedruip de krans met dit glazuur en strooi er dan pecannoten en gekonfijte vruchten over. Koud serveren.

VARIATIE
Ga eens op zoek naar andere dan de gebruikelijke gedroogde vruchten en vervang de rozijnen en abrikozen bijvoorbeeld door gedroogde perziken, mango, meloen of kersen. Zorg er wel voor dat de totale hoeveelheid gelijk is aan die in het recept.

POOLSE BABKA

Een klassieke Poolse cake voor de paasdagen, met wodka als verrassingselement. Het deeg is verrijkt met eieren en dankt zijn bijzondere smaak aan de citrusschil en rozijnen.

4 el wodka
½ tl saffraandraadjes
1 el geraspte sinaasappelschil
1 tl geraspte citroenschil
115 g zachte boter
75 g poedersuiker
3 eieren
2 el water
400 g bloem
½ tl zout
2 tl instantgist
75 g rozijnen
75 g gedroogde zure kersen

VOOR HET GLAZUUR
115 g poedersuiker
1 el citroensap

VOOR DE AFWERKING
geroosterd amandelschaafsel
gekonfijte sinaasappelschil

VOOR 8-10 PERSONEN

1 Week de saffraan en citrusrasp 30 minuten in de wodka. Sla in een beslagkom de boter en suiker bleek en romig. Schenk het saffraanmengsel in de broodvorm, gevolgd door de eieren en het water. Draai zo nodig de volgorde om waarin u vaste en vloeibare ingrediënten toevoegt.

2 Strooi de bloem over de vloeistof en strooi het zout in een van de hoeken. Maak een kuiltje in de bloem en strooi daar de gist in. Zet de machine op de deegstand, waar mogelijk op de stand basisdeeg. Druk op Start.

3 Laat de machine 5 minuten mengen en voeg dan de zachte, gezoete boter toe.

4 Voeg na het signaal voor het toevoegen van de extra ingrediënten (of 5 minuten voor het einde van de kneedcyclus) de rozijnen en gedroogde kersen toe aan het deeg. Bestrijk een briochevorm met wat olie. Leg het deeg na het kneden op een licht met bloem bestoven werkvlak.

5 Sla het deeg voorzichtig door en vorm er een flinke bal van. Doe die over in de briochevorm, bedek hem met ingevet cellofaan en laat het deeg in ca. 2 uur tot bijna aan de rand van de vorm rijzen.

6 Verwarm de oven voor op 200 °C en bak de babka 20 minuten. Breng de oventemperatuur terug naar 190 °C en bak de cake nog eens 15-20 minuten, tot hij goudbruin is.

7 Laat de babka goed afkoelen op een rooster. Maak intussen het glazuur: doe de poedersuiker in een schaaltje, voeg het citroensap en 1 el water toe en roer goed. Bedruip de cake hiermee en bestrooi hem met amandelschaafsel. Schik de gekonfijte sinaasappelschil of de sukade boven op de cake.

GEURIGE TULBANDCAKE

*Tulband kent iedereen en onze buren noemen hem brioche of gugelhopf.
Hier wordt hij op smaak gebracht met rum en flink veel specerijen.*

1 Verwarm rum, gember, kruidnagels, kaneelstokje en nootmuskaat op matig vuur in een steelpannetje. Haal dit van het vuur voor er bellen in komen. Voeg de rozijnen eraan toe en zet het mengsel 30 minuten weg.

2 Schenk de melk in de broodvorm. Voeg drie eieren toe en splits de overige. Houd de eiwitten apart en schenk de dooiers in de broodvorm.

3 Verwijder kruidnagels en kaneel uit de steelpan (het kaneelstokje kunt u voor hergebruik laten drogen). Hang een zeef boven de broodvorm en laat de rozijnen erin uitlekken, zodat het vocht in de broodvorm loopt. Zet de rozijnen weg. Vereist uw machine dat u eerst de gist in de broodvorm strooit, draai dan gewoon de volgorde om waarin u vaste en vloeibare ingrediënten toevoegt.

4 Strooi de bloem er zo op dat de vloeistof volledig wordt bedekt. Voeg zout en suiker in afzonderlijke hoeken van de broodvorm toe. Maak een kuiltje in het midden van de bloem (maar niet tot aan de vloeistof) en strooi daar de gist in.

5 Zet de machine op de deegstand, waar mogelijk op de stand basisdeeg. Druk op Start. Laat de machine 5 minuten mengen en voeg dan beetje voor beetje de boter toe. Bestrijk een tulband met anti-aanbaklaag met wat olie.

6 Schep het beslag aan het einde van de mengcyclus in een grote kom. Klop in een andere, vetvrije kom de eiwitten stijf. Spatel de achtergehouden rozijnen samen met de sukade door het beslag. Spatel het eiwit in porties erdoor, tot een zacht deeg ontstaat.

7 Schep het deeg in vier porties in de tulbandvorm; zorg dat het er gelijkmatig over is verdeeld. Dek het af met ingevet cellofaan en laat het op een matig warme plaats in 1-1½ uur tot bijna aan de rand van de vorm rijzen.

8 Verwarm de oven voor op 190 °C en bak de tulband ca. 50-60 minuten, tot hij bruin is en stevig aanvoelt. Als hij te snel bruin wordt, kunt u hem met bakpapier bedekken. Laat de tulband op een rooster afkoelen en bestuif hem ten slotte met poedersuiker.

100 ml bruine rum
1 tl gemberpoeder
3 kruidnagels
1 kaneelstokje
1 tl versgeraspte nootmuskaat
115 g rozijnen
2 el melk
5 eieren
500 g bloem
½ tl zout
6 el poedersuiker
2 tl instantgist
75 g boter, gesmolten
75 g sukade, fijngehakt
poedersuiker, voor het bestuiven

VOOR 1 TULBAND

TIP VAN DE KOK
Tulband kunt u het best in een (middel)grote broodmachine maken, omdat die een langere rijstijd heeft. In een kleine machine moet u de tulband wellicht in de tulbandvorm na laten rijzen.

TEABREAD EN CAKE

Net als in cake zit in Engels teabread meestal geen gist maar bakpoeder als rijsmiddel, wat een luchtige kruimel en een goede smaak oplevert. Cakes zoals madeiracake, marmer- en gembercake zijn gemakkelijk in de broodmachine te maken. Voor de liefhebbers van wat exotischer combinaties volgen recepten voor tropisch-fruitbrood (met ananas, papaja, mango en meloen), frambozen-amandelcake en geglazuurde peren-kersencake.

MADEIRACAKE

Een klassieke cake, gemaakt van eenvoudig beslag. Het stevige, maar toch lichte kruim ademt een subtiele vanillegeur. Geef er een glas madeira bij.

KLEIN
115 g boter, in blokjes
115 g poedersuiker
paar druppels natuurlijke vanille-essence
125 g zelfrijzend bakmeel
6 el bloem
2 eieren, losgeklopt
1-2 el melk

MIDDELGROOT
140 g boter, in blokjes
140 g poedersuiker
¼ tl natuurlijke vanille-essence
165 g zelfrijzend bakmeel
6 el bloem
3 eieren, losgeklopt
1-2 el melk

GROOT
175 g boter, in blokjes
175 g poedersuiker
¼ tl natuurlijke vanille-essence
175 g zelfrijzend bakmeel
50 g bloem
3 eieren, losgeklopt
1-2 el melk

VOOR 1 CAKE

1 Bereid de machine voor op beslag door de kneedhaak te verwijderen en de broodvorm te bekleden met bakpapier of ingevet boterhampapier.

2 Roer de boter en suiker heel zacht en schuimig en roer de vanille-essence door het mengsel.

3 Zeef beide meelsoorten in een kom. Voeg één ei toe aan het botermengsel en roer telkens langdurig voor u het volgende toevoegt. Voeg wat bloem toe als het mengsel gaat schiften.

TIP VAN DE KOK
Omdat het verwarmingselement rond de broodvorm zit, hebben de in de broodmachine gebakken cakes vaak wat bruinere zijkanten dan cakes uit de oven. Houd cake die net als deze een hoog vetgehalte heeft goed in de gaten, want daarvan worden de randen snel overgaar.

4 Roer de rest van het meel met een metalen lepel door het mengsel en voeg dan zoveel melk toe als nodig voor een beslag dat zich laat druppelen.

5 Schep het beslag in de geprepareerde broodvorm en zet de machine op 'alleen bakken'. Stel de tijdklok zo mogelijk in op de aanbevolen tijd. Kent uw machine een minimumtijd voor 'alleen bakken' die langer is dan hier aanbevolen, stel dan de tijdklok in en controleer de cake na de kortste door ons gegeven richttijd. Bak de kleine cake 40-45, de middelgrote 45-50 en de grote 55-60 minuten.

6 De cake moet nu uitgerezen zijn en stevig aanvoelen. Controleer of hij gaar is door een vleespen midden in de cake te steken. Bak de cake nog een paar minuten als de pen er niet schoon uitkomt.

7 Haal de broodvorm uit de machine en laat de cake 2-3 minuten rusten. Laat hem dan afkoelen op een rooster.

PEREN-KERSENCAKE

Gemaakt van een snel-klaar-meelmengsel en gevuld met sappige peren en kersen. De korrelige afwerking van rietsuiker contrasteert heel mooi met de zachte kruimel.

1 Haal de kneedhaak uit de broodvorm en bekleed de bodem van de broodvorm met bakpapier of ingevet boterhampapier.

2 Meng de margarine en poedersuiker in een flinke beslagkom. Voeg de eieren, melk, bloem en het bakpoeder toe. Roer alles 1-2 minuten en schep er dan de peren, kersen en gember met een metalen lepel doorheen.

3 Schep het mengsel in de geprepareerde broodvorm en bestrooi het met de helft van de rietsuiker. Zet de machine op 'alleen bakken'. Stel de tijdklok zo mogelijk in op de aanbevolen tijd. Gaat dat niet, stel dan de tijdklok in en controleer de cake na de kortste door ons gegeven richttijd. Bak de kleine cake 45-50, de middelgrote 50-55 en de grote 65-70 minuten.

4 Bestrooi de cake na 25 (klein), 30 (middelgroot) of 35 minuten bakken (groot) met de rest van de rietsuiker.

5 Haal de broodvorm uit de broodmachine en laat de cake 2-3 minuten rusten. Laat hem dan afkoelen op een rooster.

KLEIN

75 g zachte margarine
75 g poedersuiker
2 eieren
2 el melk
170 g bloem
1½ tl bakpoeder
50 g gedroogde peren, geweld, uitgelekt
2 el gekonfijte kersen, in vieren
2 el gekristalliseerde gember, gehakt
1½ el rietsuiker

MIDDELGROOT

100 g zachte margarine
100 g poedersuiker
2 eieren
4 el melk
225 g bloem
2 tl bakpoeder
65 g gedroogde peren, geweld, uitgelekt
65 g gekonfijte kersen, in vieren
3 el gekristalliseerde gember, gehakt
2 el rietsuiker

GROOT

140 g zachte margarine
140 g poedersuiker
3 eieren
4 el melk
280 g bloem
2½ tl bakpoeder
75 g gedroogde peren, geweld, uitgelekt
75 g gekonfijte kersen, in vieren
4 el gekristalliseerde gember, gehakt
2 el rietsuiker

VOOR 1 CAKE

TIP VAN DE KOK
Was en droog de gekonfijte kersen grondig voordat u ze aan het beslag toevoegt.

HONINGCAKE

Een traktatie voor wie van honing houdt. Geef de cake bij thee of koffie of maak er met vers fruit en crème fraîche een luxe dessert van.

KLEIN
40 g boter
100 ml vloeibare honing
75 g bloem
snufje zout
1 tl bakpoeder
½ tl zuiveringszout
½ tl vijfkruidenpoeder
75 g volkorenmeel
1 el melk
1 ei, losgeklopt
2 el grove marmelade, voor het
glazuur

MIDDELGROOT
50 g boter
150 ml vloeibare honing
115 g bloem
snufje zout
1½ tl bakpoeder
½ tl zuiveringszout
1 tl vijfkruidenpoeder
115 g volkorenmeel
2 eieren, losgeklopt
3 el grove marmelade, voor het
glazuur

GROOT
65 g boter
180 ml vloeibare honing
140 g bloem
snufje zout
2 tl bakpoeder
¾ tl zuiveringszout
1 tl vijfkruidenpoeder
140 g volkorenmeel
1 el melk
2 eieren, losgeklopt
4 el grove marmelade, voor het
glazuur

VOOR 1 CAKE

1 Verwijder de deeghaak uit de broodvorm en bekleed de bodem van de broodvorm met bakpapier of ingevet boterhampapier.

2 Verwarm de boter en honing geleidelijk en al roerend in een steelpannetje, tot alle boter is gesmolten.

3 Zeef bloem, zout, bakpoeder, zuiveringszout en vijfkruidenpoeder in een kom en roer het volkorenmeel erdoor.

4 Roer voor de kleine of grote cake het losgeklopte ei aan met de melk. Roer dit in delen, beurtelings afgewisseld met het honing-botermengsel, door het meel en roer na het toevoegen van vloeistof steeds uitvoerig.

5 Schep het mengsel in de geprepareerde broodvorm. Zet de machine op 'alleen bakken'. Stel de tijdklok zo mogelijk in op de aanbevolen tijd. Gaat dat niet, stel dan de tijdklok in en controleer de cake na de kortste door ons gegeven richttijd. Bak de kleine cake 35-40, de middelgrote 40-45 en de grote 50-55 minuten, of tot de cake uitgerezen is en stevig aanvoelt.

6 Controleer of de cake gaar is door er middenin een vleespen in te steken. Bak de cake nog een paar minuten als de pen er niet schoon uitkomt.

7 Haal de broodvorm uit de broodmachine en laat de cake 2-3 minuten rusten. Laat hem dan afkoelen op een rooster.

8 Smelt de marmelade in een steelpannetje en strijk haar als glazuur over de nog warme cake.

GEMBERCAKE

Erg graag bij de thee gegeten en makkelijk in de broodmachine te maken.
Bewaar de cake een paar dagen luchtdicht afgesloten: zo komt zijn
kenmerkende kleverig-natte structuur het beste uit.

1 Verwijder de deeghaak uit de broodvorm en bekleed de bodem van de broodvorm met bakpapier of ingevet boterhampapier. Zeef bloem, gemberpoeder, bakpoeder, zuiveringszout en vijfkruidenpoeder in een grote kom.

2 Roer de suiker en boter op laag vuur in een steelpan aan met stroop en melasse.

3 Maak en kuiltje in het midden van de vaste ingrediënten en schenk daar het gesmolten mengsel in. Voeg melk, ei en stemgember toe en roer alles goed.

4 Schenk het mengsel in de geprepareerde broodvorm. Zet de machine op 'alleen bakken'. Stel de tijdklok zo mogelijk in op de aanbevolen tijd. Gaat dat niet, stel dan de tijdklok in en controleer de cake na de kortste door ons gegeven richttijd. Bak de kleine cake 45-50, de middelgrote 50-55 en de grote 65-70 minuten, of tot de cake uitgerezen is.

5 Haal de broodvorm uit de broodmachine en laat de cake 2-3 minuten rusten. Laat hem vervolgens volledig afkoelen op een rooster.

KLEIN
175 g bloem
¾ tl gemberpoeder
1 tl bakpoeder
½ tl zuiveringszout
½ tl vijfkruidenpoeder
6 el lichte moscovade
50 g boter, in blokjes
75 g suikerstroop
40 g melasse
105 ml melk
1 ei, losgeklopt
40 g stemgember uit een potje,
uitgelekt, in flinters gesneden

MIDDELGROOT
225 g bloem
1 tl gemberpoeder
1½ tl bakpoeder
½ tl zuiveringszout
½ tl vijfkruidenpoeder
115 g lichte moscovade
75 g boter, in blokjes
100 g suikerstroop
50 g melasse
150 ml melk
1 ei, losgeklopt
50 g stemgember uit een potje,
uitgelekt, in flinters gesneden

GROOT
280 g bloem
1½ tl gemberpoeder
2 tl bakpoeder
¾ tl zuiveringszout
¾ tl vijfkruidenpoeder
125 g lichte moscovade
115 g boter, in blokjes
125 g suikerstroop
50 g melasse
200 ml melk
1 ei, losgeklopt
50 g stemgember uit een potje,
uitgelekt, in flinters gesneden

VOOR 1 CAKE

KOKOSCAKE

Een eenvoudige, snel te bereiden cake, die dankzij het kokosschaafsel lekker nat en geurig is.

KLEIN

75 g boter of margarine, zacht
115 g poedersuiker
2 eieren, losgeklopt
115 g kokosschaafsel
85 g zelfrijzend bakmeel
55 ml zure room
1 tl geraspte citroenschil

MIDDELGROOT

100 g boter of margarine, zacht
140 g poedersuiker
2 grote eieren, losgeklopt
140 g kokosschaafsel
100 g zelfrijzend bakmeel
70 ml zure room
1½ tl geraspte citroenschil

GROOT

115 g boter of margarine, zacht
175 g poedersuiker
3 eieren, losgeklopt
175 g kokosschaafsel
115 g zelfrijzend bakmeel
85 ml zure room
2 tl geraspte citroenschil

VOOR 1 CAKE

1 Verwijder de deeghaak uit de broodvorm en bekleed de bodem van de broodvorm met bakpapier of ingevet boterhampapier.

2 Roer de boter (of margarine) en suiker heel zacht en schuimig. Voeg dan beetje bij beetje het losgeklopte ei toe en roer uitvoerig na elke toevoeging.

3 Voeg kokos, bloem, zure room en citroenrasp toe. Roer alles geleidelijk met een metalen lepel tot een egale brij.

4 Schep de brij in de broodvorm. Zet de machine op 'alleen bakken'. Stel de tijdklok zo mogelijk in op de aanbevolen tijd. Gaat dat niet, stel dan de tijdklok in en controleer de cake na de kortste door ons gegeven richttijd. Bak de kleine of middelgrote cake 45-50, de grote 65-70 minuten.

5 Controleer of de cake gaar is door er middenin een vleespen in te steken. Bak hem nog een paar minuten als de pen er niet schoon uitkomt.

6 Haal de broodvorm uit de broodmachine en laat de cake 2-3 minuten rusten. Laat hem dan afkoelen op een rooster.

TIP VAN DE KOK

U maakt de afgebakken cake nog lekkerder door hem met citroensiroop te bedruipen. Verwarm daarvoor 2 el citroensap met 100 g kristalsuiker en 6 el water al roerend, tot de suiker is opgelost. Breng het mengsel aan de kook. Laat het 2-3 minuten sudderen en bedruip de warme kokoscake ermee.

FRAMBOZEN-AMANDELTEABREAD

Gebak om je vingers bij af te likken, vooral door de perfecte combinatie van verse frambozen en amandelen. Amandelsnippers ronden het geheel af.

1 Verwijder de deeghaak uit de broodvorm en bekleed de bodem van de broodvorm met bakpapier of ingevet boterhampapier.

2 Zeef het zelfrijzende bakmeel in een grote kom. Voeg de boter toe en wrijf die met het meel tussen uw vingers tot kruimels.

3 Roer de poedersuiker en gemalen amandelen door het mengsel en roer er dan het losgeklopte ei beetje bij beetje door. Klop voor het kleine of grote teabread de melk erdoor.

4 Schep de frambozen door het beslag. Doe dat over in de broodvorm en bestrooi het met amandelschaafsel.

KLEIN
140 g zelfrijzend bakmeel
70 g boter, in blokjes
70 g poedersuiker
25 g gemalen amandelen
1 ei, losgeklopt
2 el melk
115 g frambozen
1½ el geroosterd amandelschaafsel

MIDDELGROOT
175 g zelfrijzend bakmeel
90 g boter, in blokjes
90 g poedersuiker
40 g gemalen amandelen
2 eieren, losgeklopt
140 g frambozen
2 el geroosterd amandelschaafsel

GROOT
225 g zelfrijzend bakmeel
115 g boter, in blokjes
115 g poedersuiker
50 g gemalen amandelen
2 eieren, losgeklopt
3 el melk
175 g frambozen
2 el geroosterd amandelschaafsel

VOOR 1 TEABREAD

TIP VAN DE KOK
Deze cake kunt u het best op de dag van het bakken eten: dan zijn de frambozen het lekkerst.

5 Zet de machine op 'alleen bakken'. Stel de tijdklok zo mogelijk in op de aanbevolen tijd. Gaat dat niet, stel dan de tijdklok in en controleer het teabread na de kortste door ons gegeven richttijd. Bak het kleine teabread 35-40, het middelgrote 45-50, het grote 65-70 minuten, of tot het teabread uitgerezen is.

6 Controleer met een vleespen of het teabread gaar is. Bak het nog een paar minuten als de pen er niet schoon uitkomt. Haal de broodvorm uit de machine en laat het teabread 2-3 minuten rusten. Laat het dan afkoelen op een rooster.

PASSIECAKE

Anders dan de naam doet vermoeden bevat deze cake geen passievrucht. Het is namelijk een cake met wortel en walnoot. Met zijn kuif van frisse citroenmascarpone is hij perfect voor bij de thee.

KLEIN
115 g boter
115 g bruine suiker
2 eieren, gesplitst
1 tl citroensap, plus 1 tl voor de afwerking
115 g zelfrijzend bakmeel
½ tl bakpoeder
25 g gemalen amandelen
65 g walnoten, gehakt
175 g geraspte wortel
115 g mascarpone
25 g poedersuiker
1½ el halve walnoten, ter versiering

MIDDELGROOT
140 g boter
140 g bruine suiker
2 eieren, gesplitst
2 tl citroensap, plus 1 tl voor de afwerking
1 el melk
140 g zelfrijzend bakmeel
¾ tl bakpoeder
40 g gemalen amandelen
75 g walnoten, gehakt
200 g geraspte wortel
140 g mascarpone
40 g poedersuiker
2 el halve walnoten, ter versiering

GROOT
175 g boter
175 g bruine suiker
3 eieren, gesplitst
1 el citroensap, plus 1½ tl voor de afwerking
175 g zelfrijzend bakmeel
1 tl bakpoeder
50 g gemalen amandelen
115 g walnoten, gehakt
225 g geraspte wortel
175 g mascarpone
40 g poedersuiker
3 el halve walnoten, ter versiering

VOOR 1 CAKE

1 Verwijder de deeghaak uit de broodvorm en bekleed de bodem van de broodvorm met bakpapier of ingevet boterhampapier.

2 Roer boter en suiker in een grote kom heel zacht en schuimig. Roer eerst de dooiers er een voor een door en dan het citroensap. Roer tot slot (voor de middelgrote cake) de melk erdoor.

3 Zeef bakmeel en bakpoeder in een grote kom; roer ze door het botermengsel. Voeg de amandelen en walnoten toe.

4 Sla intussen de eiwitten in een vetvrije kom stijf.

5 Schep de eiwitten door het boterige cakemengsel en roer de geraspte wortel erdoorheen.

6 Schep het mengsel in de geprepareerde broodvorm en stel de machine in op 'alleen bakken'. Stel de tijdklok zo mogelijk in op de aanbevolen tijd. Als bij uw machine de minimumtijd van de 'alleen bakken'-cyclus langer is dan de hier aanbevolen tijd, stel dan de tijdklok in en controleer de cake na de kortste door ons gegeven richttijd. Bak de kleine en middelgrote cake 45-50, de grote 65-70 minuten.

7 De passiecake moet nu uitgerezen zijn en stevig aanvoelen. Controleer of hij gaar is door er middenin een vleespen in te steken. Bak de cake nog een paar minuten als de pen er niet schoon uitkomt.

8 Haal de broodvorm uit de broodmachine en laat de cake 2-3 minuten rusten. Stort hem dan op een rooster en laat hem afkoelen.

9 Roer voor de afwerking het citroensap en de poedersuiker door de mascarpone. Bestrijk de cake bovenop met het mengsel en verdeel de walnoothelften erover.

TIP VAN DE KOK
Neem roomkaas als u geen mascarpone kunt krijgen. Het mag zowel magere als volle roomkaas zijn.

VRUCHTENTEABREAD

Als u de gedroogde vruchten zich voor het bakken laat volzuigen met sinaasappelsap, is het resultaat een vochtig teabread, dat goed te bewaren is.

KLEIN

125 g rozijnen
25 g krenten
1 el sukade, gehakt
75 g bruine suiker
150 ml sinaasappelsap
1 ei, losgeklopt
65 g bloem
65 g volkorenmeel
1 tl bakpoeder
¼ tl kaneel
¼ tl versgeraspte nootmuskaat

MIDDELGROOT

190 g rozijnen
40 g krenten
2 el sukade, gehakt
115 g bruine suiker
200 ml sinaasappelsap
1 ei, losgeklopt
90 g bloem
90 g volkorenmeel
1½ tl bakpoeder
½ tl kaneel
½ tl versgeraspte nootmuskaat

GROOT

300 g rozijnen
50 g krenten
2 el sukade, gehakt
175 g bruine suiker
300 ml sinaasappelsap
1 ei, losgeklopt
115 g bloem
115 g volkorenmeel
1½ tl bakpoeder
½ tl kaneel
½ tl versgeraspte nootmuskaat

VOOR 1 TEABREAD

1 Doe de zuidvruchten, sukade en suiker in een kom. Overschenk ze met het sinaasappelsap en laat alles 8 uur of een nacht weken.

2 Verwijder de deeghaak uit de broodvorm en bekleed de bodem van de broodvorm met bakpapier of ingevet boterhampapier.

3 Voeg het ei, beide meelsoorten, het bakpoeder en de specerijen toe aan het zuidvruchtenmengsel en roer alles goed door. Schep het dan in de geprepareerde broodvorm.

4 Zet de machine op 'alleen bakken'. Stel de tijdklok zo mogelijk in op de aanbevolen tijd. Gaat dat niet, stel dan de tijdklok in en controleer het teabread na de door ons gegeven richttijd. Bak het kleine teabread 40-45, het middelgrote 55-60 en het grote 75-80 minuten. Controleer het teabread na de eerstgenoemde tijd. Hij moet uitgerezen zijn en stevig aanvoelen.

5 Haal de broodvorm uit de broodmachine en stort het teabread na 2-3 minuten op een rooster.

VANILLE-CHOCO-MARMERCAKE

Het samenspel van witte en pure chocolade levert een cake op die net zo lekker smaakt als hij eruitziet. Maak er een dessert van door blokjes met perzikpartjes te mengen en er sinaasappel- of perziklikeur over te schenken.

KLEIN

115 g margarine of boter
115 g poedersuiker
2 eieren, losgeklopt
40 g witte chocola, grofgehakt
40 g pure chocola, grofgehakt
¼ tl natuurlijke vanille-essence
175 g zelfrijzend bakmeel
poedersuiker en cacaopoeder, voor
het bestuiven

MIDDELGROOT

125 g margarine of boter
125 g poedersuiker
2 eieren, losgeklopt
50 g witte chocola, grofgehakt
50 g pure chocola, grofgehakt
½ tl natuurlijke vanille-essence
200 g zelfrijzend bakmeel
poedersuiker en cacaopoeder, voor
het bestuiven

GROOT

200 g margarine of boter
200 g poedersuiker
3 eieren, losgeklopt
75 g witte chocola, grofgehakt
75 g pure chocola, grofgehakt
½ tl natuurlijke vanille-essence
280 g zelfrijzend bakmeel
poedersuiker en cacaopoeder, voor
het bestuiven

VOOR 1 CAKE

1 Verwijder de deeghaak uit de broodvorm en bekleed de bodem daarvan met bakpapier of ingevet boterhampapier. Roer de margarine (of boter) en suiker zacht en schuimig. Voeg het ei beetje bij beetje en onder goed roeren toe. Doe de helft van het mengsel over in een andere kom.

2 Smelt de witte chocolade in een hittebestendige kom die u in een pan met tegen het kookpunt gehouden water zet.

3 Doe met de pure chocolade hetzelfde in een andere kom. Schep de witte chocolade met de vanille-essence door de ene beslaghelft en de pure chocolade door de andere. Verdeel de bloem gelijk over beide mengsels en schep hem er met een metalen lepel voorzichtig door.

4 Schep afwisselend een lepel van beide mengsels in de broodvorm en meng ze met een mes tot een marmerpatroon.

5 Zet de machine op 'alleen bakken'. Stel de tijdklok zo mogelijk in op de aanbevolen tijd. Mocht uw machine voor 'alleen bakken' een minimumtijd kennen die langer is dan hier aanbevolen, stel dan de tijdklok in en controleer de cake na de kortste door ons gegeven richttijd. Bak de kleine cake 45-50, de middelgrote 50-55 en de grote 65-70 minuten, tot hij uitgerezen is.

6 De cake moet nu stevig aanvoelen. Controleer of hij gaar is door er middenin een vleespen in te steken. Bak de cake nog een paar minuten als de pen er niet schoon uitkomt. Haal de broodvorm uit de broodmachine en laat de cake 2-3 minuten rusten. Laat hem afkoelen op een rooster. Bestuif hem met poedersuiker en cacaopoeder en serveer hem in plakken of blokken.

KLEIN

75 g zachte boter
150 g poedersuiker
2 eieren, losgeklopt
175 g zelfrijzend bakmeel
150 g rijpe banaan, gepeld
5 el karnemelk
¼ tl bakpoeder
½ tl versgeraspte nootmuskaat
100 g rozijnen
65 g pecannoten, gehakt
1 el bananen- of abrikozenjam,
verwarmd
1 el bananenchips

MIDDELGROOT

100 g zachte boter
175 g poedersuiker
2 grote eieren, losgeklopt
200 g zelfrijzend bakmeel
200 g rijpe banaan, gepeld
6 el karnemelk
½ tl bakpoeder
1 tl versgeraspte nootmuskaat
125 g rozijnen
75 g pecannoten, gehakt
2 el bananen- of abrikozenjam,
verwarmd
2 el bananenchips

GROOT

115 g zachte boter
200 g poedersuiker
3 eieren, losgeklopt
225 g zelfrijzend bakmeel
225 g rijpe banaan, gepeld
100 ml karnemelk
½ tl bakpoeder
1 tl versgeraspte nootmuskaat
140 g rozijnen
90 g pecannoten, gehakt
2 el bananen- of abrikozenjam,
verwarmd
2 el bananenchips

VOOR 1 TEABREAD

BANAAN-NOTENTEABREAD

Een veerkrachtig, licht teabread met de smaak van bananen, een vleugje nootmuskaat en een vracht rozijnen en pecannoten. Weeg de banaan na het pellen, want bij dit recept komt het op de precieze hoeveelheden aan.

1 Verwijder de deeghaak uit de broodvorm en bekleed de bodem van de broodvorm met bakpapier of ingevet boterhampapier.

2 Roer de boter en poedersuiker in een beslagkom bleek en schuimig. Sla het ei er in delen door. Roer goed na elke toevoeging. Voeg wat bloem toe als het mengsel gaat schiften.

3 Prak de banaan goed fijn en roer hem samen met de karnemelk door het boter-mengsel.

4 Zeef de overige bloem en het bakpoeder in de kom. Roer die met nootmuskaat, rozijnen en pecannoten tot een glad beslag.

5 Schep het beslag in de broodvorm. Zet de machine op 'alleen bakken'. Stel de tijdklok zo mogelijk in op de aanbevolen tijd. Gaat dat niet, stel dan de tijdklok in en controleer het teabread na de kortste door ons gegeven richttijd. Bak het kleine en middelgrote teabread 55-60, het grote 65-70 minuten. Controleer op gaarheid door een vleespen midden in het teabread te steken. Bak het nog een paar minuten als de pen er niet schoon uitkomt.

6 Haal de broodvorm uit de broodmachine en laat het teabread ca. 5 minuten rusten. Stort het op een rooster.

7 Bestrijk het nog warme teabread bovenop met warme jam. Strooi de bananenchips daarover en laat het teabread volledig afkoelen.

ZUIDVRUCHTENTEABREAD

De zachtheid van gewelde vruchten en de beet van hazelnoten en hele graankorrels vullen elkaar prima aan in dit bijzondere teabread. Geef het in plakken, desgewenst besmeerd met boter.

1 Verwijder de deeghaak uit de broodvorm en bekleed de bodem van de broodvorm met bakpapier of ingevet boterhampapier.

2 Hak de abrikozen, pruimen en perziken in stukjes. Zeef het volkorenmeel, vijfkruidenpoeder en bakpoeder in een beslagkom. Voeg de boter toe en wrijf die met het meel tussen uw vingers tot kruimels.

3 Schep de suiker, abrikozen, pruimen, perziken en hazelnoten erdoor. Roer er dan geleidelijk de melk en het ei door.

4 Schep het beslag in de broodvorm. Zet de machine op 'alleen bakken'. Stel de tijdklok zo mogelijk in op de aanbevolen tijd. Gaat dat niet, stel dan de tijdklok in en controleer het teabread na de kortste door ons gegeven richttijd. Bak het kleine teabread 40-45, het middelgrote 45-50 en het grote 80-65 minuten, of tot het teabread uitgerezen is en stevig aanvoelt.

5 Controleer of het teabread gaar is door er middenin een vleespen in te steken. Bak het nog een paar minuten als de pen er niet schoon uitkomt. Haal de broodvorm uit de broodmachine en laat het teabread 2-3 minuten rusten. Laat het dan afkoelen op een rooster.

KLEIN
65 g gedroogde abrikozen, geweld, uitgelekt
65 g gedroogde pruimen, geweld, uitgelekt
50 g gedroogde perziken, geweld, uitgelekt
175 g grof volkorenmeel
1 tl vijfkruidenpoeder
1½ tl bakpoeder
50 g boter, in blokjes
50 g lichte moscovade
40 g hazelnoten, gehalveerd
100 ml melk
1 ei, losgeklopt

MIDDELGROOT
75 g gedroogde abrikozen, geweld, uitgelekt
75 g gedroogde pruimen, geweld, uitgelekt
65 g gedroogde perziken, geweld, uitgelekt
225 g grof volkorenmeel
1½ tl vijfkruidenpoeder
2 tl bakpoeder
65 g boter, in blokjes
65 g lichte moscovade
50 g hazelnoten, gehalveerd
150 ml melk
1 ei, losgeklopt

GROOT
100 g gedroogde abrikozen, geweld, uitgelekt
100 g gedroogde pruimen, geweld, uitgelekt
75 g gedroogde perziken, geweld, uitgelekt
280 g grof volkorenmeel
1½ tl vijfkruidenpoeder
2½ tl bakpoeder
75 g boter, in blokjes
75 g lichte moscovade
75 g hazelnoten, gehalveerd
200 ml melk
1 ei, losgeklopt

VOOR 1 TEABREAD

TROPISCH-FRUITBROOD

Plak voor plak verleidelijk naar de tropen smakend, vochtig gebak. Het zit vol heerlijke stukjes papaja, mango, meloen en ananas en heeft een fris-zuur glazuur van citroenkwark. Vers, geroosterd kokos rondt het geheel af.

KLEIN
125 g bloem
1 tl bakpoeder
40 g kokosschaafsel
65 g boter, in blokjes
5 el poedersuiker
100 g gedroogd tropisch fruit, geweld,
uitgelekt, gehakt
100 ml melk
1 ei, losgeklopt
geraspte schil en sap van ½ limoen

VOOR GLAZUUR EN VERSIERING
75 g volle kwark
3 el poedersuiker
sap van ½ limoen
reepjes limoenschil en stukjes vers
kokos, ter versiering

MIDDELGROOT
175 g bloem
1 tl bakpoeder
50 g kokosschaafsel
100 g boter, in blokjes
100 g poedersuiker
140 g gedroogd tropisch fruit, geweld,
uitgelekt, gehakt
130 ml melk + 1 el melk
1 ei, losgeklopt
geraspte schil en sap van ½ limoen

GLAZUUR EN VERSIERING VOOR
MIDDELGROOT EN GROOT FRUITBROOD
125 g volle kwark
4 el poedersuiker
sap van ½ limoen
reepjes limoenschil en stukjes vers
kokos, ter versiering

GROOT
225 g bloem
1½ tl bakpoeder
75 g kokosschaafsel
115 g boter, in blokjes
125 g poedersuiker
175 g gedroogd tropisch fruit, geweld,
uitgelekt, gehakt
200 ml melk
1 groot ei, losgeklopt
geraspte schil en sap van ½ limoen

VOOR 1 TEABREAD

1 Verwijder de deeghaak uit de broodvorm en bekleed de bodem van de broodvorm met bakpapier of ingevet boterhampapier.

2 Zeef de bloem en het bakpoeder in een beslagkom en schep het kokosschaafsel erdoorheen. Voeg de boter toe en wrijf die met het meel tussen uw vingers tot kruimels.

3 Schep de suiker en gedroogde tropische vruchten erdoor. Voeg beetje bij beetje melk, ei, limoenrasp en limoensap toe en roer goed na elke toevoeging.

4 Schep het mengsel in de broodvorm en stel de machine in op 'alleen bakken'. Stel de tijdklok zo mogelijk in op de aanbevolen tijd. Mocht uw machine voor 'alleen bakken' een minimumtijd kennen die langer is dan hier aanbevolen, stel dan de tijdklok in en controleer het brood na de door ons gegeven richttijd. Bak het kleine en middelgrote brood 45-50, het grote 65-70 minuten.

5 Het brood moet nu uitgerezen zijn en stevig aanvoelen. Het is gaar als een vleespen die u er middenin insteekt, er schoon weer uitkomt.

6 Haal de broodvorm uit de broodmachine en laat het fruitbrood ca. 5 minuten rusten. Laat hem vervolgens afkoelen op een rooster.

7 Maak intussen het glazuur door kwark, poedersuiker en limoensap flink door elkaar te roeren. Strijk dit boven op het brood.

8 Rooster de stukjes kokos licht. Laat ze 2-3 minuten afkoelen en strooi ze samen met de reepjes limoenschil over het brood.

TIP VAN DE KOK
Probeer de stukjes fruit te ontwijken als u de vleespen in het brood steekt. De door het fruit vochtig geworden pen geeft u misschien ten onrechte het idee dat het brood niet gaar is.

AMERIKAANS KOFFIEBROOD

Een handig recept om achter de hand te hebben!

KLEIN

175 g bloem
1½ tl bakpoeder
snufje zout
75 g rietsuiker
50 g pecannoten, gehakt
1½ tl oploskoffie
1½ el gesmolten boter
5 el melk
1 ei, losgeklopt

MIDDELGROOT

200 g bloem
2 tl bakpoeder
snufje zout
100 g rietsuiker
75 g pecannoten, gehakt
2 tl oploskoffie
2 el gesmolten boter
7 el melk
2 eieren, losgeklopt

GROOT

280 g bloem
1 el bakpoeder
snufje zout
150 g rietsuiker
115 g pecannoten, gehakt
1 el oploskoffie
3 el gesmolten boter
150 ml melk
2 eieren, losgeklopt

VOOR 1 BROOD

TIP VAN DE KOK

Maak het brood extra feestelijk door
het te bedruipen met koffieglazuur en
er halve pecannoten over te strooien.

---

1 Verwijder de deeghaak uit de broodvorm
en bekleed de bodem van de broodvorm
met bakpapier of ingevet boterhampapier.

2 Zeef bloem, bakpoeder en zout in een
grote kom. Schep de suiker en de pecannoten erdoorheen. Los de oploskoffie op in
1 el heet water.

3 Voeg koffie, gesmolten boter, melk en
ei(eren) toe aan de vaste ingrediënten en
roer alles krachtig door elkaar. Schep het
mengsel in de broodvorm en stel de
machine in op 'alleen bakken'.

4 Stel de tijdklok zo mogelijk in op de aanbevolen tijd. Gaat dat niet, stel dan de tijdklok in en controleer het teabread na de
kortste door ons gegeven richttijd. Bak het
kleine teabread 40-45, het middelgrote
45-50 en het grote 55-60 minuten.

5 Controleer of het teabread gaar is door er
middenin een vleespen in te steken. Bak het
nog een paar minuten als de pen er niet
schoon uitkomt.

6 Haal de broodvorm uit de broodmachine
en laat het teabread 2-3 minuten rusten.
Laat het dan afkoelen op een rooster.

PINDAKAASTEABREAD

*Een smakelijk teabread, waarin grove pindakaas de boter of margarine
vervangt. Het brood krijgt er een speciaal aroma en een interessante
structuur van.*

KLEIN
75 g pindakaas met stukjes noot
65 g poedersuiker
1 ei, losgeklopt
105 ml melk
200 g zelfrijzend bakmeel

MIDDELGROOT
115 g pindakaas met stukjes noot
75 g poedersuiker
1 ei, losgeklopt
175 ml melk
300 g zelfrijzend bakmeel

GROOT
150 g pindakaas met stukjes noot
125 g poedersuiker
2 eieren, losgeklopt
200 ml melk
400 g zelfrijzend bakmeel

VOOR 1 TEABREAD

1 Verwijder de deeghaak uit de broodvorm en bekleed de bodem van de broodvorm met bakpapier of ingevet boterhampapier.

2 Roer pindakaas en suiker tot een licht en luchtig geheel en sla het ei (de eieren) er dan geleidelijk doorheen.

3 Voeg de melk en bloem toe en roer ze er met een houten lepel door.

TIP VAN DE KOK
Houd de cake ruw door het beslag voor het bakken niet glad te strijken.

4 Schep het mengsel in de broodvorm en stel de machine in op 'alleen bakken'.

5 Stel de tijdklok zo mogelijk in op de aanbevolen tijd. Gaat dat niet, stel dan de tijdklok in en controleer het teabread na de kortste door ons gegeven richttijd. Bak het kleine of middelgrote teabread 40-45, het grote 60-65 minuten.

6 Het teabread moet nu uitgerezen zijn en iets stevig aanvoelen. Controleer of het gaar is door er middenin een vleespen in te steken. Bak het teabread nog een paar minuten als de pen er niet schoon uitkomt.

7 Haal de broodvorm uit de broodmachine en laat het teabread 2-3 minuten rusten. Laat het dan afkoelen op een rooster.

MELASSE-DADELCAKE MET WALNOOT

*Een stevige handreiking voor de zoetekauw met grote trek, gevuld met
dadelpuree en afgewerkt met een suiker-walnotenmengsel*

KLEIN
115 g ontpitte dadels
gerapste schil en sap van ½ citroen
115 g zelfrijzend bakmeel
3 x ½ tl van resp. kaneel,
gemberpoeder en nootmuskaat
50 g boter
50 g lichte moscovade
1 el melasse
2 el suikerstroop
2½ el melk
1 ei
40 g gehakte walnoten

MIDDELGROOT
140 g ontpitte dadels
gerapste schil en sap van 1 citroen
170 g zelfrijzend bakmeel
3 x ¾ tl van resp. kaneel,
gemberpoeder en nootmuskaat
75 g boter
75 g lichte moscovade
1½ el melasse
3 el suikerstroop
60 ml melk
1 groot ei
50 g gehakte walnoten

GROOT
170 g ontpitte dadels
gerapste schil en sap van 1 citroen
225 g zelfrijzend bakmeel
3 x 1 tl van resp. kaneel,
gemberpoeder en nootmuskaat
115 g lichte moscovade
2 el melasse
4 el suikerstroop
80 ml melk
1 groot ei
75 g gehakte walnoten

AFWERKING VOOR ALLE CAKEMATEN
25 g boter
50 g lichte moscovade
1½ el bloem
¾ tl kaneel
40 g gehakte walnoten

VOOR 1 CAKE

1 Verwijder de deeghaak uit de broodvorm
en bekleed de bodem ervan met bakpapier
of ingevet boterhampapier. Breng dadels,
citroenrasp en -sap in een steelpan samen
met 4 el water aan de kook. Laat alles sud-
derend zacht worden. Pureer met een
mixer of in de keukenmachine.

2 Zeef de bloem en de specerijen in een
kom. Roer de boter en suiker tot een licht
en luchtig geheel. Verwarm de melasse,
stroop en melk in een steelpan tot alles
versmelt en roer het dan door het botermengsel. Voeg het ei toe, dan het meelmengsel en roer krachtig. Schep de walnoten erdoor.

TIP VAN DE KOK
Gebruik 25 procent meer van de
afwerkingsingrediënten als u een grote
cake maakt en 25 procent minder voor
een kleine cake.

3 Schep de helft van het mengsel in de
broodvorm. Spatel de dadelpuree erover,
maar laat een smalle rand cakemengsel
vrij. Dek alles af met een egale laag van de
rest van het cakemengsel.

4 Zet de machine op 'alleen bakken'. Stel
de tijdklok zo mogelijk in op de aanbevolen
tijd. Gaat dat niet, stel dan de tijdklok in
en controleer de cake na de door ons gegeven richttijd. Bak de kleine cake 35, de
middelgrote 40 en de grote 45 minuten.

5 Meng alle ingrediënten voor de afwerking en bestrooi de cake hiermee na
bovengenoemde baktijd. Bak de cake nog
eens 10-15 minuten, tot de sierlaag begint
te pruttelen en de cake gaar is. Haal de
broodvorm uit de broodmachine, laat de
cake 10 minuten rusten en laat hem dan
afkoelen op een rooster.

AARDBEIENTEABREAD

Een zomerse traktatie, dit naar hazelnoot geurende gebak. Het zit vol verse aardbeien.

KLEIN

115 g aardbeien
115 g zachte boter
115 g poedersuiker
2 eieren, losgeklopt
140 g zelfrijzend bakmeel, gezeefd
25 g gemalen hazelnoten

MIDDELGROOT

170 g aardbeien
140 g zachte boter
140 g poedersuiker
2 eieren, losgeklopt
1 el melk
155 g zelfrijzend bakmeel, gezeefd
40 g gemalen hazelnoten

GROOT

200 g aardbeien
175 g zachte boter
175 g poedersuiker
3 eieren, losgeklopt
175 g zelfrijzend bakmeel, gezeefd
50 g gemalen hazelnoten

VOOR 1 TEABREAD

1 Verwijder de deeghaak uit de broodvorm en bekleed de bodem van de broodvorm met bakpapier of ingevet boterhampapier.

3 Roer eieren en melk (voor het middelgrote teabread) er beetje bij beetje bij door en roer krachtig na elke toevoeging om schiften te voorkomen.

2 Ontdoe de aardbeien van de kroontjes, snijd ze in stukken en zet ze weg. Roer boter en suiker in een kom tot een licht en luchtig geheel.

4 Meng het zelfrijzend bakmeel en de gemalen hazelnoten en schep dit mengsel met een metalen lepel geleidelijk door het botermengsel.

5 Schep de aardbeien erdoor en doe het mengsel over in de broodvorm. Zet de machine op 'alleen bakken'. Stel de tijdklok zo mogelijk in op de aanbevolen tijd. Mocht uw machine voor 'alleen bakken' een minimumtijd kennen die langer is dan hier aanbevolen, stel dan de tijdklok in en controleer het teabread na de kortste door ons gegeven richttijd. Bak het kleine of middelgrote teabread 45-50 en het grote 55-60 minuten.

6 Controleer of het teabread gaar is door er in het midden een vleespen in te steken. Bak het teabread nog een paar minuten als de pen er niet schoon uitkomt.

7 Haal de broodvorm uit de broodmachine en laat het teabread 2-3 minuten rusten. Stort hem vervolgens ter afkoeling op een rooster.

NUTTIGE ADRESSEN

Over het algemeen verkopen alle zaken met huishoudelektronica broodbakmachines. Ze kunnen er in elk geval een voor u bestellen bij de diverse fabrikanten van broodbak-machines.

Hoeve Eiteweert v.o.f.
Matsloot 15
9749 TJ Matsloot
Tel. 050 541 06 37
www.hoeve-eiteweert.nl
Openingstijden: wo. 9.00-13.00 uur;
vr. en za. 13.00-17.00 uur en na
telefonische afspraak

De Natuurlijke Molen
Reehorsterweg 21-b
6717 LD Ede
Tel. 0318 642 944
Fax 0318 642 479
Email natmolen@antenna.nl
www.natuurlijkemolen.com
Openingstijden: na telefonische
afspraak (iedere dag bereikbaar van
9.30-17.00 uur)

AMBACHTELIJK KORENMOLENAARS
GILDE

Brabant
De Collse Watermolen
Eindhoven (040-2812146)

De Arend
Terheijden (076-5934020)

De Dommelse Watermolen
Valkenswaard (040-2012130)

Nooit Gedagt
Woudrichem (0183-303831)

Drente
De Bente
Dalen (0524-516515)

Zeldenrust
Emmen (0591-630559)

De Zwaluw
Hoogeveen   (0528-277221)

Friesland
De Zwaluw
Birdaard (0519-332310)

De Korenmolen
Sloten (0514-531772)

De Hoop
Stiens (058-2574034)

Gelderland
De Witte Molen
Arnhem (026-4424095)

De Batenburgse Molen
Batenburg (024-3786928)

De Zuidmolen
Groesbeek (024-3971283)

De Maagd
Hulsthorst (0341-452725)

Op Hoop van Beter
Ingen (0344-602198)

De Witte Molen
Nijmegen   (024-3781843)

De Hoop
Oud Zevenaar (0316-523526)

De Vier Winden
Vragender (0544-372881/374881)

De Vlijt
Wageningen (0317-418120)

De Vlijt
Wapenveld (038-4478215)

Groningen
Joeswer
Feerwerd (0594-621545)

De Hoop
Kropswolde (0598-326273)

Aeolus
Oldehove (0594-591628/591296)

Limburg
Turbine Watermolen
Grathem (0475-451291)

Noord-Holland
't Roode Hert
Alkmaar (072-5155433)

De Krijgsman
Oosterblokker (0229-261471)

De Otter
Oteleek (072-5039702)

De Zandhaas
Santpoort (023-5391793)

De Vriendschap
Weesp (0294-417024)

Overijssel
Windlust
Radewijk (0523-216285)

De Leeuw
Lettele (0570-543550)

Utrecht
De Windotter
IJsselstein (030-6888881)

Zeeland
Brasser's Korenmolen
Biggekerke (0118-551323)

Zuid-Holland
De Distilleerketel
Delfshaven (010-4779181)

De Roode Leeuw
Gouda (0182-522041)

De Vrijheid
Schiedam (010-4260044)

Aeolus
Vlaardingen (010-4346131)

De Hoop
Zoetermeer (079-3164920)

De Thuisbakker
Rietdijk 10A
Oostvoorne
Tel. 0181-485477
www.thuisbakker.nl
Levert op dit adres of via postorder
kant-en-klare broodmixen.
Openingstijden: ma. en wo. 9.00-
17.00 uur; vr. 9.00-14.00 uur

BIOLOGISCHE GRAAN- EN MEELSOORTEN

Verkrijgbaar in natuurvoedingswin-kels en reformhuizen. De daar

verkrijgbare merken zijn: Joannus-molen (ook glutenvrije producten, www.joannusmolen.nl), Akwarius, Ekoland, Lima, De Nieuwe Band)

Natudis
Postbus 376
3840 AJ Harderwijk
tel. 0341-464211
www.natudis.nl
Distributeur van biologische pro-ducten in Nederland en België (via Bioservice).

In natuurvoedingswinkels en reformhuizen is ook gist in grotere verpakkingen dan bij gewone supermarkten verkrijgbaar.

VOORLICHTING

Nederlands Bakkerijcentrum
Postbus 360
6700 AJ Wageningen
Tel. 0317-471212

Voedingscentrum
Postbus 85700
2508 CK Den Haag
www.voedingscentrum.nl
informatielijn 070-306 88 88 (werk-dagen van 9.00-17.00 uur)

HANDIGE WEBSITES:
www.bakkerswereld.org. Beschikt o.a. over een overzicht van verkrijg-bare broodbakmachines.
www.grootgezin.nl en dan zoeken op broodbakmachine. Deze site biedt veel links en mogelijkheden ervaringen met andere bezitters van broodbakmachines uit te wisselen.
www.broodbakken.nl: speciaal voor de broodbakmachine ontwikkelde graan- en meelsoorten met en zon-der gist te bestellen via een postorderservice.

REGISTER

De uitgever wil de volgende bedrijven graag bedanken voor het beschikbaar stellen van materialen en ingrediënten:
Prima International
Panasonic
PIFCO
Hinari
Pulse Home Products Ltd
West Mill Foods Ltd
Dove Farm Foods Ltd
Magimix

AANTEKENINGEN

AANTEKENINGEN

AANTEKENINGEN

AANTEKENINGEN

AANTEKENINGEN

AANTEKENINGEN

AANTEKENINGEN

AANTEKENINGEN